读客中国史入门文库

顺着文库编号读历史,中国史来龙去脉无比清晰!

轻松啃完二十四史

用**小故事**讲大历史，读完通晓二十四史！

王清淮　著

江苏凤凰文艺出版社
JIANGSU PHOENIX LITERATURE AND ART PUBLISHING

图书在版编目（CIP）数据

轻松啃完二十四史 / 王清淮著. -- 南京：江苏凤凰文艺出版社, 2024.7（2025.7重印）
ISBN 978-7-5594-8092-7

Ⅰ.①轻… Ⅱ.①王… Ⅲ.①二十四史 - 通俗读物 Ⅳ.①K204.1

中国国家版本馆CIP数据核字(2023)第216707号

轻松啃完二十四史

王清淮　著

责任编辑	丁小卉
特约编辑	周诗佳　乔佳晨　尹开心
封面设计	温海英
责任印制	刘巍
出版发行	江苏凤凰文艺出版社
	南京市中央路165号，邮编：210009
网　　址	http://www.jswenyi.com
印　　刷	三河市龙大印装有限公司
开　　本	710毫米×1000毫米　1/16
印　　张	19.5
字　　数	280千字
版　　次	2024年7月第1版
印　　次	2025年7月第2次印刷
标准书号	ISBN 978-7-5594-8092-7
定　　价	59.90元

江苏凤凰文艺版图书凡印刷、装订错误，可向出版社调换，联系电话：010-87681002。

目录

王者列传

炎帝·农夫 003
黄帝·发明家 006
帝尧·为"父母"做官 009
帝舜·纯孝 012
大禹·治水英雄 015
夏后启·血统论 017
太康·王二代 020
履癸·深宫里有奸细 023
商汤·革命 026
盘庚·青铜器 029
武丁·模拟画像 032
武乙·登时报 035
帝辛·帅帅的,然而坏坏的 038
公亶父·惹得起也躲 042
文王·韬晦 045
武王发·自家兄弟才放心 048
厉王·钳口令 051
幽王·太美观 054

始皇帝·"始"皇帝	057
楚霸王·取而代	060
楚霸王·鸿门宴	063
楚霸王·垓下围	066

侯者列传

吴太伯·避难	073
吴王夫差·可惜一局好棋	076
越王勾践·忍耐王	079
晋文公·等待	083
晋文公·一战成霸主	086
智伯·智者千虑	089
赵武灵王·大英雄	092
赵武灵王·英雄气短	095
魏文侯·战火中的斯文	098
秦穆公·有故事的人	101
秦穆公·霸西戎	105
楚成王·终结者的终结	108
楚庄王·挺进中原	111
楚悼王·改革	114
楚怀王·习惯性被骗	117
齐桓公·九合诸侯	120
齐桓公·千古恨	123
齐顷公·战争游戏	126
田成子·心机男	129

齐威王·铁腕 132

　　齐王建·落幕 135

贤能列传

　　夸父·与太阳赛跑 141

　　女艾·千面女谍 144

　　伊尹·好厨子 148

　　伊尹·五朝元老 151

　　比干·七窍心 154

　　太公望·神秘英雄 158

　　周公·设计师 161

　　伯夷·采薇人 164

　　介子推·割股救急 167

　　管仲·管鲍之交 170

　　晏婴·君臣逗 173

　　信陵君·窃符 176

　　信陵君·门客 179

　　商鞅·变法强秦 182

　　商鞅·作法自毙 185

　　范雎·咸鱼翻身 189

　　郑国·无心插柳 193

　　李斯·鼠世界 197

智慧列传

　　老子·高端学术 203

庄子·化蝶与悟道 …………………………… 206

孔子·好老头儿 ……………………………… 209

孟子·开心锁 ………………………………… 212

墨子·兼爱 …………………………………… 215

杨子·"一毛不拔"的道理 …………………… 219

韩非子·暗黑理论 …………………………… 223

将帅列传

赵奢·从税吏到将军 ………………………… 229

廉颇·不老神话 ……………………………… 232

赵括·沙盘演兵 ……………………………… 235

李牧·最后的屏障 …………………………… 238

吴起·英雄不问出身 ………………………… 241

吴起·光荣与梦想 …………………………… 244

孙膑·桂陵之战 ……………………………… 247

孙膑·马陵之战 ……………………………… 250

田单·火牛阵 ………………………………… 253

白起·人屠 …………………………………… 256

王翦·五国死神 ……………………………… 259

刺客列传

曹沫·从将军到刺客 ………………………… 265

专诸·一场事先张扬的暗杀 ………………… 267

要离·为行刺而行刺 ………………………… 270

豫让·一个人的战争 ………………………… 273

聂政·给个理由先！.. 276
荆轲·非专业刺客.. 279

乱臣列传

王羿·三箭客.. 285
楚君臣·群丑图.. 289
春申君·黄雀在后.. 292
苏秦·罪人英雄.. 295
郭开·一人丧邦.. 298

王者列传

炎帝·农夫

太阳老高了，大小伙子小姜还在屋子里睡觉，邻居来找小姜，爸爸妈妈说，俺家小姜啊，他没在家，大半夜就上山了。这么说着，父母真的以为小姜已经在山上了，自欺欺人地趾高气扬起来。但回头一看，儿子还赖在炕上没起来，自己先羞得脸通红。夫妻俩合作，拎起这不成器的孩子，男拳女掌，噼噼啪啪，打得小姜眼前金星乱窜，差不多奄奄一息。这还是亲生儿子吗？下得如此狠手！

不怪父母这么凶狠，这小姜也实在不争气。村里的男人，超过十岁的，一律上山打猎，十岁以下跟着大人上山的也不少。虽然不能打猎，见习也是应该的呀，给大人抬个弓递个箭，酋长说了，打猎很重要，要从娃娃抓起。可好说歹说，这小姜坚决不肯上山，就在被窝里念念有词，屋子里的坛坛罐罐装满了各式各样的草籽，不知道鼓捣些啥东西。远近乡亲谁不议论，都说老姜家祖坟冒青烟了，养了个不肯上山打猎的小活祖宗。

可是，谁也没问问，小姜为什么不肯上山。

小姜不上山的原因非常简单：去也白去。村里的大老爷们儿、小老爷们儿，还有奶气未脱婴儿级的老爷们儿，每天上山打猎，他们打来什么了吗？晚上大呼隆地"凯旋"，几十人上百人托举着一只乌鸦，这就是他们一天的战利品！上百人忙活一天，只斩获一只乌鸦，就算饮食再不讲究，可是全村人只分吃一只乌鸦，无论如何也愉快不起来。

不是这些勇士武艺不精，更不是他们工作不勤，他们打不来猎物的原因是：野兽被打没了。

小姜不打猎，他在收集各种草籽，他想把这些东西转换为永久食物。永久食物的根本点，在于它们能够再生，供给可靠。这些草每年都开花结籽，从不耽误。草籽收集虽然费时间，但它们老老实实在地里长着，今天不收明天收，明天不收后天收，不会像野兽那样一转眼就跑得无影无踪。这些草籽的大小不一，味道不同，小姜决定好中选优，人工栽培优良草籽，用作村落的长期食物供应。他把这个过程叫"驯化"。驯化之后的"种子"再结出果实，这叫"耕种"。耕种有两个环节，一个耕，一个种。耕，就是把土地翻动得疏松，利于草的生长；种，就是把种子埋下去，让它发芽、生根，成长为新的植株，结许多新的种子。这些种子不再是种子，是果实，也叫"粮食"，可以吃的。既然这些草将来长成的籽要用作食物，它们就不叫草，叫"秧苗"，这名称娇滴滴的，十分可爱。这一套行为，叫农业，是人生存的基础。人们还可以照样打猎，打来的狍子、獐子等，也挺好，食谱中当个点缀。

又一条爆炸性的新闻在村子里传来：姜家那个不打猎的小子，不但自己不打猎，还不让别人打猎，不但不让人们打猎，还想让人们吃草！人们的传言偷换了概念，小姜要让人们吃的不是草，但是这条消息不久就传遍整个部落，再不久，全天下人都知道姜水流域有一个鼓吹吃草的疯子。

村民集体拥向小姜的家表示抗议，如果可能的话，合伙打他一顿，叫他放弃可恶的吃草主张。走近小姜家了，却闻到一种奇异的芳香，人们从来没有闻到过这个气味，太诱人了，引诱得每个人都想立刻扑上去。穿过小姜家的院子，走进正堂，香气越发浓烈，所有人都直流口水，那时候人们还不掩饰口水，觉得流口水是对人家的尊敬，于是从大街到小姜家，地面上湿漉漉的，像下过一场雨。

在正堂门口，人们呆住了：小姜一家，父母带着七八个孩子，包括小姜，十多口人，围着一口大陶釜，你一把我一把地抓着什么东西往嘴里填，吃得津津有味、热火朝天，他家那条狗也挤上去，从人的手里抢饭团。那弥天的香气，就从这尊大陶釜里飘逸而出。原来，小姜不但琢磨出耕种，把草籽脱壳做成草籽米，还发明了火，用水火煮成的草籽米饭，芳香四溢。

小姜指着陶釜，对站在门口滴滴答答流口水的群众说："乡亲们，尝尝？"

小姜找到了不打猎也能填饱肚子的办法，扩展了食物的多元性，还实行刀耕火种，人们叫他"神农"，尊称他为"炎帝"。

黄帝·发明家

公孙家的公子聪明俊秀，是一个发明家，他发明的东西多到数不过来。有人问公子："你发明的东西有多少了？给个统计数字，将来写地方志要用。"公子意气风发："你不能问我发明了什么，你要问什么不是我发明的。"这话的口气实在太大，但静下心来仔细想一想，人们眼前身边的一切，几乎都与公子的发明有关，再往远说，那什么什么，也都是公子发明的，这里的"什么"是个代入公式，可以填进任何发明创造。

但有件事却难住了公子。每年秋天，村里打下的粮食，有一两成要交给酋长，酋长家那么远，村里的男人齐上阵，一根扁担两只筐，长途跋涉送粮忙。路途实在太遥远，一路就吃这两筐粮。运到酋长家，只剩下一筐。酋长才不管你出发时几斤几两，他只要每人这两筐谷！还得回去再运——这些大活人，回去就不吃饭吗？回去不担担子，吃饭可以少些，那也得吃啊。所以剩下这一筐还不能全交给酋长，留下一筐的四分之三做口粮。结果忙活一场，只交上了八分之一的粮食，另外那八分之七，还得再送来。这就意味着交足粮食要折腾八个来回，一整个冬天。公子要搞一个大项目，搞一件大发明，使运送粮食变得简单。

公孙有一个"设计团队"，相当于几千年后的设计院。这个设计院的发明成果都以公孙冠名，所以他才鼻孔朝天把话说得满满的："还有什么东西不是我发明的吗?"公子给这个大项目划定大方向:一件能移动的装粮食的器具。还给这件器具定下技术参数:装的粮食要很多很多,运送的速度要很快很快,驱动这器具运动的人力、物力要很少很少,这器具的结构外观和使用性能要很好很好。设计院的几个年轻人窃语:"又多又少,又快又好,这是谁矛盾的想法?"耳语被公子听到了:"你们先说说可行不可行。"几个年轻人不耳语了,直接批评:"你的说法很矛盾!"公子问什么叫矛盾?他们回答道:"矛盾,要设计发明最尖利的矛,就不能设计最坚固的盾。你现在还要把矛盾组合为一体,你让矛最厉害,还是让盾最厉害?"公子说:"你没试过,怎么知道这东西做不出来?你们怎么知道我不能同时发明最尖利的矛和最坚固的盾?"听了公子这样极为矛盾的一番演讲,大家果断决定辞职不干,只有公子一个人坐在木头墩子上沉思入定。远远看去,像一尊雕塑,题名可以叫"思想者"。

"思想者"眼前反复闪现两组画面。第一组,冬天,大路上铺着冰,几十条绳子,几百人牵引,拉一块巨大的石料。酋长要建造一座宫殿,从远处运来石料,必须在冰上运输。第二组,夏天,还是运送石料,绳子,几百人。但石料下面垫着圆木,圆木滚动着,巨石前进。如果没有圆木的滚动,那块巨石,上千人也拖不动它。

滚动!就像一道闪电,在公子的眼前爆炸,呼啦啦打开了公子的设计思路。用圆木铺路,就可以解决省力的问题,天下的道路,全都铺上圆木,运送任何大件都轻而易举。而且,用圆木铺路,拖拉重物用的人比在冰上拖运减少一半,符合他的设计要求。但圆木铺路的问题也不小:速度太慢。现在的"圆木路"是临时的,几十根圆木前后不断地倒腾,拆了后边铺前面,效率低。假设天下的大路全都铺上圆木就好了,可上哪儿找这么多的圆木?就算森林到处都是,可伐木就那么容易吗?现在这几十根圆木,还是费了九牛二虎的力气才砍下来的呢。就算砍下来也不难,几千年后的铁路,不就满天下铺圆木——方木吗?可那么多的圆木在路上摆着,难免丢失损毁。假设人们的觉悟极高,都主动维护——咋那么多的假设?公子对自己的假设都心烦,大路上每隔二尺远摆一根圆木,这是铺路吗?这分明是在设置路障!

重新回到"滚"上面来。假设——公子还得假设,不假设,怎么能有发明呢?假设将运送石料的圆木固定在石料上,或者石料放置在木板上,而圆木固定在木板下,就解决了圆木铺路的问题,但是滚动的优势又没了。公子叹息道:"矛盾啊!"

矛盾!又一道闪电在公子眼前爆炸,呼啦啦再一次炸开了公子的设计思路。既要圆木固定,又要圆木滚动,矛和盾统一在一件器具上,那就让圆木一身兼二任,把它断开,一部分固定在木板上,一部分继续滚动,两部分似断实连,似连实断,形成松散的联合结构。后来,公子把这个结构叫"轮轴"。再后来,公子把轮的部分加高,轴的部分减细,于是几匹马拉着这件东西,装载着重物,在大路上风驰电掣,果然又快又好。

这风驰电掣的东西叫什么呢?这件器具的特点是人可以安稳地坐在上面,不用迈步,不用费一点力气,到几十里外的亲戚家探望,大半天就到了。人坐在轮轴上头的木头框子里,不用迈步,就像在屋子里坐着,悄没声地到了另一个屋子,公子说,就叫它"居"吧。居是居了,这么重要的一个创造发明,字还得有一个专用的好,这也难不住公子:两轮一轴一厢,照猫画虎,写作"車"。

公子叫人搬来粮食装上这个"車",一麻袋、两麻袋,数不清多少麻袋,反正上交给酋长的粮食全都装在"車"上。公子打一个响鞭,这是向驾车的几匹马发信号,意思是可以走啦。他一个人,把全村男人一个冬天的事情一下子做完了,心情愉快地唱起歌:"长鞭一甩啪啪地响,赶起大车奔前方。劈开重重雾,穿过道道梁,要问大车哪里去,我去为酋长送粮!"

公子发明车,以车为基础,开发"车"系列,比如战车、指南车等,形成庞大的车系列家族,他的名字也相应地叫"公孙轩辕"。轩辕以战车这种超级无敌大杀器,战胜了当时的天下共主神农炎帝,被誉为新的华夏共主——黄帝。

帝尧·为"父母"做官

帝尧的政府简易，整个政府机关没有几个人，最重要的人好像有四个，叫"四岳"，帝尧要布置什么事情，就说："四岳，过来！"来了……一个人，听帝尧在那里嘚吧，完了四岳就去执行。人们总听帝尧叫喊"四岳"，以为他有四个大臣，其实只有一个人，不过他也不纠正，就让他们那么以为吧，显得他的政府比较庞大。

帝尧的政府大门口有一面大鼓，鼓的质量一般。帝尧政府不但鼓的质量一般，他的任何东西都一般化。就说他的宫殿吧，几根原木柱子，支起一片茅草顶子，就算宫殿，柱子剥了皮显得光滑些，主要还在于剥了皮的木材不生虫。由于建筑工人偷懒或粗心，好几处树皮没剥干净，帝尧也不在乎，因为他根本看不见，他有很重要的工作要做，哪能注意到这些细枝末节。

重要的工作每天都有，那面大鼓就是信号。每当有鼓声响起，帝尧不管在做什么，都要立刻停下来，请击鼓人进来说话。击鼓人说话千奇百怪，归结为一点，却是一个字：冤。原来那面鼓是鸣冤鼓。他可以理直气壮地敲鼓，直到把帝尧敲出来。

于是帝尧听政。听政其实就是听讼，部落里面各类人的七长八短，听得人头昏脑涨。但帝尧不，他越听越清醒，帝尧说："你们听讼不投入，所以听得糊涂、疲倦。"人们问怎么才能听得投入，帝尧一席话使人茅塞顿开，但也更令人汗颜。他说:"凡来告状的,我都把他当作我的父亲母亲看待,父母受了委屈,找谁诉去?找儿子啊。我们这些人,无缘无故地不干活儿,坐在宫殿里,要百姓们养活我们,他们不都是我们的父母吗?我们的职责,就是听他们诉委屈,帮他们解除委屈。"

来告状的,多是鸡毛蒜皮、狗摇尾巴、猫舔盘子之类的事情,但帝尧听得细致耐心:"那狗咬你,可能你逗它,把它逗急眼了,不然你们互相都认识,它咋好就吭哧一口?""你说我跟它认识,这说法好像不妥吧?""对、对,不该这么说,收回这句话,向你道歉!可它为什么咬你呢?""我也不知道啊,这畜生疯掉了,我要求帝尧判这狗东西死刑,它的主人二狗子要赔我损失,医药费、误工费!"狗主人说:"三秃子隐瞒事实!他喂狗吃脏东西!第一次喂,狗不知道是啥,吃了,结果呕吐了一下午。今天又喂,狗不吃,他就把脏东西往狗嘴里塞,狗哀求无效,才咬他的。""有证人吗?""有。"四愣子、五麻子都是证人,一致指证三秃子无缘无故挑逗二狗子家的狗,狗抵制无效才奋起反抗。三秃子在证人证言面前无言以对,只好认输。帝尧判决,这次诉讼事件二狗子胜诉,他家的狗咬三秃子属于正当防卫,无罪。但出于人道主义考虑,二狗子应该带着三秃子去太医院接受详细检查,费用由二狗子承担。为了避免此类事件再度发生,帝尧还发布通告,制定法律,规定任何人都不准给狗喂脏东西。

帝尧的另一件工作更繁忙。什么繁忙,其实就是烦琐。帝尧在人烟稠密的地方、桥头、码头、集市、议事堂等地方,设立一种设备,叫"谤木"。谤木的构造也简单,一根竖立的圆木,横着凿一些凹槽,然后在凹槽里安放木板。木板经过刨光,方便人们在上面书写。帝尧指示,不管谁,不管什么人,对政府有意见或建议,都可以在这些木板上留言。留言可以署名,也可以不署名,当然也可以化名,如"渭水愚夫""笑里藏道"等稀奇古怪的名字。提的意见可以是个人的,也可以是批评政府的,当然也可以谁都不涉及,在上面写几句打油诗。因为没有任何限制,自由集会大家谈,流言蜚语无所谓,谩骂打击也可以，所以才叫"谤木"。谤木无人值守，官府定期派人来取走木牌，这些木牌都集中到帝尧的宫殿，这里就是谤木网络的"根服务器"，处理这些木片。帝尧一条一条地看，看完了收存，留作档案，圆木柱子再换上一批新木板。

帝尧每天兴致勃勃地阅读谤木上的留言，一读就是大半夜。留言精彩纷呈，比告状的丰富。"河西村的王姓豪强侵占良民土地，成地方一霸，请帝尧立刻调查处理。"帝尧想，豪强太豪了，就可能演化为黑社会。这个问题很严重，于是他组织材料，派四岳办这件事。但这条下边紧接着就有一条评论："造谣！河西王家忠厚传家，绝无此事！"署名却是河东刘家，看似在打抱不平。帝尧想，这很可能是王家人自己穿着"马甲"题写的。果然紧跟着又是一条："穿上马甲就没人认识你吗？我知道你是王家雇用的，不要脸！"忽又看到一条很另类："大花是大破鞋！"这么严肃的谤木写这么不严肃的话，也太不严肃了。但既然叫谤木，就得容忍低素质人的胡写乱画。这条很吸引眼球："帝这个职位你不合适，你应该禅让给我，我发明的弹弓打鸟很准，广受部落好评。"帝尧笑笑，你来干？你还未必赶得上我，看他这个话，就是一个"民间科学家"。

民间科学家"禅让"那句话让帝尧动心：我当帝已经七十年了，我自己觉得朝气蓬勃正当年，可能旁人早看出我老态龙钟，应该考虑让年轻人来当这个帝，他说"禅让"，这挺好的。当然不能禅让给这位志大才疏的"民科"，帝尧决定明天就派四岳去寻访俊才。

帝舜·纯孝

虞舜是一个年轻的农夫，住在济水之南历山脚下。历山是泰山余脉，无数泉水从地下冒出来，所以又称泉村。全村的小伙子差不多都一穷二白，干完农活儿，就躺在历山的向阳坡上，脱下衣服抓虱子。

舜不但要对付贫穷和虱子，还得对付老爹、老娘和老弟。"重华，房子漏雨了，你上去给我修一修。"重华就是舜，出名的大孝子。重华十分愉快地爬上房顶，老爹却把梯子撤了，点火烧房子，要把他烧死。重华烧得焦煳，从房上滚下来，竟还活着。但老爹非弄死重华不可，又在叫了："重华，我的井淤了，你下去掏一掏！"重华既然是大孝子，当然没的说，抓起一只木耒就下井。老爹和老弟就推土填井，但他们居然不知道井下还有个暗道。舜逃出古井，跑到历山向阳坡上，继续跟伙伴们抓虱子——几天不捉，虱子们已经有些迫不及待，从裤子缝隙里伸出小脑袋东张西望。

舜的老娘是历山村最著名的——不是母老虎，老虎算什么，林子里有得是，小孩子经常把小虎崽子抱回来当大猫玩。只要按时把它送回去，母老虎也不追究。舜的老娘简直是一只恐龙。不是说她长得难看，是说她打遍历山无敌手，人们像躲避霸王龙那样躲着她。饶是这样，她还不满足，每天爬上村中央的皂角树开骂，从村东头的老王家骂起，一直骂到村西头的老刘家，一户一人都不落下，男女不论，童叟无欺，绝对公平地送给每人一箩筐"国骂"。

这一家四口，三口人都憋着坏对付舜，近期目标折腾他，远期目标折腾死他。他们残害骨肉，在于他们有私心：顽劣不化的父和撒泼无赖的母，想夺取舜的财产；桀骜不驯的弟，想霸占舜的那张琴。父母子三人合谋，形成严峻的家庭内部斗争格局。

四岳遵照帝尧的指示，四处寻找接班人，到了历山，觉得这里的气氛迥异于别的村子，这个村子的气氛太压抑，连呼吸的空气都沉甸甸的。问为啥，村民们却灰溜溜地躲开，谁都不说，终于问到一个胆子特别大的，答应接受采访，但他对着四岳调查组，也哆哆嗦嗦好半天，屋里屋外进进出出好几趟，最后憋出一句话："老虞家那老婆子，可把我们害苦啦！"

既然开了头，也就没了恐惧，村民们呼啦一下围着调查组大倒苦水，总之一个意思：这日子没法过下去了，虞老婆子不死，我们就活不成啦！血泪控诉听得调查组头皮发麻，问："这女人如此凶蛮，他的家人呢？"又一波血泪控诉开始："他那老头子瞽叟，煮不烂的滚刀肉，帮凶；第二个儿子叫象，果然一头野象啊！"

"没了？""没了。""具体事实呢？""关于这老婆子，怎么能说事实？她的事只能形而上地说，说事实，您就别想离开历山了，伤天害理缺德事——我不怕您生气啊，这辈子您都听不完！不过可以让乡亲们跟您说一两件，我得走了，虞舜等着我上南山种麦子呢。""您等一下，您说，虞舜？他和你们说的这'虞老婆子'什么关系？我听着好像同族啊，都姓虞。""这虞舜啊！"他来了兴致——让虞舜在那等着吧，这个话题我绝对不能让给别人！

"虞舜是虞老婆子的儿子，如假包换的亲生儿子。有人说虞老婆子是他的后妈，我以这棵树起誓，绝对亲生，当年是我妈给虞舜接的生，虞舜和我年岁相仿。他是超级无敌大孝子！老爸老妈，还有小弟，三人合伙要害死他，他对父母的恭敬孝敬一丝不减，就当那些事从来没有发生过，对弟弟亲爱如故，就像弟弟从来没有长大。这孝，这悌！虞舜耕地，老虎、大象、熊黑都来帮助他。就说三个人合伙要烧死虞舜的那次吧，瞽叟在房子下面点火，火势熊熊，虞舜站在房顶不下来,还摆了很壮烈的姿势,情真意切地对家人说:'爸爸、妈妈、弟弟,永别了!我爱你们!'太感人了,这太感人了!感动得连我都想孝敬父母了,可是我的爸爸妈妈早早就过世了哇!"啊,啊……哭起他过世的双亲。

四岳带着调查组找到虞舜。与预想的一模一样:一个老实憨厚的、近于木讷的青年。四岳说:"你父母的名声,好像不大好啊。"虞舜很坦然地回答:"大人,古人云,子不言父之过。"四岳又说:"令弟似乎也很不成器。"虞舜答道:"家父在,教训舍弟之事小人不可越俎代庖。""房子失火,乡邻都认为令尊令堂故意为之,阁下为何不紧急避险逃难?"虞舜脸上沛然涌现神圣感:"君叫臣死臣应死,父叫子亡子须亡。那时候我没有别的选择。"

四岳完成了对接班人的考察,高兴地回宫复命,帝尧对虞舜也非常满意。他认为,人的天分或者说智商都差不多,成才不成才,关键在于环境,主要是家庭环境。家庭环境越是恶劣,越能磨炼他的意志和才能,这叫"逆境出人才"。一个普通官员,把混乱的家庭治理得井井有条,给他个国,也照样治得好。治理天下,顺理成章不在话下。舜这个青年,老爸老妈那么凶恶丑陋,他都恭敬孝顺,是为纯孝。纯孝之人,必定对君忠,对臣诚,对天下百姓纯爱。

虞舜接替帝尧,成为华夏共主,人们尊称为"帝舜"。

大禹·治水英雄

鲧老爷召集全家人开会，情况看起来很糟糕，会议内容倒很简单，老爷说："我今天要被帝舜流放到羽山，全家人都到齐了吧，跟你们告个别，我走了。"鲧太太说："别走！"鲧想，还是夫人舍不得我，要挽留我最后一刻，心里有点小感动，但鲧太太说："小禹还没到呢。"鲧那颗忽然升腾的心，重新降落到冰点以下。他顾不上埋怨夫人，急忙寻找最小的儿子禹。禹从另外一个山头驾船过来，急忙问什么情况。鲧说，我领命平治洪水，治了九年，洪水还不退，帝舜依法处置我。禹说："我去评评理……"鲧说："评啥理？治水不成，被流放也是应该！小禹，你驾船送我去，别人就不要去了，船小，装不下许多人，再说，也没啥可看的。"

舜提拔禹让他继续父亲的治水事业。禹到治水现场视察一番，知道老爸被流放倒也不冤：老爸治水，就在帝舜的地盘打转转，哪里水多就在哪里修建拦水坝，结果水越治越多，水位越涨越高。老爸的手里有"息壤"，息壤筑成的大坝，水涨坝也长，可是坝长总也有限，超过限度就溃坝，危害更大。中国这么大，局部地区治水肯定不行，必须统筹安排，把这些水导进大海里去。大海，有多少水都装不满的。大禹治水，总结起来就是改"堵"为"疏"。他首先开通了九条山脉的道路，拓宽峡口，让洪水能更快地通过；其次疏导了九条大河，让洪水分别经由不同水道东归入海。积蓄二十多年的大水顺着河网乖乖地流进东洋大海，中华大地的水位慢慢降低，最后终于露出地面，人们才纷纷从山上下来，种地养鸭，稻田弥望，炊烟袅袅起来。

禹十三年没回过家，儿子还没见过爹，但禹还得继续考察洪水退了的中国大地，为国家行政治理掌握第一手资料。帝尧和帝舜，只是酋长，掌管的地方极有限，存点水就没过顶。自从禹开挖江淮河济，茫茫九派流中国，中华大地不想归为一家也不能够了，帝舜就成升格成了这个大"酋长国"的大酋长，禹代替大酋长考察各地自然地理、风土人情，以便因地制宜实施治理。

禹的考察从黄河开始。河水很浑浊，河水裹挟着大量黄土，所以叫黄河。渡过黄河，在河北地区继续考察，这里叫冀州，自壶口经过吕梁太行，东至碣石，南到漳水。这里的土壤颜色浅而疏松，耕地肥沃程度中等，但可以缴纳上等的赋税，进贡的物品是毛皮。接着再次渡过黄河，进入黄河下游地区，确定黄河、济水之间的地带为兖州，兖州是黑土地，耕地质量比冀州稍差，赋税也稍低些。出产物品桑麻，进贡漆和丝。从泰山下走到大海边，这一带叫青州……

禹走遍全国，确定天下共有九州：冀州、兖州、青州、徐州、扬州、荆州、豫州、梁州、雍州。每个州，禹都有详细的报告，报告每个州的地理方位、疆域、土质等级、物产及进贡的物品等等。禹把这份报告呈交帝舜，帝舜看着这份报告，再看看禹，再看看报告，每个字都是一千多万滴的汗水凝成的呢，激动得眼泪哗啦哗啦的，掉在地上啪嗒啪嗒的。禹平治洪水前后十三年，因为长期泡在水中，留下了跛脚的毛病。能走路，但走路不能左右脚来回倒腾，他得左脚迈出，右脚就跟进，与左脚并齐，左脚再迈出，右脚再跟进，颤颤巍巍的，挺有节奏感，人们尊称之为"禹步"。

禹上任时还年轻，十几年没见，已经老头儿模样，还是个身患残疾的老头儿。这把帝舜看得伤感无限，也激动得不知怎么说才好，怎么办才好，不知道怎么酬谢禹的功绩。但最后决定了这么说这么办，他说："禹，从此你就叫'大禹'吧。"这意思很明白，禹字前加一个"大"字，大就是"帝"，帝舜要禅让帝位给禹了。帝尧、帝舜、帝禹，上古时代中华实行禅让的三位伟大的领袖。

夏后启·血统论

  帝尧、帝舜、帝禹,三位君主的政府有一个共同特点:简朴。帝尧的"宫殿"修修补补使用了七十年,柱子实在腐烂得不行,摇摇晃晃咳嗽带喘地顶不起那厚重的屋顶,其实屋顶的感觉也好不到哪里去,苫的草不知道换过多少次,它还在那里苦撑着。帝舜和帝禹的宫殿也差不了多少,他们的宫殿兼书房、兼厨房、还兼卧室,宫殿后边几根木棍圈起来,叫围栏,里面养着几头猪和牛。帝觉得冰雪天、风雨天、炎热天,让这些可怜的动物风餐露宿,于心不忍,也给它们的围栏上面加个盖、苫了草,四周还用草糊泥围起来,俨然一座宫殿,前边的宫殿比它华丽点,但也有限,牛、猪们在"宫殿"里熙熙而乐。这些动物腊月献祭时用,献祭,光荣啊,可当它们要出栏的时候,猪撕心裂肺地又哭又叫,牛眼泪静悄悄地淌成河,死拖活拉地不出来,不是它们怕死,它们舍不得离开这温暖的大房子。

  帝尧时候创立了好传统,提前物色好接班人,年老退休,接班人自然上任,成为新的帝,于是帝尧之后帝舜,帝舜之后大禹。大禹之后呢?

  大禹对尧和舜极为崇拜,他执政的所有路线方针政策,都遵从古制,包括选拔接班人。帝舜南巡,死在苍梧,大禹即位为帝。大禹的大事,就是决定接班人。这件事,也一代更比一代成熟。帝尧在阅读谤木的时候,受一个"民科"启发,才发现自己已经很老,应该寻找接班人。帝舜在洪水滔天的危难之际，紧急提拔禹做治水总指挥。这个小伙子治水成功的话，他就是大禹，不成功呢，帝舜没有说，但心照不宣：跟他爹一样，处斩。所以，大禹并不是帝舜预选的接班人。舜和禹成为帝，偶然的成分不小。现在，大禹有充足的时间，即位之初就开始研究接班人的问题。

其实大禹的接班人问题不用研究，成为大禹继承人的，早就众望所归：皋陶。皋陶是帝舜的大臣，主管刑法，朝廷的大法官。对于判案决狱，皋陶说过一段非常著名的话："惩罚犯罪，仅限于犯罪者本人，他的后代不受牵连；奖励功勋，却要世代沿袭。过失犯罪，再严重也可以宽恕；如果故意犯罪，罪行轻微也要惩罚。惩罚犯罪人，如果犯罪事实有疑点，就要依照最轻的量刑；奖励功勋，他的功劳存在争议，就依照最高标准。"皋陶宅心仁厚，尊重人的基本权利。政府的主要职责就是审官司判案，皋陶这么伟大的法官理所当然该成为帝。可是皋陶没等到大禹逝世，自己先走一步，大禹只得重新寻找接班人。说重新寻找，仍然不费心思，眼前就有：伯益。伯益帮助大禹治水，辛辛苦苦十三年，辅佐大禹执政，又是十三年。他的言论写成一部大书，被尊为中央政府的政治纲领，书名《大禹谟》。伯益将会接续大禹，成为中华第四位大酋长。

按照禅让的程序，禹寿终正寝后，伯益即位为帝，称"帝伯益"。可是，大禹的儿子启有话说。

大禹治水十三年，忙得几次路过家门都没有回家看看，涂山女独自把儿子养大，等到禹成为大禹，启已经三十多岁。三十多年没怎么见面的儿子，大禹心怀愧疚，心思么……但大禹的地位身份，只要他的心思有一点小活动，大臣们忙不迭地就要做大禹肚子里的蛔虫，蛔虫们猜测寄主的心思，一猜一个准，寄主自己也没觉察到的心思，蛔虫们都猜得出来。大禹确定皋陶为接班人的时候，天下人都认为这太正当了，不是皋陶还能是谁呢？说起来，这位皋陶大人的资格比大禹还老些，岁数跟大禹也差不多，只不过大禹治水这功绩无人可比，帝舜才把帝位传给大禹。大禹继位后，为了尊重禅让制度，推举皋陶当继承人，并让他全权处理政务。但是皋陶在帝禹二年就去世了。皋陶死，伯益被确定为接班人，有决议："伯益，德能勤绩冠臣工，帝股肱良哉！"等于明明白白地告诉天下人，伯益将继承大禹的帝位。但蛔虫们不这么看，他们再次奔走相告："我们帝禹的心思里，没有伯益！"蛔虫们在大禹的肚里一刻不停地乱窜，传递着绝对准确的小道消息："咱们帝禹那颗老得不能再老的老心脏，努力挣扎着要起、起、起，可是我听到的分明是启、启、启！"

不知道蛔虫们用的什么手段，把大禹心脏的私密话告诉了启。启用七七四十九天，以蝌蚪文字写成鸿篇巨制的"论文"，"论文"的内容不重要，看一眼"论文"剑拔弩张的标题，就一目了然：《血统论》。

大禹坚决反对血统论，他坚持天下人管天下事，天下事择天下人，皋陶、伯益、启，都是天下人，不能因为启是大禹的儿子，天然地传染了大禹的活性菌。选定皋陶和伯益做接班人，绝对出以公心，他实实在在、踏踏实实地希望伯益接替他做中华之帝，那些蛔虫喊喊喳喳的说法，大禹根本就不知道。这件事情以后，人们不得不佩服蛔虫的厉害：他们能够解读寄主本人也觉察不到的心理变化。

大禹驾崩，按照文件规定，伯益即位，成为帝伯益。可是启说："列位大臣，还有你，伯益，好好读一遍我的'论文'，再说话！"很巧，大臣们的肚里也装着类似的蛔虫，他们立刻摇旗转向："我是帝禹臣，启是帝禹娃，禹启一根线，线上拴蚂蚱。伯益复伯益，拉倒拉倒吧！"启即位为帝，他就是中国第一个世袭制王朝的第二任王——夏后启。

太康·王二代

启争得了帝位,做了大夏的首领,后人称他为"夏后启"。因为夏后启破坏了禅让制,所以他的历史美誉度不高。夏后启特别讲究仪式,他觉得什么事必须有一个仪式,才算名正言顺。继位这件事也是一样,夏后启决定也举行一个仪式,正式宣告自己当了夏帝。

然而,夏后启环顾首都,气愤地扔下一句话,回去睡觉了,他说:"仪式,谁爱搞谁搞!"夏后启说这话,是因为他眼前所见,没有搞仪式的气氛。一座原木桩子支起的简陋宫殿,宫殿后边还有猪牛棚,那些动物不讲卫生,不顾体面,在屋里拉屎撒尿,还随地吐痰,臭气弥漫到宫廷内外。在这样的环境下举行登基仪式,仪式也会臭烘烘的。

夏后启这一睡,就睡了三天三夜,他跟伯益争斗,很久没有好好地睡觉,长期处于疲倦状态。第四天,大臣们环伺在门外,见夏后启醒过来,一起说祝颂词:"王命浩洋,天降吉祥,万寿无疆!"然后一个带头的大臣说:"请帝视察帝宫、登基台。"导引夏后启来到帝禹的宫殿。帝禹寒酸的"宫殿"不见了,眼前的宫殿高大巍峨,飞檐斗拱,可以用金碧辉煌来形容。宫殿的柱子一般粗细,高耸入云,涂了厚厚的丹漆,从地面到屋檐不见一处原色,每一寸都经过细心描绘。最特别的是它的大,大得不敢想象。在东墙说话,西墙都听不见。转过大殿的后身,猪牛一只也不见,连它们的棚子也被拆除,原地建造一座大花园。

夏后启惊讶极了:"三天,你们做了这么多的事情?"首席大臣特别善于揣摩帝王的心思,这一切都是他的主意。他告诉夏后启,这些建造都不算什么,因为帝启登基时间紧迫,工程太简陋粗糙,等待仪式一结束,这些都要推倒重来,给帝最好最舒适的工作环境。他说:"还有一项工程,请帝视察指示。"他引导夏后启来到一座巨大的台子面前,台子用土堆起来,三层,一层五尺,总高一丈五尺,顶面夯实,侧面则用红布围起来,十分壮观。他接着道:"这是帝登基典礼台。仪式之后,台的周边有石条围砌,做永久纪念。同时在郊外设立一座同样规模的祭坛,四时祭天祀地。"夏后启十分满意,更满意大臣的细致周到,有这样的大臣做辅助,帝自己就省心多了。哪里是什么省心多了,帝根本就不需要用心思,一切事情都安排好了。帝还干什么?夏后启想,我的老爸,一辈子也没有过上这么好的日子,我的儿子不可以像他的儿子,我的儿子一出生就得闪亮,一辈子享受荣华!

夏后启的儿子即位后称太康。太康还在做王储的时候,就很瞧不起老爸夏后启的小家子气:守着一座宫殿还自鸣得意。他又很能理解夏后启,夏后启毕竟从小就被教导要艰苦朴素,不管一寸布,还是一粒米,都要用在最需要的时候,千日打柴不能一日烧,养成拘谨的坏习惯。太康称帝以后,东西南北建设很多宫殿,为的是感受各地美景风俗;一处宫殿春夏秋冬建造四座,为的是适应季节变化。比如冬天的宫殿要保暖,夏天的宫殿要通风,想要解决两者的矛盾,那就一个季节建一座。后来人们把这样的宫殿叫别墅。太康这样勤奋地建造别墅,大臣们也不能太懒惰。于是在首席大臣的带领下,大夏地域内的风景名胜地一律封闭,里面都是这些重要人物的别墅。大家都住在别墅里,轻易不出来,太康召集开会,要分别派出集团军规模的传令兵,因为他不知道这些大臣分别住在哪一座别墅里。

别墅住久了也烦,太康想到打猎。打猎跟住宫殿不同,打猎充满了不确定性,你不知道猎物从哪里突然冲出来,你也不知道猎物是黑熊还是野猪,你更不知道这个猎物能不能被捕获或杀死。太康说："真是太刺激啦！"太康被刺激得不行，结束一场围猎刚刚到家，就派出集团军规模的传令兵召集大臣："走，打猎去！"

有的大臣不喜欢建造宫殿，也不喜欢打猎，就在太康打猎的空隙，劝谏道："大禹平治洪水得到帝位，帝启发动几场战争，消灭有扈氏，呕心沥血几十年才确定父子相传的家天下格局，大王一定要珍惜啊。"太康说："禹和启，这么呕心沥血为了什么？"回答："为了让子孙当上王，享受权势和荣华。"太康说："我现在就享受着权势和荣华，禹和启的愿望实现了啊！""可是……"那位大臣想说，享受荣华，不思进取，政权可能灭亡的。刚说了"可是"，太康就说："我知道了，我这里太忙，等到我闲下来的时候再听你演讲吧！"连续几场打猎，他也累，关上门睡觉了。

邻国有穷，国王超级厉害，仰慕羿的射箭技艺，也叫羿。这位羿窥伺大夏很久了，把大夏王的底细摸得清清楚楚，突然一个早晨，有穷国的大兵向大夏压境而来。

太康匆忙备战，派出大量传令兵召集大臣们来开会讨论对策。面对危险，大臣们不一定来；能来，也不能确定什么时候到；即使到了，开会除了商议投降，还能有别的选择吗？这些传令兵直接武装起来上战场不行吗？真不行，他们只会传令，不会打仗。

现在，太康的唯一选择是逃跑。长期围猎的效果这时充分显现了，他跨马奔驰，一眨眼就跑出七八里，远远超出箭的射程，太康暂时安全了，谋划着等有穷国这货撤退了，再组织一次围猎。经过这次实战，他的纵马狂奔的技艺肯定大有长进。

王羿看着太康纵马远去，慢悠悠地取出一支箭，再慢悠悠地搭箭开弓，这把弓可不一般，除了王羿，没人拉得圆。王羿把弓拉得正圆，射距十里，箭道弧度要十四点五度，箭飞行时间三十秒。三十秒以后，远处的小黑点从大黑点上掉下去，驱马查看，太康掉在马的脚下，那只羽毛箭正中太康的后心。

履癸·深宫里有奸细

大夏国的王名叫履癸（夏桀）。这履癸身材高大健壮，而且男生女相，不长胡子。虽然不长胡子，却不怒自威，他的大臣们原先都是他的首长，几次残酷的政治运动下来，所有大臣在他面前都吓得爬行。履癸被流放后，重新站起来的大臣接受"记者"采访，"记者"眼里明显透着鄙夷："请问小乙，你在前朝一人之下，万人之上，怎么也在履癸面前爬行呢？没想过维护自己的尊严吗？"小乙左顾右盼，确认履癸果然不在这里，这才长出一口气，说："你是没在他手下做过事，才敢说这种风凉话。我倒是想站起来，可是这副骨头不做主，看见他，骨节都是碎的。"

履癸文采飞扬，武艺高强，战略战术高妙，扫荡周边各国，各国忙不迭地献上土特产表示臣服，称作"进贡"。只有黄国没动静。履癸大怒，全国总动员，发兵潢川。黄国士兵战死大半，国民四散逃亡，黄国国君急得要上吊，公主款款走来："老爸，多大点事啊，至于吗？"轻轻摘下房梁上的绳子，从容舞蹈起来："二八二五六，二八二五七，二八二九三十一……"国王叹息道："妹喜没心没肺啊！"妹喜公主漫不经心地说："老爸把我献给大夏帝吧，我不但要为我国死难同胞报仇，还要毁了他大夏国！"

国王实在没别的招，只得把公主献给履癸。大夏国撤军，黄国得到赦免。

这位妹喜的媚术着实了得，美艳欲滴，柔若无骨，倾国倾城。履癸回头再看原先宫中的粉黛三千，个个黄脸婆。这老色鬼一冲动，发布一道特别诏令：后宫全体人员统统归妹喜节制。

妹喜只管后宫，她绝对不干预朝政。她管后宫也是只管玩，不管其他。

妹喜说："王喝酒太小气，一桶一桶地酿造，一杯一杯地喝，就不能多酿点吗？"于是履癸造酒池，集中全国粮食酿酒，汇成大湖，履癸伴妹喜泛舟湖上，妹喜玉腕轻舒湖中，就托起一盏酒："王满饮此杯，妹喜与王生生世世永相随。"履癸一饮而尽。妹喜说："我喜欢。"

妹喜又说："酒倒有一些了，与陛下的伟大业绩相符合，可是有酒哪能没有肉？"履癸命令全国男人上山打猎，不拘什么华南虎、大熊猫、黄鼠狼、狐狸精，也不管熊崽子、鹿妈妈，统统打死剥皮烤熟，条条块块地挂在树上，香飘万家，这叫肉林。妹喜说："我喜欢。"

妹喜还说："整匹的布，两个人各自扯起一角，中间小剪一下，然后撕开到底。布料的质地，力道的大小，撕裂的疾徐，自然形成乐音，真是妙不可言啊！"履癸再发文件，全国的布料，丝的、麻的、毛的，混纺的、提花的、蜡染的，统统集中到首都，再找人每天表演，有时独撕，有时数百人齐撕，有时分声部撕，撕成"交响乐"。妹喜说："我喜欢。"

妹喜喜欢，履癸也就喜欢。可是全国人民不喜欢，他们饿得难受。粮食都用来酿酒了，大家没饭吃，就偷别人家的小孩煮来吃，大家互相偷，谁也不吃亏。后来大家嫌麻烦，不偷了，改为交换。易子而食，吃别人家的孩子不心疼。至于衣服，不穿就不穿吧，反正也不很冷。但是赤身裸体在路上走，总觉得怪怪的，相遇时不自觉地用手捂住私处，侧身而过。

妹喜有点不喜欢了："生活在这光辉灿烂的履癸时代，你看大家怎么一点不高兴呢，一个个整天愁眉苦脸的，多不好。大家应该唱歌，有歌曲丰富人民的精神世界，就不想吃饭穿衣的事情了。"履癸指示文化部门，创作了一部《太阳组歌》，歌词不好记，也没啥意思，唱完就忘了，但是大家自己编的歌词倒被史官记录下来，可见史官也烦这个太阳："浑蛋太阳，浑蛋太阳，真疯狂！

真疯狂！什么时候灭亡，什么时候灭亡，能赶上，能赶上！"史官嫌这歌词太长，浓缩为几个字："时日曷丧，予及汝偕亡！"

大夏国举国唱歌的时候，一个很小很小的小国商的国王汤，带着很小很小的算是袖珍型号的军队打进大夏国，大夏国国民已经长久不吃饭，残余的一点力气都用在对王的歌颂事业上了，暂时还没有饿死的夏国军民全身赤裸，手扶墙壁，眼睁睁地看着商汤灭了自己的国家。

战胜国要审判战争罪犯。妹喜依旧款款，袅袅婷婷，来见帝汤："妹喜是黄国情报人员，潜伏夏国。请求帝汤依照国际法，免除我的罪责，允许我回黄国省亲。"

帝汤仰天长叹："唉！我知道你是黄国间谍。但是你的行为不符合国际法的赦免条例。间谍只能获取情报，不可干预所在国国政。你在夏国名为后宫，表面上没有参与政治，实则操纵履癸，作恶多端，残害生灵无数，连禽兽草木都不能幸免，你必须为你的罪行付出代价！"

帝汤使人牵着履癸和妹喜来到巢湖岸边，把他们放在一只小船上。船上留两只酒杯、一张琴，让他们饮巢湖水代酒，巢湖水虽然不是酒，但它广阔无边，取之无限。

力士挥斧子砍断缆绳，小船漂荡，消失在云雾深处。

商汤·革命

"革命"是一个好词,汤喜欢,凡有雄心壮志的人都喜欢。当然,野心勃勃的人也喜欢。革命,可以在混乱中得到好处,最大的好处当然是当帝啦。所以,喜欢。

一个朝代的诞生,来自上天的授意,这叫"天命"。天命安排尧舜禹禅让,天命决定到禹不禅让了,父传位给子,子子孙孙无穷尽。天命决定大夏漫长四百年,尽管其间不少"帝"很不成样子,可天下百姓觉得帝们有天命在身,帝就是天之子,天子性格乖张点,做事荒唐点,也是应该的。所以履癸个性膨胀,把自己说成太阳,百姓也没意见,还给他"圆话":履癸是天子,太阳也是天之子,所以履癸说自己是太阳也没问题。

但是汤说:"第一,夏接受天命,有证据吗?有文件吗?夏启夺得帝位,然后家天下,这是夏启的个人行为,不关乎天;第二,就算有天命,就不能革除这个天命吗?夏桀暴虐无道,这样的天命代表人还有资格管理天下吗?"一连串的问号,问得夏桀哑口无言。夏桀高高在上,从来没想过这些问题,汤这个小伙子读书不少,不好对付呢。

夏桀闭目塞听,被狐媚子妹喜缠着讲故事唱歌,缠在身上不下来,他哪有工夫读书理政?所以他不知道的事情多着呢。比如汤看到一个捕鸟人,巨大的网四面包围,鸟雀们在网里等死,汤说,去掉一面!捕鸟人去掉一面。再去掉一面！捕鸟人依言解网。再去掉一面！捕鸟人不干了："再去掉一面，一面网，还捕个什么！"汤说："总还有鸟往这一面网上撞的。"汤念念有词，跟鸟雀们说："想左飞就左飞，想右飞就右飞，不想飞就不飞。"捕鸟人把这事讥笑加愤怒地说给别人听，人们肃然起敬："大王的仁德至高无上，鸟兽都能沾染恩泽！"人们说这话明显针对着履癸，那家伙荒唐透顶，把山上的野兽都打干净了，造什么"肉林"。那些肉没几天就臭了，就为了搞一个光彩的大场面，害死那么多的动物！

汤心里酝酿着革命这件事，革命这事不是游戏，革得不好，会先把自己的命革掉的。但最近伊尹的回归坚定了他坚持革命的决心。

伊尹在汤的政府任太宰，是政府的总管，也兼任厨师。一天早晨穿着便装来见汤，说："我要走了。"汤很惊讶："你要走了吗？我这里再没有更高的职位给你了，我给你涨工资吧，翻倍！"伊尹说："不是职位的事，也不是工资的事，我觉得大王您这里太小了，我的政治才能适应面还应该更大些。""那你……""大王说对了，我到大夏去。""我还啥都没说呢。""君子之交淡如水，君子之心谐如琴。"汤跟伊尹的土豪主人一样豪爽："嗯，你去吧，要没找到合适的工作，再回来。"伊尹在大夏找到了很合适的工作，也是太宰。但伊尹在一个早晨突然出现在汤的面前："大王，我回来了，太宰的职位，还给我留着没？"

重新担任汤政府太宰的伊尹告诉汤，大夏大夏，大就是大，夏也是大，名副其实，果然非常大，汤这个小国没法跟人家比。大夏也叫华夏，华夏华夏，那里一年四季，到处红红的花，美得人走路都走不动，美丽化为实体，拖着人的腿脚不让离开。伊尹说，我这是拟人叙事方法，其实大夏的美紧紧拴住人们的心。汤说，这不还是拟人吗？伊尹说，不是拟人，这是比喻。不管拟人、比喻啦，是个人到大夏，都会流连忘返。汤说："可是……"伊尹说："别问我为什么还回来，请问大王，天命重要，还是人命重要？"汤不假思索："人命！天命虚无缥缈，人没饭吃那就活生生地死在你的面前，所以自古以来人命大过天!"伊尹上前紧紧握着汤的手说:"大王,大夏的天命到头了,即使它还没到头,大王也可以而且应该革了它!大王,革命吧!"

伊尹详细向汤述说履癸的种种荒唐作为,大夏人民已经活不下去,消灭履癸,不但革夏的命,更解放大夏的人民,"解民于倒悬"。被吊起来的人民活不了几天,早一点革命,就多救活一些人。于是汤决定征伐大夏,在国都召开誓师大会,汤做战斗总动员:

"大家安静!仔细听我讲话。我们出兵征讨大夏,不是我以小犯大、犯上作乱,而是大夏罪行昭彰,夏的罪行比头发还多,根本就数不过来。我郑重地跟你们说,大夏有罪,我必须兴师问罪,给它以严厉的惩罚。我如果不这样做,上天会怪罪我,也会怪罪你们大家。我听见有人在抱怨,说国君不体恤你们,在这农忙时节征兵打仗,把农事耽误了。你们大家听着,上天的责罚不管你农事不农事,你们或许还会问:'夏桀有什么罪?他的罪行究竟到什么程度?'他无限制地加大徭役,耗尽了民力;又对民众重重盘剥,掠光了资财。夏国的民众全都在消极怠工,等着他出事。他们说:'时日曷丧,予及汝偕亡!'人民已经厌恶到这种程度,整个大夏都盼着他倒台,希望他死,他死了,百姓才能活。现在我们就根据上天的旨意,代表大夏人民的意志,来消灭这个残暴的'太阳'!希望你们和我一起,奉行上天降下的惩罚。战斗有功,我会重重地奖赏你们。你们不要怀疑,我说到做到,绝不食言!但如果你们违背我们的誓言,战斗不积极,不敢与敌人拼杀,甚至临阵脱逃,我一定要惩罚你们,绝对不宽赦!"

誓师词把这次军事行动拔高为"吊民伐罪",高端大气,义正词严。

汤看到威武雄壮的队伍向大夏进发,自豪感爆棚:"我,强劲威武,天下无敌,我就是武!"从此军中称汤为"武王"。

商汤革命,成功了。

盘庚·青铜器

盘庚决议迁都，他跟贵族们谈话，说的都是实话，实话才能动人，所以贵族们首先同意迁都。对付一般人就简单得多，盘庚一顿吓唬，众人乖乖地跟着走，迁都大事顺利完成。

但盘庚的实话还没说完，保留的部分比说出来的部分更大，不过他也透露了一点："这些吃饭的东西，搬到新家，统统给你们砸碎！"打碎了吃饭的家什，这不是要逼死人吗？盘庚当然没那么霸道，他另有打算，他要用新的厨房用具代替这些笨重的陶鼎、陶碗、陶盆。

盘庚要铸造青铜器。然后，造青铜武器，再然后，用青铜武器征服四方，让他们主动来进贡，以供养王都。

人们很早就会从矿石中提炼铜和其他贵重金属，用铜制作器物，大夏时期，就有了用铜做的器具，但极少，而且全都用于礼仪，实用器具更少，可盘庚从中看到了时代的曙光。

他决定迁都到殷，主要原因是殷地有一种土，这种土耐火。在一次火灾现场，盘庚见识了这种土的厉害：石头都烧得熔化了，土壤却完好如初。他仔细观察，石头熔化是因为这块石头含有大量的金属颗粒，是一块铜矿石，而且含铜量很高，高品质的铜矿石，能被火烧化。土壤如此抗烧，可以做成坩埚，盛装熔化的金属液，注进同样用这种土壤做成的"范"里。范可以做成各种模样,盘盆簋鼎,照着陶器做,然后就可以取代陶器。铜器造价高,但它们可用千秋万代,算起来还便宜些,而且不会因为搬家被打碎,一家人坐在地上哭。

殷有耐火土,附近有铜矿石,有这两样东西,就可以开工。铜矿石挖出来了,被粉碎成粉末,从粉末里把铜末筛选出来——开炼!

用殷土耐火砖砌成的高炉几丈高,拔高的烟囱火焰猛烈,炉子里的温度升得很高很高,没有一千度,也有九百九十度。上好的松木成捆地塞进炉子,几里地外都看见火光熊熊,遮天蔽日。铜粉末变成金属液体,在炉子里沸腾。耐火材料做成的坩埚伸进一千多度高温的沸腾炉,舀出更高温度的铜水,迅速注进埋在地下的"范"里。范制成鼎的模样,那是用一个现成的陶鼎倒模成的。冷却之后,从地下挖出鼎——铜的,仔细打磨、抛光,哎呀,光彩夺目!人间第一次出现"金碧辉煌"这个词。从前,人们的生活基本呈灰色调,铜器出现,生活彻底改观。盘庚看着这"金碧辉煌",盘算着下一步方略的落实。不过目前他还不急,山里的矿石挖不完,山上的松树砍不完,殷都的冶炼厂就忙不完。盘庚给每个贵族配发一套厨房用具,现在的贵族才是真正的贵族,因为他们家里"金碧辉煌"了,连同他们本人也辉煌起来,出门开会,更加趾高气扬:不但我额上有通天纹,我家还有整套的铜餐具!

家里的陶罐、陶盆,像盘庚说的,就打碎吗?才不会,那时的人们不偏狭,自己不用,就送给需要的人们;那时的人们不小心眼儿,接受别人的东西并不觉得没面子。有富裕人家学贵族的样,也扫尽家底置办一副铜餐具,一家人饿着肚子看着流光溢彩的鼎豆盘,精神上就饱了。

现在,盘庚盘算着他的大方略、大计划,这项计划他在奄都没有跟老贵族们说,一说老贵族们一定反对:又打仗啊,不行!这些老人啥也看不惯,都不对,到处胡乱说。有的帝就把他们管起来,建一个"度假村",实际等于关禁闭。盘庚不那么干,知道他们是胡说了,你还不让他们说?所以盘庚专门为这些老贵族设立一个"元老院",有事没事让他们在那里瞎呛呛。有时候,盘庚还亲自到元老院视察,询问他们对帝国大事的"看法",征求他们的"意见",元老们感动得不行不行的。

他的大方略就是:利用铜,制造大杀器!

大杀器的时代感强烈,在徒手搏斗时代,投石机就是大杀器;在投石机时代,弓箭就是大杀器;在弓箭时代,连弩就是大杀器。羿被尊为大英雄,因为他手里掌握着大杀器。一把弓箭算不上大杀器,但是配上骨制的箭镞,它就是大杀器。第一个羿用金属箭镞射杀九个太阳,第二个羿用骨制箭镞射杀太康,他们都是大英雄。射杀寒浞的那一群人不是英雄,他们射出的箭就是削尖的木棍啦,没有箭镞。铜轻便,方便锻造成各种形制的东西,包括刀剑和箭等武器。盘庚悄悄地试验,这些"武器"顺利锻造成功,一把铜刀挥起来,万马军中所向披靡。盘庚在树林里冲锋陷阵,树阵披靡——树木岿然不动,它居然不躲!那就别怪我心狠手辣!盘庚的大刀砍向那脆弱的小树,小树应声倒地,只连着一段树皮,帝盘庚再看大刀,倒吸一口冷气:铜刀卷刃啦!

盘庚召集炼铜的专家,交给他们一项严肃的"政治任务":找到让铜既有韧性能锻造,又有刚性不倒伏的办法。这些专家绝对不是光会搬砖的家伙,他们异口同声地说:"不早说!"原来,这些专家以为盘庚需要高纯度的黄铜或紫铜、红铜,心思全放在提纯上了,纯度达到四个九。铜这东西,越纯净就越柔软,如果不那么纯净,进而把一些同样柔软的材料,如锡、铅、铝、钨等加进去一块融合着炼和锻,负负得正,铜就坚硬无比啦!

配备青铜大杀器的盘庚的军队,盘庚指哪儿打哪儿,打哪儿胜哪儿,不出几年,商的周边国家全部向商纳贡宾服,盘庚的殷都从此巩固为长久的王都。

武丁·模拟画像

自商汤革命成功，历十八王，传位至盘庚，盘庚结束商族四处迁徙的历史，定都在殷。商族不再搬家，主要是财产拖累，家大业大，真的会一搬三穷。别的不说，单那青铜冶炼厂，一座庞大的"冶金联合企业"，怎么搬迁？帝盘庚之后三传，到武丁。

武丁不理会朝廷的事情，也不组织开会，啥事都交给大冢宰处理，大冢宰就是太宰，而太宰最初由厨师来担当。厨师会做饭，可也得王们说出来要吃什么饭，王们更需要给厨房提供足够的米面油。巧媳妇难为无米之炊，天下第一的好厨子也一样。可武丁却说："有米有面有酱油，谁不会做饭，要你厨师干什么？"一甩手，走了。

武丁一身短打扮，吩咐王宫的宫女太监以及后妃们："我出门旅游了，啥时候回来也不一定，你们别管我，该吃就吃，该喝就喝。"别人不敢说话，王后拉住他的衣角问："这话，怎么听上去像遗嘱呢？"武丁却不介意："我要回不来，这就是遗嘱！"说完，飘然而去，相忘和相望于云深不知处——武丁相忘，后妃们相望。

一文不名怎么旅游？武丁为了吃饭，一路打工，他从事过各个工种，陶工、瓦工、矿工、搬运工等，还给人掏过大烟囱，就这样一路打工一路旅游，忙忙碌碌不消停，来到一处建筑工地。工地是一处要塞，官家要在这里修筑边墙，做防御工事，武丁这时恰好没有口粮了，向管事的请求当几天临时工，管事的看武丁人还聪明，把武丁交给一个"工程师"，让他做"工程师"的助理。

"工程师"名说，武丁向这位说"工程师"询问，我这个助理具体要做什么事情，说"工程师"说："观察。"说"工程师"看这个年轻人很机灵的样子，打算培养他做自己的接班人，于是细心指导他版筑的构造原理，传授他技术要领。说说："版筑的原则和技术，合起来是三句话：真材实货、循序渐进、步步扎实。版筑的材料是泥土，可不是任何泥土都可以做版筑，泥土的黏性必须达到标准。符合标准的土也不能立即启用，得晾在太阳下暴晒一个夏天，晒去它的生性和野性，使之成为熟土。版筑一层之后，需要等到它结实干燥，固定下它的心性，再筑第二层，比如一个人吧，你把他放到一个新的岗位上，就得容许他有熟悉这个岗位的时间，不能立刻就给他重担子让他挑。但也不能等它干透了，那就成了两层皮，永远不能合成一体。筑时力道必须足，而且均匀，让每一块泥都承受同样的重力，它们结的版墙就会坚硬无比，刀剑箭镞、滚木礌石，所有大杀器都奈何它不得。"

先辈伊尹说烹调，岂止烹调，那是用人之道。汤武任用伊尹为太宰，果然，伊尹不但是好厨子，还是好臣子，他任太宰，汤武的革命才得以成功。说"工程师"说版筑，也不仅是版筑，他说的是政治方略，治理王国的路线方针政策。找了三年，终于找到了！原来武丁对朝廷的大臣没意见，谁都称职。但谁都不是国相的材料，他要亲自到民间寻求相才。三年之后，他找到了说。

上朝。大臣们热烈讨论煮肉应该先放盐还是后放盐，武丁却伏案睡着了，呼噜声盖过了争论声，口水也汩汩地在唇边流淌，十分不雅。大臣们安静下来，怕影响王睡觉。大臣们不吵，武丁却醒了，抬头看看大伙儿，额上压了鲜红的印子，十分滑稽。

"哎呀，十分失礼，列位臣工。我怎么就睡着了呢？"啥时候都有拍马屁的家伙："王为万民操劳，忧心过度，还请王珍爱身体，乃万民之福也！"但他拍到了马蹄，帝说："胡说！我正听你们讨论，先放盐后放盐，我精神百倍，一点也不疲劳。可是一会儿就睡过去了。呀，我想起来了，我做了一个梦！"于是讲他做的梦："我梦见一位天神，他告诉我，你的朝廷'元首明哉，股肱良哉，庶事康哉'，已经很好很好的啦，可是朝廷还缺一位国相。我说，我们朝廷人才济济。天神不答话，拿出一块玉版，上面画着一幅人像，天神让我看仔细，我看着看着，就醒了。"众大臣拜伏祝贺武丁："神灵护佑，我朝洪福齐天！"武丁说："退朝吧，我找人画像。"

武丁叫来刑侦专家，专门画人犯模拟像的，指示道："我说，你画，画一个我朝未来的国相。"专家说："我只会画犯罪嫌疑人，不会画国相。"武丁说："古板，画犯罪嫌疑人，跟画国相，不都一样，画！"根据武丁的口述，专家增一笔，减一笔，增增减减终于画成了，拿起来一看：这不就是那位说"工程师"吗？帝武丁很满意。

第二天上朝，武丁拿着"说"的画像与大臣逐个对照，当然全都对不上。武丁很沮丧的样子说："看来国相不在朝中啊，只好到基层去找了。"派出一支精干的队伍，带着图画，去"海寻"国相。也不用漫无边际地海寻，武丁说，你们到边界上去找找看，比如建筑工地啊，版筑墙什么的。临走还说："忘了说，天神说他叫'说'！"臣工窃窃私语："知道他的名，还把图画对照我们看！"武丁找人心切，忘了昨天还在朝堂上拿着图画挨个对照大臣。

找人团很顺利地找到说"工程师"，武丁当即决定由他担任国相。国相需要有姓，尽管用不着，也得有。武丁说，说国相在傅岩这个地方工作，就姓傅吧。从此，国相傅说，辅佐武丁，把商王国带入复兴。

武乙·登时报

武丁之后，五传至武乙。武乙是一位哲学家，研究思考的问题都很高深，如果他专业研究哲学，也还好，但不幸他又是一个"王"，这就有点麻烦，更不幸他又要用权力解决哲学问题。哲学问题，是永远没有解的问题，他要用武力强行给出一个解，可想而知这个解有多么不可解。

哲学也思考神的有无，有人主张有，有人主张无。但主张有的未必真的相信有，主张无的也不一定真的认为无，有无无有，全看实用。比如商汤就是无神论者，他举兵伐大夏，大夏有天命在保护的，他不怕天命吗？他不怕，因为他不相信天命，可革命成功以后，商汤对天命毕恭毕敬，祭祀神灵虔诚有加，他需要神。

可是武乙一反常态，他上朝的目的只有一个：辩论。跟大臣辩论到底有没有天神。大臣们对这个问题普遍不感兴趣，天神有没有，关我什么事？但不理会不行，武乙挨个儿追问："你信神吗？"要说信，他就和人辩论；要说不信，就拉着他和那位信的辩论。朝廷被这种形而上的问题搅得乱七八糟，彻底地不能办公了。

武乙为了表示与天神彻底决裂，下令封闭天地日月四坛，停止一切祭祀。他说，天地之间，唯我独尊，武乙在此，诸神退位！这样惊世骇俗的言论基本没有响应，各位大臣各个家庭都在自己的家里摆上诸神的牌位，战战兢兢地日夜祷告。有至诚忠于商帝国的，祷告时把自己和武乙捆绑在一起："恭请天神宽恕我们的帝，他不是坏人啊，他正在犯羊角风呢。"不厚道的企图自保，祷告词里把自己完全切割出来："他是他，我是我，我虽然跟他一个姓，可我是我爸爸抱养的，跟他一点血缘关系都没有，天神要惩罚他，千万别带上我啊！"

帝武乙虽然不干正事，但他精明着呢，这种小动作还逃不过他的眼睛，知道大家对他取缔天神有意见，抵触，他决定给这个问题来个终极解决。他亲自动手，做了一个人偶，这人偶不是一般的人偶，它的四肢能活动，能坐能立，胳膊腿跟人一样转动自如，按照学科定义，一个标准的"机器人"。"机器人"长得威猛，一看就是一尊神，望而生畏。他给"机器人"穿上华丽的衣服，更像神灵了。这还不算，他做事讲究完全彻底，他要天神内外一致，就在天神的肚子里装了一个心脏。天神的心脏哪里找得到呢，只好用猪的心脏代替。他知道人和神一样，都用心思考问题的，天神有了心脏，就能思考问题，尽管猪的心脏成色差一点，可他是天神啊，聪明，不在乎。

安排妥当，他请天神坐在一张席子上，自己也坐，两人对弈——人神中间放置一副棋盘，自己执黑先行，星小目开局，然后请天神应对。天神久久不落子，武乙频频催促，还伸进天神的胸腔捏他的心脏，心脏跳起来的话，天神就会动起来的。舞弄了半天，天神呆若木鸡，一点落子的意思也没有，帝武乙决定给天神安排一个代言人，代替天神下棋。代言人对以向小目，黑子贴，白子长，黑子飞，白子尖……几步棋走下来，天神的代言人急得热汗蒸腾，他不知道该让天神输还是赢，最后根据自己对帝武乙的了解，决定输，一条大龙被斩以后，他代表天神推枰认输。算细目，黑子贴五目，天神白子仍输黑子五目半。

武乙大喜，召集官民人等开大会，宣布人神大战的成绩：人胜天神五目半，武乙齐天大胜！不止齐天，是盖天！武乙把天神吊起来，指令武士批天神的脸颊，伴以愤怒声讨："我是王，你怕不怕我？"遍数他意念中的天神罪行以后，决定将天神处以枭首刑，刽子手举起鬼头刀，手起刀落，神的头还在空中晃荡，身躯却跌落地上，一颗"代心脏"从天神的身子里滚落出来。

同族的大臣太丁实在看不过去，在武乙对天神行刑之后，直接到他办公室来劝谏："有神无神，是一个学术问题，可以研究讨论，但我认为，作为奉天承运的我大商王国，还应尊奉神灵为好，比较严肃。王可以不信神，但也不必侮辱神，对一介平民都要尊重，何况对待万物至尊？"武乙说："你说完了吗？说完的话你可以退下了，我要惩治那个天神。"太丁被噎得一口气上不来，险些背过气去。一个宦官有疑问："刚才的神，不是已经被枭首了吗？神的心脏都滚出来了。"武乙说："一滴血都没流，算什么枭首！"

武乙喝令杀猪，接来猪血代替天神血，既然心脏可以代替，血液也能代。天神不一般，一头猪不够，杀两头。这些令人眩晕的猪鲜血被盛在一个巨大的密封牛皮袋子里，还放了盐搅拌一阵子，防止血液凝固。武乙命人把这个皮囊挂在一个高耸的木杆子上，这是他为这次行刑专门制作的。皮囊密封得不太好，滴滴答答地把地面都染红了。

对天神的第二次行刑，武乙决定亲自执行，他取过弓，搭上箭，仰面瞄准，一声呼啸，利箭端端正正射中皮囊，猪血顺着箭的穿孔哗哗淌下，小孩子不知害怕，拍手叫道："猪血！猪血！"武乙喝道："什么猪血！大人没教你啊！天神血！"

连战天神，武乙完胜，他的勇气成倍地增长，这来自他对自己无神论的坚定信念，他更坚信世上无神，如果有神，神灵们能那样听任他的摆布？

大暴雨，雷电交加，人们都知道这样的天气应该躲在屋子里，武乙的豪气正膨胀得无处释放，他手执长矛，迎着大暴雨冲出宫门，在雨中疾走，不时举头望天。天上的闷雷响雷交错，连续不断，人们心惊胆战，武乙向着闪电方向怒吼："你来打我呀？有本事劈死我呀？"冲向天空，举着长矛，摆出一个战斗英雄的造型。

雷电东看西看，找不到落脚点，在空中哼哼唧唧地憋气，忽然看见雨中一闪一闪，是金属的闪光！好极啦，终于找到落脚的地方啦！万钧雷电齐发向这金属尖，那是一支长矛的顶端，长矛和举矛人被雷电击成粉末，消失在雨水中。

帝辛·帅帅的，然而坏坏的

武乙这么胡闹，人们都看得出来，他疯了，无神论、有神论，都是他疯闹的借口。

帝辛成为新王，殷都大骚动，外地闻风而起，周边原先进贡的国家也坐不住，纷纷来殷都打探消息，这一打探，他们也跟着疯狂起来，因为这帝辛太——帅——了！

帝辛的相貌——相貌最好别提，不要说那些小姑娘见了会疯狂，一把年纪的妇女见了帝辛也慌忙走开，她们担心自己会把持不住爱上他。长得帅也不算什么，谁年轻没帅过几天呢？即使没帅过，摔过也算啊。最不可容忍的，这帝辛就没有不知道的知识，这倒也罢了。最叫人没法跟他同在一片天下的是天底下没有他不会做的事情，还能给别人留一点活路吗？天文、地理、语言文学……学问到帝辛为止了。拿起一根指挥棒，乐团"嘣嘣嘣，嘣——嘣嘣嘣，嘣——"演奏出天籁般的曲子；放下指挥棒，"啊，我的太阳，多么辉煌……"颅胸腹腔齐共鸣，鸟雀们都听得呆了，人来抓它都忘了逃跑。王国每个月有一次极刺激的娱乐项目，有点血腥，人兽搏斗，胜者为王。人没有兽的力气大，比如黑熊，为了公平，人持有一件短兵器。一个角斗士手持青铜短剑，面对咄咄逼人的大熊，脚都迈不开，成为黑熊的午餐是不可避免的了。帝辛看得气闷：至于吗？喝令：停！这一声"停"崩云裂日，黑熊也停下进攻的脚步向看台上张望，霎时间帝辛冲进围栏，叫武士退下去，武士把手里的短刀递给帝辛，帝辛却不理会，径直走向那头黑熊。黑熊发觉来者不善，抬起上半身，嘶吼着向帝辛扑过来，帝辛一套眼花缭乱的组合拳，打得黑熊晕头转向，瘫在地上起不来，帝辛也不追穷寇，等着它爬起来再战。黑熊果然爬起来了，但是灰溜溜地钻进自己的笼子，还不忘伸开大巴掌关上笼子，现在它觉得还是笼子里安全些。另一个更大的笼子关的是一头更大的熊，棕熊。棕熊看帝辛暴打黑熊，自己的熊胆也吓得破碎了，见帝辛看它，它慌忙低下头，两只前腿抱住脑袋，不敢再看他一眼。

打探消息的人回国，纷纷向自己的国王建议，立刻恢复向商帝国的朝贡，不但恢复，还得格外多给，补上从前欠缺的部分。早先商帝国衰败，这些国家早就不向商朝贡了。国王说："为什么恢复朝贡，就因为他帅？"探子说："帝辛几乎是个完人，过几年就可能成为圣人，圣人治天下，我们早晚得宾服于他。"国王不信，说再等等。这一等就等出了祸端，帝辛发兵，以摧枯拉朽之势扫荡了那些不肯臣服的诸侯国，玩深沉的诸侯国进贡的份额无端地翻了好几倍。

圣人的位子越走越近，可是有一个问题困扰着帝辛：圣人都不食人间烟火，不苟言笑，正常人的生活乐趣一点也不能有的，有一点就俗，那圣人岂不很无聊？叔叔王子比干说："怎么能说无聊呢？圣人留名青史，万世瞻仰。"帝辛说："万世瞻仰不需要，后世不骂我就可以了。"他心里已经打定了主意：圣人我当定了，不过在当圣人之前，我要好好享受一次平凡人的快乐。

平凡人的最大快乐不外乎吃喝，吃喝的最高境界是酒池肉林。于是，王都建起了酒池和肉林。夏桀鼓捣这东西耗尽民力，以致夏民吃不上饭。帝辛却很轻松，旬日之间一切就绪。帝辛和他的王后，以及嫔妃、媵嫱，还有宦官、宫女，泛舟酒水湖上，徜徉肉树林中，醉卧花丛芳最烈，觉来连盏酒更香，通宵达旦。帝辛欢呼雀跃："从来没有这么快乐过！大家尽兴地玩吧，跳进湖里与美酒融为一体吧，明天这一切都将成为历史，只存在于你们的记忆中。喝吧，吃吧，玩吧！"

帝辛发现一个不很严重，但也必须解决的问题，这些酒和肉怎么处置？帝宫的人虽然不少，但要消耗掉那么庞大的生活资料也不容易，这些东西又不能存放，帝辛思考片刻，下令："明天继续！"后宫的声色犬马连续几天几夜，不见结束的日期，因为酒和肉实在太多，除非变质，不然永远吃喝不完。

大事件终于被比干获知，比干劝谏帝辛："从前夏桀搞什么酒池肉林……"帝辛连续几天喝酒，醉得不省人事，但对自己的打算还清楚，努力向叔父解释，快乐的放纵，仅仅一次，之后就当正人君子，叔父放心。比干眼看帝辛醉醺醺的，不像要收敛的样子，劝他立刻铲平那所谓酒池肉林。帝辛怒道："铲平？那么多好东西，说铲就铲，说平就平？不行，我必须把它用完！"比干让步："那么，再有三天，不，五天，总该用完了吧？"帝辛愈加愤怒："你居然给我限定天数日期，你那三天、五天，我可以理解为最后通牒吗？"比干再度让步："帝喜欢就喜欢吧，不过最好别让外界知道，宫廷里的事情很容易成为民间谣言的材料。"比干步步后退，帝辛仍然步步紧逼："我偏要让外界都知道！传令！"帝辛传令下去，明天征集民间男女，到帝宫参加宴会。帝辛还决定，以后酒池肉林成为常设机构，随时往湖里注酒，往树上添肉。

第二天，征集的三千多人如约而至，这些人第一次到这么豪华的帝宫，可以这么豪迈地饮酒，这么肆无忌惮地吃肉，以为到了天堂。天堂的主人高坐台上，笑眯眯地看着这些人狂饮痛嚼，身边一群美女妖姬，最美丽的一个一会儿坐在他的怀里，一会儿吊在他的胳膊上，帝辛被折腾得极幸福："妲己亲爱的，有啥好主意？"妲己说："你看那些人，衣服那么破旧，与帝宫的华丽太不般配，不如这样，让他们天体吧，不假修饰的人体之美赏心悦目。"帝辛大喜："好主意！"男男女女裸体相对，在树林间奔走嬉闹，极尽人间之所能，帝辛、妲己在台上鼓掌叫好。

帝辛当然知道不应该胡乱搞，但他更愤恨比干等人的磨磨叽叽，借进谏博取名声，其实用心险恶。你们的知识、见识、才能，跟我比，差得不是一二里地，我至少超出你们八百里，还来跟我讲道理！你们不来劝，我自己就不干了，越劝，我越干！他知道，比干这样郑重其事的"正人君子"不少，他们一定会组团来进谏。让他们等着！他准备了各种刑罚，专门对付比干这样可恶的家伙。

公亶父·惹得起也躲

稷担任帝尧农业方面的最高长官——农师，功勋卓著。帝舜时论功行赏，稷成为诸侯，在封国邰娶妻生子，然后稷一直活到——活到死。稷的出生那么神奇，成长经历那么传奇，明明一位天神，怎么会死呢？但稷还是死了，这证明从前那些关于稷的传说都是神话，是人们编出来赞美稷的。因为他那么伟大，只有把他赞美为天神，才能表达对他的无限热爱。

邰这个国家传了很多代，历代邰国王都担任大夏的农师，传到公刘。公刘父亲时，夏桀荒废农事，取消农师这个职位，邰国也废除了。公刘率领同族，连同邰国的臣民，逃难到西方很远的地方豳，安家立业。豳土地肥沃，气候宜农，而且稷家族具有农业天赋，公刘很快就在这个地方发展壮大，远近的人民拖儿带女地投奔公刘。豳地远处西部边陲，夏王国管不着，后来的商王国也管不到，公刘家族历九代传承，到公亶父。

公亶父的豳国处在夷狄之间，周边都是游牧的牧民，牧民对身边这伙农民的行为深感怪异。他们不骑马，不打猎，也不放牧牛羊，那他们吃什么呢？这个问题困扰他们很久很久，在一个早晨他们突然明白了：这些人从土壤中找吃的！一块土地，他们七搞八搞，居然搞出一锅油亮亮、黄澄澄、香喷喷的米饭，神奇！更神奇的是这些人很有"钱"，名曰"圜钱"，农民们缺什么，就用这"钱"跟人家换，张嘴咬下一小块给人家，扛起一袋米就走。牧民们讲等价交换，两只羊换一件皮袍子，一头牛换八只羊，这些人居然不讲等价交换，什么道理？后来他们知道这东西叫货币，专门用来交换的。

周围的蛮夷看着眼热，也想学学这些人的样子，但这也太难了。那些秧苗，跟它们的主人一样文文弱弱。从春到夏又到秋，大半年的时间，农民才把粮食搞到手，然后还要脱粒、去皮、粉碎，到厨房又是一大套烦琐的仪式化的工作，最后做成一碗米饭，三扒两扒，完了。所以，这些农民纯粹是闲得难受，想方设法给自己找点罪吃。我们骑上马，跑出几里地，一只黄羊就主动地送上来了。回到帐篷，剥皮去内脏，上锅煮，架火烤，略加盐豉，登时肉熟，左近邻居、远道路人，不分彼此，济济一帐篷，其乐融融。剩下来那许多工夫做什么？可以什么都不做，绝对自由，没有人逼着你去做东做西，也没有工作等着你马上去完成。这才是人过的日子。比如老虎，吃饭以后，还有别的事情要做吗？睡觉，想心思，而且连想心思也是人类替老虎想出来的。只有牛羊，不停地吃草，它们为什么要不停地吃草呢？为老虎吃它们准备材料呢。蛮夷思考到这个阶段，居然获得了若干灵感：这些人整天勤勤恳恳，庄稼收割了也闲不下来，整天跟牛羊一样奔忙，可不就是牛羊吗？他们就是我们的牛和羊！这一番论证，给他们找到了强大的理论靠山，他们决定抢那些人的财富。

蛮夷的马队冲进公亶父的领地，刀光闪耀，令人胆寒，蛮夷们叫道："要钱不要命，要命别藏钱！"蛮夷说话很费解，但意思能猜出来，前一句说自己，抢钱，不杀人；后一句对农民们说的，拿出钱来，饶你不死。农民们手无寸铁，镰刀镢头哪里是大刀长矛的对手？再说，农民们只会做农活儿，柔情蜜意地伺候那些禾苗，根本就不会打仗，更不用说杀人。面对蛮夷的马队，农人们束手无策，其实蛮夷们的恐吓纯粹多余，谁敢反抗，谁又能反抗？蛮夷们翻箱倒柜，清扫一遍，获得的财物很可观，驮上马匹，扬长而去。

被洗劫的农人们请公亶父拿主意。那些人还会再来，需要预先做防备。公亶父沉吟道："我们的人有伤亡吗？"答曰没有，没敢抵抗。公亶父道："那就没啥要准备的了。"意思是等他再来抢，大家不同意，说我们的人很多，蛮夷们仅有几匹马、几把刀，被小小的蛮夷欺负还了得，要报复。我们不去掏他们的老窝，但他们再来可就别怪我们了，只要大王一声令下。公亶父说："我们的财富很多，他们抢走一些，不影响我们的总产值，破财免灾。"大家虽然不高兴，但公亶父的话大家都听，回去好好干活儿，热火朝天唱起歌："加紧生产，努力苦干。猃狁猃狁，再抢一遍！"蛮夷部族的名字叫猃狁，他们听农民这般唱歌，十分疑惑，以为是诱敌深入的计谋，但看这些农夫纯朴的样子，哪里藏得下所谓谋略？过几天又来抢。农夫们虽然加紧生产，努力苦干，土地积累财富却需要时间的，春天是苦饿季节，能抢到啥东西？劳民伤财极为不合算，再后来他们就精明些，每到秋天，就来抢夺一场或几场，农人们更勤奋地加紧生产，努力苦干，补上损失，豳国的人们仍然很富足，也很欢乐。

蛮夷们大惑不解，莫非他们的土地有魔力？主意已定，发兵来夺豳国农民的土地。

公亶父召集公民开会讨论对策。国民认为，蛮夷一向欺软怕硬，我们早就该打击他们。古公亶父问："打仗是不是会死人？""那当然，不死人不是打仗，那是狗扯羊皮！""谁去死？""那没办法，赶上谁战死，就谁死。"公亶父道："这是一个悖论，都知道打仗要死人，也都希望死的不是自己，那谁去死，当然别人死，为国捐躯。让别人战死，我享受生活生命，所以战争是最不可饶恕的罪行。还有，我鼓动你们去战斗，保卫的主要是我的王位，我不要你们大家流血牺牲保我的王位，与其死许多人保卫这个国家，保我这个王，我宁可不要这个王！你们留下，蛮夷也是人，天下王都一样，你们就做他的臣民吧，交税，服劳役，给我给他，有区别吗？"会议结束，公亶父带着自己的直系家族几百人，向东方迁徙，到达岐山下。

公亶父刚刚到达岐山地区，豳地百姓也陆陆续续都跟来了，他们不愿离开公亶父，更不愿意放弃自己华族的身份，改做蛮夷的臣民。周的祖先就这样在岐山下扎下了根。

文王·韬晦

公亶父有三个儿子,长子太伯,次子仲雍,三子季历。三个儿子都很优秀,公亶父最喜欢小儿子季历。公亶父喜欢季历,谁都看得出来,因为季历的儿子古公的孙子昌是个天才。太伯和仲雍为了让昌继承王位,主动"出逃",留下季历候补王位。公亶父不久驾崩,季历为王,季历薨,昌合法继承。商王国封昌为"西伯"。

西伯忙,忙得每时每刻都脚打后脑勺,他说:"这个时代什么最重要?人才!"人才需要招揽,不招揽谁来给你当人才?天下是商的,可天下的人才都聚集到周国,簇拥在西伯的周围。西伯吃饭,一口饭刚扒进嘴里,门卫来报:人才来啦!人才求见!西伯告诉过门卫,人才求见,不准耽搁,立即通报。所以大门口"人才求见"的口号此起彼伏。西伯这口饭,嚼的却是牛蹄筋,这要嚼得仔细,咽下去,那得多长时间,对人才太简慢了!西伯果断地吐出牛蹄筋,乐颠颠地跑出门去接待"人才"。名讳?贵庚?有什么要求?职称?人才满意而去。嗯,牛蹄筋味道不错,再来一块。"人才求见!"大门口又叫起来。这牛蹄筋哪里嚼得仔细?嚼不仔细就咽不下去,咽不下去就吐出来呗。接见人才,名讳?专长?简历?希望什么职位?人才满意而去。牛蹄筋再拿来!越嚼越有滋味呢……"人才求见!"几次打断嚼牛蹄筋的事,他这顿饭根本就吃不成!

所有的人才来周国，全都心照不宣，说出门访学去，避开"周"字，访到周国就不走了。但是大批人才奔周，形成向西涌动的"人才潮"，终于引起另一个诸侯崇侯虎的注意。人才流动我没意见，但是大批人才跨境而过，都向西没有向东的，这不正常！崇侯虎向帝辛举报，说西伯招兵买马，蓄有异志。帝辛防微杜渐，下令让西伯到商的朝廷任职，等于把他看管起来。

　　帝辛爱美女，身边美女如云，但帝辛更爱妖女，妲己这样的妖女更得帝辛的欢心。九侯的女儿很美，被帝辛收进宫中，可是不幸，她又很贤淑，悲剧于是发生。帝辛带着这女孩儿和其他嫔妃，在酒池肉林参观游览，妲己提出很荒唐的裸游建议，帝辛居然批准，那三千人的裸体大宴会，丑态岂不千姿百态？帝辛和妲己却看得兴高采烈，九侯的女儿羞得捂住脸。帝辛不悦，你不喜欢，我喜欢，就显得我庸俗低级了，是吧？成全你！可怜九侯的女儿，竟被帝辛处死了。九侯小心翼翼地来问，我的女儿犯了什么罪？我收尸回去，行不行呢？帝辛说，你请求收尸没问题，问我她犯了什么罪，就是质问，不行！跟你的女儿到地下团聚吧！杀了九侯还不解气，又把他剁得零碎，做成人肉酱，送给诸侯。诸侯吃了，忠臣；不吃，反动派！鄂侯坚决不吃，帝辛说，不吃，你也变成肉酱吧！人肉酱送到西伯办公室，西伯对肉酱说："兄弟，对不起了。"和着眼泪咽下九侯。恰好这事又被崇侯虎发现了，再次举报西伯："西伯叹息九侯之死！"他为什么不说西伯流泪，却揭发说西伯叹息？他向帝辛说，流泪那是情感表达，叹息却是政治态度。叹息和流泪，有这么大的区别吗？那时候人们的想法很特别。

　　他居然叹息！帝辛大怒。不过西伯毕竟没说话。古代对于犯罪的处置标准总在变，有时候主张行为犯罪，有时候主张言论犯罪，至于不行动、不说话的思想犯罪，这名词还没出现，大家明明知道西伯思想有问题，但你拿他没辙。帝辛说，谁说我没辙？逮捕西伯，关进笼子，笼子又放进地窖，打进死囚牢。

　　西伯招揽的贤才这时候有用了，他们到各地淘奇珍异宝献给帝辛，称它为"麒麟"。帝辛看着这些好东西，嘴巴都合不拢，中间人问："可以释放西伯了吧？"帝辛的嘴巴还没合上呢，听人问话，赶紧用手托起下巴，大嘴合拢了，说:"可以了,可以了,这些宝物,有一件就可以释放西伯,何况这么多?监狱里还有谁,跟西伯沾亲带故的,一起放出去,放出去!"帝辛还很讲信誉,多收了人家的礼品,就要多办事。

西伯回到周国,仍然小心谨慎,韬光养晦。西伯处事公平,周边的小国有问题,也来找西伯评理决断,周国居然成了国际仲裁国。虞国和芮国因为争夺一块土地的所有权,相跟着到周国,请西伯公断。一进入周国境内,气氛立刻变了,连空气都弥漫着谦让的气息。这里田地的边界宽得可以走轩辕的大车。绝对不会发生田垄、院墙等鸡争鹅斗。全周国人人谦让,尊老爱幼,说话彬彬有礼,不随地吐痰。周人认为随地吐痰这些事虽然算不上犯罪行为,但毕竟属于个人私密,当众打哈欠、打嗝、剔牙、剪指甲、擤鼻涕都不雅。所以在公开场合,人们整洁干净,言语温和得体,显得修养深厚。两个国君看得呆了,这就是周国,周国居然这个样子!我们为那个破东西争来争去,人家周国人凡涉及利益的事情都让来让去,我们的争让他们知道,嘲笑也把我们嘲笑死了,回去吧!两国国君回去,各自倡导本国人民的文明风气,两国也互相谦让,边界上谦让出一条广阔的缓冲区,里面飞禽走兽熙熙而乐。

西伯送的礼物多得叫帝辛不知道怎么办,最后决定给他格外的权力:专征。就是不需要请示帝辛朝廷,就可以征讨那些有罪的国家,有没有罪,什么罪,也以西伯说的为准。帝辛还把告密者告诉了西伯:"我对你没啥看法,是崇侯虎几次向我揭发你图谋不轨。"西伯利用专征的权力,先后征讨犬戎、密须、耆国。商的大臣祖伊听说西伯连着消灭三个国家,虽然都是蛮夷小国,但这苗头也不可轻视呢,赶忙向帝辛通报这一紧急情况。帝辛很镇定:"这都是蛮夷小国,无关紧要,何况我已经授予西伯专征专讨的权力。"接着说:"我才不担心,我上应天命,他再能还能比天能?!"第二年,周灭邘国,这是华族的诸侯国了。第三年,灭崇侯虎,这是华族的大国了。几次被征讨,帝辛完全丧失了主动权,对周国无能为力,只能很无奈地说:"他爱打谁就打谁吧,只希望西伯别直接进攻朝廷的直辖地区。"

武王发·自家兄弟才放心

西伯昌薨,儿子发继承王位,号为武王。新西伯(武王)坐拥老西伯的财富,踌躇满志。这个"财富"就是三分天下,周国有其二,商王国已经徒有其名。越穷途末路,越要把威福发挥得淋漓尽致。比干等王室贵族劝谏帝辛收敛一下放肆得没边际的荒唐,帝辛居然逮捕箕子,逼走微子,把比干挖心,对死心塌地爱护商朝廷的同族下此狠手,断绝自家的命脉。帝辛丧心病狂,朝歌的朝廷几乎空无一人,除了那些阿谀逢迎的无聊小人。武王号召天下诸侯起兵伐纣,颠覆帝辛政权。诸侯八百汇聚孟津,一举攻破朝歌。帝辛再也无法蜷缩在宫中做鸵鸟,他仔细地梳洗打扮,穿上上朝的礼服,点火焚烧一座楼,为自己殉葬,然后跃入熊熊烈火中。这是帝辛晚年做的唯一正确的事情——把自己送到死路上去。帝辛死后,周人根据他一生的行为,给他定一个贬义的名字:纣。古书说,残义损善曰纣。

武王灭商,天下欢欣鼓舞,庆祝解放,商纣的暴行一桩一桩被揭发出来,百姓切齿痛恨,商纣残暴,令人发指,我们居然被他残酷压迫这么多年!说起商纣,大家都字字血声声泪,仇恨满胸膛。可要问起来,商纣把你咋样了,却又谁都说不出来,商纣离他们太远了。帝辛作死作活,范围实在有限,他只能在王畿地区胡闹,他倒是想把胡闹推广到诸侯国去,在全天下搞一场大运动,可他没那个条件。天下三分,他仅能管制三分之一,所谓管制,也仅仅是每年接受一次朝贡，诸侯们送来一些未必实用的东西，诸如橘子、柚子之类。那诸侯为什么那么痛恨他，想叫他灭亡？这得力于周国的宣传，周国的宣传文案由师尚父也就是姜太公亲自拟定，核心主题是妖魔化帝辛，让他万年不翻身。万年之后翻身不翻身，到那时候再说，眼前要让天下都知道帝辛是大大的暴君。太公的宣传工作圆满完成，诸侯国一致认为，帝辛必须让位给周国国君——文王或武王。

武王没有辜负诸侯们的期望，大军一到，商军土崩。有人说，这一场血战十分激烈，流血漂杵。其实哪有那么大的战斗，商出战的没有一个王族，王族早被帝辛折腾没了。罪徒为主体的商军阵前倒戈，这场战斗还没开始，就结束了。这符合太公的预期，他为什么迟迟不攻打商，他让商自己消耗。打仗就要杀人，所以最好不打仗。

伐纣战争全胜，武王开始谋划另一项工程：天下一家，都姓周。

夏王国和商王国，虽然名义上天下一家，可这"一家"，实际相当于部落联盟，每年开大会，开完了各自回国，该干啥还干啥，想干啥就干啥。盟主想干点啥事呢？没门儿，它想干啥就绝对干不成啥。除非它不想干啥了，才可能干成点啥。所以夏启的夏王国和商汤的商王国，充其量只是一个较大的诸侯国而已，它可以派出一个团队到各地视察，指导工作，"稷，你去考察各国的土地，看看都适合耕种什么庄稼"。稷所到之处，欢迎之声盈耳。"稷，你去把各国的土地都没收了吧，归中央统一耕种！"稷可能就回不来了，不是可能，他肯定就回不来了，没有一个国王会乖乖地把土地交出去，眼看着土地上标注大商的旗号。

武王决定改变这个局面，灭商之后，武王召集参与灭商的八百诸侯开会，武王在大会上做了震撼人心的演讲："革命成功了。我们这次革命是真正的革命，商汤革命不彻底，只推翻了昏君夏桀，从夏启以来的社会制度没有变，所以夏桀之后又有了商纣。为了彻底消灭夏桀、商纣产生的土壤，我们的革命不能停止，要继续革命，现在我们要建立一个完整的周天下，重新划分你们的领土。"武王的话引起诸侯的震撼，真是太震撼了！跟你伐纣，有功不赏，反而把我们的领土剥夺了？武王的话还没完："我说的重新分配，也就一个形式。怎么才算天下一家呢？就这个形式。先在形式上统一，然后再分给你们，你们要这个国干什么呢？也不过是收取赋税么，这个细致烦琐的工作，中央替你们做了，赋税中央留一部分，其余全部交给你们，你们身在中央朝廷任职，还享受诸侯的待遇，又省心。国家还是你们的国家，人民还是你们的人民，军队还是你们的军队，一切都不改变。"

一些诸侯热烈拥护这项提议，这些诸侯势力很强大，他们的意见具有决定性影响力。再说，武王说国家仅仅形式上变一下，其实还是原来的国家。虽然觉得武王的这番讲话好像藏着一点阴谋，可是找不出它藏在哪里，那就随众吧。各国诸侯纷纷把国家证书上交周武王。

朝廷分封诸侯。从前的诸侯自下而上产生，某个土豪开边拓土，成一个国家规模，就向朝廷申请封号，朝廷准许，发给他一个证书，他每年给中央进贡。现在的情况是，天下土地都在周王的手里握着，诸侯们要从周王手里接过证书，才正式算诸侯，这证书代表土地和土地上的人民是自上而下的赏赐。我的国，交给你，你再给我，就是赏赐。诸侯们说："哦，这样啊！这不脱了裤子放……"武王分封诸侯七十一个，没分封的诸侯守在京城，在各部门任职，中央随时可能分封，等于诸侯的帽子在中央留着，啥时候给他戴上，不一定。

周武王分封的原则，弟兄、子侄优先。七十一个诸侯中，属于王族姬姓的五十三人，约占七成半，余下的约二成半，有功臣，有前代王族，还有一些历史望族。因为仰慕西伯清明政治而"访学"西进的学者名流，不在这分封之列。武王的意思非常明确，商汤革命，周武伐商，没有诸侯挺身而出抗击"叛军"，因为诸侯都是外姓人，不肯帮助朝廷，如果诸侯是同姓的弟兄、子侄，中央有难，一定都能出兵勤王。

克殷三年之后，武王驾崩，死前告诉太子诵："那些帽子，都给他们戴上吧，你没有根基，难以服众，用分封诸侯笼络他们的心。"太子即位，为成王。成王分封诸侯三百多个。但随同伐纣的八百诸侯，有四百多个被周用简单的手段彻底剥夺了国家。

厉王·钳口令

周实行嫡长子继承制，其余嫡子及庶子之类就别想了，这也有好处，省去选择继承人的麻烦。也有问题，嫡长子如果有缺陷，就不好办。即使他不全傻，半傻不傻的，也够呛。

太子胡继位成为周王，新周王长得没毛病，言谈举止没毛病，风度礼仪也没毛病。没毛病还要说这些干啥？说这些意味着他有毛病。他的毛病外表看不出来，当上王才彻底暴露：贪婪。贪婪是一种进行性的病，会越来越重，这种病还组团发作，并发症一大串，核心症状是爱钱。

新任周王兴奋地对大臣说："我是王，现在这全天下就都是我的了吧？"这话说得没错，听起来也将就，可总觉得有点……猥琐。大臣为王补台，而且补成天衣无缝的样子，大臣说："王富有四海，囊括天下，草木鸟兽，皆沐浴浩洋王泽。"王却不领情："我要那些鸟兽草木干什么？我要的是钱，钱，钱！"

这一连串的"钱"把大家砸蒙了，王说话怎么这样赤裸裸？王这么爱钱，以后怎么跟王处事？大家心怀鬼胎，气氛就有些尴尬。荣夷公是诸侯国荣国的侯，在中央任职，听王说要钱，心里飞快盘算如何为王迅速而且大量地弄到钱。增加税收固然最便捷，可是太慢，也有限，你就增到什二、什三、什四，也还是既慢又少，而且还会引起民众的不满，咋办呢？民谣说，金山银山……山！五雷轰击荣夷公的顶门，他的脑袋炸裂，迸出一个好主意：山林税！

农民种地吃饭，可是庄稼地里只提供粮食，不管烧柴，要吃饭还得上山打柴。打猎的、挖笋的、捡蘑菇的、采药的、放牧牛羊的、伐木采石盖房子的、进山旅游看风景的，靠山吃山，没有山，人们真就没啥依靠了。荣夷公把山林封闭起来，声称凡是进山的，都要交税。山林河流，从来无主，不属于哪个土豪，也不属于王侯将相，它们出产一些东西，供人采用，显示上天的仁慈之心。打从上古，从来没有帝和王收山林税。

这个办法果然有效。钱币源源不断地流向王的"小金库"，王检阅这些钱币，看它们每天都会增多，心里舒坦极了，每天迎宾曲开库房，进行曲检阅钱币阵，摇篮曲上床睡觉，一天天过得非常充实。知道库房的钱币越来越多，有的大臣就打这些钱币的主意，要用这些钱币维修或翻盖官衙门，政府部门的衙门年久失修，漏雨透寒很严重。王惊讶道："这是我的钱，要维修办公室，向国库申请啊！"原来仓库里那么多钱币，都是王的小金库、私房钱。王要这些钱有什么用处吗？看不出来。王的饮食很简约，穿着么，除了朝服，没见他穿过自己的衣服，他在寝室里也穿朝服，他就没有花钱为自己做一套便服。后宫的消费也不多。再说，后宫也没有几个人，宦官们闲得难受，几次向王要事情来做，递个洗脸水啥的，王很无奈地告诉他们，实在没有事情给他们做，实在闲得慌，就把那座屋子拆了吧，拆了再盖，盖好了再拆么。

因为后宫的女人少，宦官的事务就少，王极力裁减后宫的冗员，最后他发现除了王后，别人全都多余，可是前朝的习惯如此，他也不好遽然改革，只好做有限的改动，保留几个妃子、宫女。人们对王不近女色十分称赞，比较于商纣宠爱女人导致灭亡，王的作风令人赞赏。但王私下说："那么多女人，平时发放工资那得多少钱！"宦官们极力争辩，希望多来一些女人，他们的工作才显得繁忙而重要，向王解释："这些女人的工资以及生活费、脂粉钱，都由国家发放。"王说："国家的钱，还不是我的钱？"这时他又把国家财政与他自己的小金库一体化了。皇后看着老公有这么多的钱，很眼热，旁敲侧击地想跟老公要一点零花钱，老公千难万难，从小金库里取出一些钱，王后嫌少，说："你攒了这么多的钱，怎么花？"王极为惊讶地看着王后，好像不认识她了："什么话，这是王后该有的见识吗？什么叫花钱？钱，是用来收藏的，怎么能花出去呢？"

王疯狂敛钱却不花钱，这事被当成笑话在京畿和诸侯国流传，还编成许多心酸但看似快乐的小段子。人民被王勒掯得紧，互相传说这些段子，苦中作乐。可是这些段子终于传到王的耳朵里了，王大怒，派出大量的侦缉队，化装潜伏在街市城乡，听见有人在说王的段子，立即逮捕法办。因为说话被收监，此事体闻所未闻。王很得意："闻所未闻，我就叫你们见上一见！"召公着急，急急地来见王，没等召公说话，王得意地说："你不用那么着急，事情已经平复下去了，我已经把那些乱造谣言的人抓起来，现在人们再也不敢瞎说八道。"召公说："他们不说话了，见面连招呼都不敢打，可这样的压制言论，就跟把大江大河堵截起来一样，总有决口的时候，那时，就不是说说怪话、造造谣言这么简单了！"这召公一向危言耸听，每一项决策他都坚决反对，虽然是王的同姓，却跟王不一心，还不如人家外姓的荣夷公呢。"我知道了，你想说，防民之口，甚于防川。但我不防，能行吗？任由他们传播负能量？你回去吧，我得看看我的仓库去。"

被堵截的舆论河流，终于冲决了王苦心经营的"拦河大坝"，王被迫流亡到很远的地方，仍然被暴民折辱致死。暴民打开王的仓库，王三十七年累积的钱刹那间无影无踪。

王暴虐残忍，无视人民，死后被谥为"厉"。

幽王·太美观

厉王逃跑，周公和召公联合执政，称为"共和"。共和十四年（公元前828年），厉王在流放地死去，宣王即位，"宣"的意思是中兴之王。宣王早期确实有中兴的苗头，凡事照着文王、武王的规矩，表现得彬彬君子风。那些不愿朝贡的诸侯也纷纷恢复朝贡。可是宣王在位四十六年，他的政治智慧随着年龄逐步衰减，后来就一塌糊涂，惨不忍睹了。两件事，可以看出宣王不"宣"。第一件，跟姜戎打仗失败，转而大规模"料民"。他一料民，百姓就知道他又要打仗，打仗又要加重人民的负担，终于激起民变。第二件，周的制度，规定王每年开春，必须在京都和其他地方各举行一次大规模的"亲耕"表演，这次外地的亲耕地选在千亩。宣王说，京畿的亲耕我可以参加，千亩的亲耕叫别人去吧！结果蛮夷国家进攻，地点恰好在千亩一带。民众说，王宁可在镐京寻欢作乐，也不肯来亲耕田亩，他的心里没有我们农民！王师大败。

宣王在人们的失望中驾崩，太子宫湦即位，几十年后，宫湦的名号变成了"幽"。《谥法解》："动祭乱常曰幽。"

太子即位，天下就闹地震，唱衰派伯阳甫说："大地震，要出事哦！从前，伊水、洛水枯竭，夏亡了；黄河断流，商亡了；如今我们周朝也是末世光景，大地震造成大面积堰塞湖，堰塞湖的结果就是河断流，河断流就意味着周亡！"不久，泾水、渭水、洛水果然断流，天下人心惶惶。朝廷有歌德派和唱衰派，伯阳甫虽然是唱衰派，当国家真正出现危机时，却只有唱衰派挺身而出，力图挽救社稷江山，向王建议这建议那，都是救急策。歌德派却急急忙忙去当投降派。

幽王没主张，稀里糊涂上朝来了，稀里糊涂退朝走了，问他每天干啥呢，他说忙着呢。伯阳甫终于爆发，指着幽王的鼻子大骂："你呀，不知好歹，我提着耳朵根子教你，你左耳朵进，右耳朵出，你根本就一个字也没听进去！上天发出这么严重的警告，吓得我活下去的勇气也没了，你却每天顶着一脑袋糨糊晃来晃去，全无心肝！你以为你还小吗？你孩子都那么大了，眼看着你就要成老白毛了！"幽王仍然听不见，眼光散散的，宛如忧郁王子。那是因为他在想别的事情。伯阳甫骂了一顿没反响，回家对着花墙做狮子吼，冲天怒火练就一首长诗，题目为《抑》，告诫自己要压抑，不要发火，不要发火，可哪里收得住？每个字都是愤怒的野牛，在诗的原野里横冲直撞。这首长诗写在绢上，他抱起绢，张挂在王宫的门口，让来往的人都能看见。歌德派趁机说："这老家伙毁谤大王，反动至极，舆论被他控制了，必须予以严惩，夺回宣传舆论阵地。"王却也不听，主要是他没那闲工夫，他目前最重要的是如何让褒姒笑起来。

褒姒是褒国的大美女，幽王攻打褒国时，褒国王献给幽王的，情形与帝履癸打黄国，黄国国君把妹喜献给履癸一样。区别也有，黄国国君献出的是亲女儿，褒国国君献出的是养女。一对卖畚箕的夫妇把女儿送给褒国国君，这对父母其实也不是她的父母，他们从路边捡到的这个女娃。总而言之，这女人的来历很可疑，比妹喜还可疑。妹喜是间谍，褒姒是不是呢？有人这么怀疑过，但查无实据，成为历史的一桩公案。还有一项不同，妹喜一直没有孩子，她一个人深藏家国仇恨，与敌人夏桀巧周旋。褒姒却给幽王生了个男孩，叫伯服。

大美女从来不笑，这事就不美观，美女，还能笑，那才美观。幽王的人生目标以美观为准，这件事不美观，所以他有点郁闷。他给褒姒讲笑话："远看一只狗，近看一只狗，拖着不走，打着不走，近前仔细看——死狗！"他自己笑得前仰后合，褒姒脸上冷如冰霜。"你咋不笑呢？多好笑啊，近前仔细看，死狗，哈哈哈！"褒姒眼角闪过一丝对老段子的蔑视，然后照旧冷起脸。幽王昼思夜想让褒姒欢笑的办法，终于被他找到了：褒姒有儿子啊，虽然还很小，但也是王子，小王子当上太子的话，太子的母亲焉能不喜笑颜开？主意已定，幽王宣布废掉太子宜臼，立伯服为太子。诏令一下，褒姒果然笑了，笑得很开心。褒姒开心，幽王更开心，但是废太子不开心，废太子的妈妈申侯的女儿也不开心，当然申侯也不开心，不过，所有这些人不开心，也没有褒姒一个人开心重要。

可是，这么多年，只看见褒姒开心一回，仍然不很美观，他还想再美观一次或多次、无数次，研究不出好办法，总不能把太子再废掉一次。褒姒很及时地提醒幽王："那些烽火台有啥用？我看上头每天有人走来走去的，无聊得很呢。"幽王大喜，立即下令："烽火台举火，让褒姒看看烽火台有啥用！"王命如山，骊山烽火台是全天下的总指挥台，它一举火，传递接力，四面八方的烽火台狼烟四起，华夏大地充满了以狼粪为原材料的雾霾。雾霾是小事，各地诸侯根据烽火台传达的信号，解读出镐京正在遭受敌人的攻击，天子危机，诸侯必须勤王，当初从武王手里领证书的时候向周天子发过誓的。

幽王和褒姒正在骊山温泉"洗凝脂"，数不清的勤王军陆续聚在山脚下，等候天子的指挥调动，出战却敌，保护王室的安全。幽王穿着浴袍，从容站在检阅台上对诸侯们说："没事，闹着玩的，你们回去吧！"诸侯当场昏倒了好几个，他们这是累加上气。诸侯接到急报，日夜兼程来勤王，结果却是天子没事闹着玩！抢救过来的诸侯顾不上礼貌，手指幽王："你，你……"又昏过去。褒姒看着这番情景，哈哈大笑，没想到一个女人还能这么爽朗，这么开心地大笑，太美观了，简直太美观了！幽王脸上的忧郁一扫而空，忧郁王子刹那变成了快乐大王。

犬戎在镐京的情报间谍向狼主报告这个大事件，狼主大喜，发兵镐京。形势危急，幽王下令："烽火台举火！"四面八方的烽火台狼烟四起，华夏大地充满了狼烟雾霾，可是骊山脚下静悄悄，一兵一卒也看不到。

镐京被犬戎攻破，幽王被杀，周虽不绝，但已式微。

始皇帝·"始"皇帝

公元前221年,秦王政二十六年,六王毕,四海一。

秦王政立名号为"始皇帝"。这位大皇帝遥望宇内,瞻瞩历史,无论怎么看,自己都是"开始",名副其实的"始皇帝"。始皇帝第一次把"天下"统一为一个大帝国——秦;第一次把中华各地区组织为一个政治实体;第一次修建贯通全国的"高速公路"——驰道;第一次完整修建了保护整个北方边疆的军事要塞和边墙;第一次统一全国的语言、文字、货币、度量衡。相较于从前的"中国",秦帝国才算真正的中国:全国三十六郡,郡守、县令由皇帝直接任免。而从前,商和周他们的所谓"一统天下",只是名义上的,各诸侯国各自为政,"天子"只管辖京畿地区,诸侯"朝贡"而已,诸侯的势力太大,连三年一朝贡,诸侯都懒得来。至于尧、舜、禹,那时候连个虚名也没有,他们的"帝"是后人追授的。于是始皇帝把酒临风,喜不自胜。

始皇帝的最后一个"始"却是悲剧:第一个二世而亡的朝代。胡亥当政,秦帝国就风雨飘摇,他那个"二世"其实很勉强,秦帝国可称"帝国"的,只有短暂的十三年。夏、商、周三代,延续近两千年,秦帝国连同"二世"皇帝,只有十五年的寿命,觉得很不真实。秦帝国其兴也勃,其亡也忽。

发扬蹈厉、不可一世的秦始皇帝,在完成天下大一统的大业之后,忽然鲁钝异常,行事乖张,竟然不会说话,也不会做事了。这种情况只有一种可能:

他被一种特殊的意识控制了。这个特殊的意识，就是对长生的痴迷。

问题根源在于始皇帝的年龄。嬴政从即王位到完成统一，历经二十六年，这期间他很忙，没工夫胡思乱想。皇帝安顿下来，就想起自己已经四十岁。五十，六十，已经听得见催命沙漏的唰唰声，就算伟人可以长寿，黄帝三百岁，彭祖七百岁，但也还得死，当今始皇帝，勋业盖过先王，按理应该万寿无疆，顶不济也得超过彭祖。

主意已定，皇帝决定再创造一个"始"：第一个长生不老的皇帝。始皇帝派徐福往海中仙山，与神仙一晤，求得长生秘诀，就算秘诀未必能轻易到手，蒙仙人赏赐些长寿药也好。不料徐福有辱使命，不知是船沉海，还是这家伙怀有野心，到海外"另立中央"，总之这一去，就没了消息。始皇帝执着于长生、成仙，再派博士卢生，还有韩终、侯公、石生一干人出海。燕人卢生比较能干，居然回来了，还带来了仙人的预言，虽然与长生药无关，却关乎国家命运，原来仙人预言"胡"将灭亡秦王朝。皇帝大怒，发三十万大军击胡，匈奴被迫逃亡漠北。胡人的威胁解除，皇帝回头再求仙方不死药，把重任再次交付卢生。

卢生不愧博士，不久又有新办法，游说皇帝，他说："我们几位方士常年寻求长生不死药，总也找不到，为什么？有阻力，恶鬼邪魔当道，真人不敢来。仙人们说，皇帝您得把自己藏起来，不让那些爱管闲事的大臣知道您的行踪。大臣和众百姓与神仙势不两立，您想见神仙，就别见大臣百姓，不离开大臣百姓，那就别想见神仙，您整天忙叨叨的，政务缠身，心一点也不平静，这不行，您应该什么事都不管，神仙药立刻就能来到。"仙人能跟方士说话，为啥不直接跟皇帝说？嬴政平六国，智慧已经预支净尽。

这一席话若让大臣们听到，一定控告他个谋反罪，让皇帝不理政务？可卢生只对皇帝一个人说，这就很安全。皇帝此时正被白日飞升、长生不老、与仙人同游之类的花哨理论迷惑了心智，竟对此深信不疑，还下诏书："我很想成为真人，虽然现在还不是真人，但我不妨先这么叫着，从今往后，我自称'真人'，不称'朕'。"

真人和朕都需要神秘，为了隐身，始皇把分布在咸阳城二里内的政府各部门办公楼用封闭的通道连接起来，这样他巡视各部门就没有人看见他。于是漫山遍野都是"复道"，专供皇帝行走的，从高山上远远望去，复道密布于城区，绵延于山岭，甚为壮观。皇帝既要长寿，又不想放弃政务，就大兴土木，搞了这么一个十分怪异的工程。有了复道设施，皇帝虔诚地等着神仙即真人降临，授以秘方，赠以仙药，一旦仙方仙药到手，他会立即把复道拆除，他才不喜欢这个叫人气闷的劳什子呢！长寿的目的是什么？还不是要更长久地享受人间权势与奢华吗？

始皇帝迷信方士，他的大臣不都是糊涂人，李斯、蒙恬、蒙毅，人中之杰，但没人敢说话，皇帝的威权太大了。在暴君秦始皇治下，大臣们大抵缄口不言，保命而已，而且能保命就很幸运了，这些大臣很少真的能保住命，他们不知道今天和明天以及后天，皇帝要对哪个大臣下手。长子扶苏认为有义务劝谏父皇，几次上书皇帝，请求皇帝远离奸佞小人，不要受方士欺瞒。因为他是长子的缘故，皇帝没有严厉处置他，只是把他贬去上郡监蒙恬军。长子劝谏尚且如此，其他大臣的胆子再大，也不敢捋虎须。

孤家寡人秦始皇帝，遭受方士术士们的百般嘲弄，仍然痴心不改，几次长途旅行到东部海边寻求神仙和不死药。在碣石山下，海市蜃楼经常出没的地方，建造一处通往大海的大道，大道用巨石铺成，延伸到大海深处，道路终点，矗立一座巨大的石门，希望神仙通过这道石门给他送长生药来。这是世界上最早的海上工程，艰巨程度超过骊山墓、阿房宫和万里长城。石门残存，后人称它为"姜女石"，对始皇帝的求仙颇有讽刺意义。

仙人没有药送来，始皇帝驾崩于求仙途中，终年四十九岁。

楚霸王·取而代

始皇帝视察咸阳,仪仗夸张豪华得连始皇帝自己都惊奇:"当皇帝真是太爽、太刺激了!"皇帝有好东西必定炫耀,让百姓羡慕。

百姓倾城出动看皇帝巡游,外地民工这些混迹于咸阳的"低端人物"也来凑热闹,一个四十多岁的中年男人眼睛看得发直,就有点失态:"大丈夫出行,就应该这个排场!"没想到旁边都是始皇帝的超级拥趸,听外地民工说诋毁皇帝的话,就愤怒。咸阳人经常为外地民工不懂事而愤怒,这次照例愤怒:"啥意思?你说清楚!"中年人发觉自己失言,咬定牙关死不承认:"我没说,我啥也没说!"话这东西,雁过可拔毛,言出不留形,他不承认,旁听者再多也奈何他不得,再说大家都是忙人,哪有闲工夫到官府作证?

中年人姓刘,兄弟行三,别人就叫他"刘三",庄重点的场合就称他"刘季"。刘季在咸阳是"低端人物",可他在家乡大小也是个官——泗水亭长,这次是公干来咸阳。外来人刘季在咸阳发现一个大秘密:这里的人,脸上都显露惊恐之色,眼神飘忽,全是手脚不知道往哪里放,动辄得咎的样子。原来始皇帝已经失去了天下人的心。"大丈夫出行,就应该是这个排场!"回想刚才这句脱口而出的话,刘季心潮澎湃:我在沛县起义反秦,兵不一定多,但是天下人响应,兵就源源不断。还有法律,大秦的法律太多太烦琐,专家都记不全,我的法律就三条,共三句:杀人者处死,伤人者赔偿,偷盗者罚款。更重要的是土地，战胜大秦，我要把土地分给天下人，诸侯得大地，士大夫得中地，平民得小地。至于我自己，我不用下农田，也不用上战场，到时候诸侯、士大夫、平民心甘情愿替我种地打仗！

始皇帝视察咸阳还挺频繁，这天他又隆重出行，这次外地"低端人物"中有一个项羽。这项羽虽然是世家子弟，但生性贪玩，不喜欢读书，也不喜欢工作。这一回，项羽紧紧地盯着始皇帝的仪仗，突然大叫："这皇帝，这派头，换上是我，更威风！"始皇帝听不见，他的仪仗队和扈从士兵也听不见，可是人民群众的眼睛雪亮，耳朵跟盗贼一般灵敏，发声喊："反了！反了！"要扭送这个反动的家伙进官府。项羽却不害怕，冲着围上来的群众一声巨吼："呀……！"像一场龙卷风，把群众扫荡而去。

原来，这秦帝国就是一堆干柴，一点火星就能引起爆燃，帝国从上到下，都等着出事，出大事。大家心里莫名其妙地兴奋，知道这"大事"随时可能发生。

不久，陈涉举兵反秦，天下诸侯响应，大秦帝国危在旦夕。见过大世面的刘季和项羽还在愉快构思"取代皇帝"的宏伟理想，纯种的乡巴佬陈涉却捷足先登。刘季并不懊恼，反而很高兴，原来天下跟他一样想法的英雄还真不少。他果断在沛县起兵，响应陈涉，势力迅速壮大。项羽在江东，叔叔项梁带着他起兵反秦，子弟兵八千人过江，也响应陈涉。两支小规模的起义军向陈涉靠拢，但楚王陈涉却被部下杀害，刘季和项羽都归新楚王指挥。新楚王是楚怀王的孙子，名熊心，称"怀王"，纪念被秦杀害的楚怀王。怀王指令刘季和项羽，分别从两线向关中咸阳进攻，先入关灭秦者封"关中王"。刘季几乎兵不血刃，一路奏凯歌进入咸阳。项羽一路攻城略地，所向披靡，可披靡也要费些功夫的，等他来到咸阳鸿门，刘季已经准备封王的事情了。项羽得到情报，肺都气炸了半扇：刘三老流氓，我们江东子弟兵浴血奋战……传令下去："三军！今夜不准打牌，不准说段子，一律早早睡觉，明天四更造饭，五更出发，击碎刘季老浑蛋！"

军令如山，全军都得遵守，包括项羽的叔叔项伯。项伯不打牌不说段子，就胡思乱想，忽然想起老朋友张良就在刘季军中，刘季既然是混蛋，碎也应该，张良陪着刘季碎，冤枉。傍晚时分，项伯悄悄溜出军营，因为他是项羽的叔叔，没人查他的路条。刘季的军队驻扎在霸上，与鸿门相距不过二三十里，快马半个时辰，在乱糟糟的刘季军中找到张良，拉起就走，张良问这是为何，项伯说："跟我走吧，天亮就出……不、不，天亮出发就来不及了！"张良三言两语套出最高军事秘密，大惊失色，忙不迭地感谢项伯的仗义，又说："你私自来沛公军，告诉我们这项绝顶军事秘密，项王不会治你的罪吗？"项伯说："啥秘密？项羽击破沛公，还用秘密？他巴不得这消息传遍全天下！"可不是，消灭刘季这一小撮，还搞偷袭这种下三滥，项羽还想不想在中国混了？张良这就有了主意，拉着项伯来见沛公刘季。

刘季看深夜项伯来访，立刻明白危机迫在眉睫，极力向项伯证明，他留在咸阳，就是等着项羽来接收，绝对没有别的意思，千万向项王解释清楚，别发生误会。项伯想，多亏我来这一趟，兵不血刃占领长安，沛公再不经打，毕竟也是打仗，既然打仗，胜负就不好说。再说，两支刚刚会师的起义军自己打起来了，也会叫秦朝的残余分子看笑话。"既然事情是误会，你明天早上还是亲自到项王军中说明白的好。"项伯这个提议隐藏着一个谋略，当初楚怀王任命刘项二人分别为南北军统帅，现在刘季来项羽的军营拜见，那就是认可项羽的地位高于刘季。刘季千恩万谢，还跟项伯约定：等我生了儿子，就娶你家女儿哈，我们就是儿女亲家——亲家慢走！

楚霸王·鸿门宴

项羽果然没有责备叔叔,知道沛公第二天要来鸿门,他的心里转的念头与叔叔一样:这不就是来认错投降的吗?要吃饭!好好招待沛公一行。砍头还让吃个饱饭呢,何况是来投降自降等级的,更要吃饭!范增拉住项羽:"吃饭可以,但不能让刘老三在饭桌上溜了。根据我的情报专家分析,刘季的危险不小于秦二世,他今天自投罗网,我们就不能放虎归山。"项羽说:"好,这事二爸你安排!"

项羽关心自己发布的命令,要有沛公的亲口承诺,不然军事行动不变。项羽问刘季:"先敲定,再吃饭!沛公,你确定是来要求换防的吗?"刘季斩钉截铁:"就是换防啊,我盼望项王来,已经望穿了双眼!"项王哈哈大笑:"好,传我的命令:明天四更造饭,五更出发,接管沛公的防地。我军不准与沛公军发生冲突,违令者斩!沛公,喝酒!"一场剑拔弩张的对峙变成和平接管。

项羽为自己的英明部署沾沾自喜,更感谢叔父的绝妙设计,喝得就有点高:"刘老哥,当年我见到秦始皇后发了个誓,你知道吗?"刘季当然逢迎:"巧了吗这不是?我在咸阳也有誓言!""哦,说说!""大丈夫当如是!"项羽拊掌大笑:"巧了吗这不是?我的誓言是'彼可取而代!'英雄所见略同啊!""不不,刘季不敢称英雄,您才是天下大英雄,您现在是上将军,不久就是皇帝,我呢,还是沛公。"项羽越发得意:"你也不错了,我当了皇帝,你也别当什么沛公了,我封你当王……"忽然宴会厅一声炸响:"上肘子!"原来范增看项羽醉醺醺的完全忘了之前的约定，决定自己解决，可"上肘子"是什么意思？范增发觉自己说错了，急忙改："上舞蹈！"这是范增杀刘季计划的一部分，执行者项庄。项庄假装喝醉酒的样子，抽出宝剑，在席间表演剑舞，剑法眼花缭乱，刘季左躲右躲，但闪着寒光的剑总在刘季面前，毫厘之间就要取了刘季的性命。

项羽有点失望，二爸这个计划实在不光彩，传出去有损武士的名誉，转而一想，也没有更好的办法解决刘季，不管什么计划，只要杀了刘季，就是好计划。范增却着急：舞剑只是个由头，三下五除二，快动手啊，项庄这小子还磨叽个啥？项庄想：武士可以失误，但不可以下黑手，一旦被发现我假借醉酒故意害人性命，我的名誉就全完了。项伯想：范增搞什么搞！你们要搞人，你自己去请，红烧清蒸随便，我请来的客人，我必须保护！挺身而出，与侄子项庄来一场剑术双人舞，阻挡项庄刺杀刘季。这下子项庄彻底乱了方寸，他不知道叔叔是否参与了这项计谋，也许范增改了主意，又不好明白说出，就来这一出？眼睛瞄着范增，范增也看着他，两个人没有约定这种情况该怎么办，所以范增项庄互相从对方眼中啥也没看出来。项庄这下彻底蒙圈，杀还是不杀，这个问题不解决，他怎么能结束这场剑舞？叔侄俩在宴会厅里你来我往，乐队反复演奏那支剑舞曲子几十遍，几个年老的乐手瘫倒在乐池，项伯项庄还没有停下来的意思。几个核心人物各自沉浸在自己的计划中，没有觉察这支曲子的演奏严重不正常。

座中最焦急的是张良，他开动脑筋，演练各种解救沛公的方案，最后全部推翻，决定采取简单粗暴的解决办法，因为项羽这人简单粗暴，以毒攻毒，肯定奏效。他借口去"卫生间"，溜出宴会厅，樊哙在外边焦急等待，紧张地询问："张先生，里面什么情况？沛公还活着？"张良说："就快活不成了，项庄那把剑，太危险了！你跟我来。"宴会厅的守卫拦住樊哙："张先生请进，这位武士不能进！"樊哙挥动盾牌，把卫士撞翻，一阵风似的冲进宴会厅，一声怒吼："停——"乐手一下子解放了，呼啦啦躺倒一大片，项伯和项庄也如释重负，各自拄着剑喘粗气，他们也想躺倒的，可他们是武士，武士只要不死，就不能倒下，于是苦撑到现在。

项羽最先反应过来，直起身子喝问："你是谁？"张良赶忙回话："上将军恕罪，这是沛公的车夫，樊哙。"项王这才坐下去，语气缓和了不少："车夫啊。别饿着，上肘子！"这回上来的真是肘子，不过差点意思。厨房的肘子被这么多人吃得精光，焯过水的生肘子倒还有些，既然项王叫上肘子，那就得上肘子。樊哙拎起肘子左看右看，不好下嘴，牙口再好也咬不动，他把盾牌放在地上，肘子咚的一声砸得盾牌跳了几跳，樊哙从贴小腿的刀鞘拔出匕首，边切边吃，不嚼，整块吞，霎时肘子只剩下带血的骨头。众人目瞪口呆，项羽也似乎看到了从前生猛的自己："再来一只？"樊哙说："别整这小肘子，有本事说说中华大肘子！沛公把这么大的中华大肘子夺过来献给你，你不赏赐，反而强迫他吃这么难吃的肘子，吃不完还不让走！沛公没吃完的肘子在哪儿呢？拿来，我替他吃！"项羽尴尬地笑着说："没有不让沛公走，我和沛公聊得开心，舍不得分手了都，沛公，你说是不是啊？"刘邦赶忙赔着笑脸："那是，那是，上将军对俺好着呢。"

樊哙这一闹，宴会的气氛居然和缓了很多，人们可以伸伸腰透透气，只有范增气哼哼地一脸冷冰冰，拿眼睛直瞪项羽。刘季说："不好意思，方便一下。"张良说："不好意思，我也去。"相跟着来到"卫生间"，张良说："快点走吧，后边的事我顶着。樊将军，立即护送沛公回霸上！"

估摸刘季的快马已经跑出二十里地，距离霸上不远了，张良才磨磨蹭蹭回到宴会厅，项羽问："沛公呢？"张良答道："回上将军，刚才沛公的车夫闹宴，沛公为自己管教不严深深惭愧，不敢面辞上将军，悄悄地一个人先走了，请大王莫要见怪。玉璧一双，委托我呈上给上将军；玉斗一对，转交范先生。"项羽接过玉璧，并不在意，随手放在座位旁边。范增把玉斗扔在地上，竟然没碎，抽出剑又砍又剁："二货！没用！等死吧！"不知道他说的"二货"，是指项庄还是项羽。范增站起身，冲出宴会厅。七十多岁的人了，竟然跑得那么快。

楚霸王·垓下围

项羽在鸿门宴上制服了沛公，不经战斗入驻咸阳，杀已经投降沛公的子婴，秦亡。咸阳旧城残破不堪，新城阿房宫，一个超级大烂尾，项羽看看旧城，看看"新城"，心里腾起的无名火化作手里的丙丁火，于是新旧咸阳一片火海。

项羽在废墟上召集大家开会，开会的议题只有一个：封王。秦灭的六国——韩、赵、魏、楚、燕、齐，全部恢复，再加封十三个王。楚国是带头大哥，正常情况楚王应该当皇帝，但项羽认为"皇帝"这个词名声太臭，始皇帝、二世皇帝，不是狠毒就是"中二"，还是从前的"霸"和"王"最好，说着硬气，听着大气，自己领了"楚霸王"的称号，指挥号令十八路诸侯，天下号令自项羽出。项羽记着在小酒馆与忘年交刘季推心置腹的一番谈话，何况刘季是第一支进入咸阳的义军，赐封他为"汉王"。天下大定，项羽志得意满，抛弃了关中自古帝王州，大军浩浩荡荡开回彭城老家。

刘季成了汉王，再叫"刘季"就不合适，刘季本来就不是正经名字，他爹刘老太公图俭省，不花钱，取名极简约，老大刘伯，老二刘仲，老三就叫刘季。好在刘季手下识文断字的不少，张良、叔孙通，都是顶尖人才，取个名字不在话下，大家决定刘老三改名"刘邦"。

项羽、刘邦都是说过要自己当皇帝的，现在项羽算是实现了，刘邦降格当个王,也算功德圆满,何况天下已经安定下来。可是刘邦说:"谁说天下已经安定了?"他率领十万军悄悄地出陈仓峡谷,关中的三个王措手不及,被韩信一举扫平,汉王的军队一下子膨胀到五十六万。这是个吓死人的数字,大军出潼关,像洪水一样淹没中国东部的大平原。项羽大怒,从老家彭城积极动员,得战士三万。如果另外一个人,用三万人对抗刘邦的五十六万,那是找死,现在是项羽,狮子带兵,羊全部都成了狮子,当年巨鹿之战,项羽八千江东子弟,打败章邯四十万。楚军一当四十,呐喊声把云彩都震动下来了。前来救援赵国的"联合国军"全都看得呆了,战斗结束,十多个诸侯不由自主地大腿小腿弯下去,一寸寸挨到项羽帐前,齐声尊他为大王。

项羽率领三万兵,不作任何战斗动员,也不需要任何战略战术,直愣愣地冲进刘邦的大军,就当砍瓜切菜。马踏过去,死伤一大片;戈扫过去,死伤一大片;大刀抡过去,死伤一大片。汉军几乎没有一点抵抗力,老老实实等待着楚军的大屠杀。一场战斗下来,只见刘邦一辆车在田地里跑,汉军建制完全打散,汉军除了逃的,就是地上死的。

但是,项羽的后方发生骚乱,彭越集结土匪聚众抢掠,彭城告急。项羽决定先剿匪,再击贼,回军彭城,要彻底消灭彭越。项羽防备刘邦卷土重来,留下主力在前线,由副帅镇守,临走叮咛副帅:无论刘邦怎么挑衅,一定坚守不出,等我回来。项羽长途急行军回到彭城,彭越的土匪军一点影像也没有,原来彭越藏匿于民,土匪们全部还原成种地的农夫、行商的小贩,项羽的拳头打上了棉花垛。刘邦收集散兵、逃兵,得十万人,对阵副帅的二万人,每天叫骂,副帅忍无可忍,愤怒出战。一支军队即使都是狮子,首领是羊,这些狮子也一律变成羊。刘邦率军冲进楚军阵中,一阵砍瓜切菜……

项羽回到前线,发现副帅已经战死,他收拾残局,仍然把刘邦打得落花流水。刘邦两个回合斗不过项羽,指挥部开始做返回汉中的计划。但侦察兵发现,项羽的军队正在集结,目标是彭城。原来彭越趁项王西征,又把土匪集中起来,民一下子大面积变成匪,杀人越货,打家劫舍,彭城一带被搅翻了天。

项羽回彭城剿匪，又一次拳头打在棉花垛上。

项羽决定还是先解决刘邦，他打到刘邦的老家，逮捕了刘太公和吕夫人。楚汉两军隔着鸿沟列阵，项羽在阵前搭了高高的一个案板，把白胖胖的刘太公脱得赤条条，洗得干干净净，还抹了香油，直挺挺地绑在案板上。刘太公命悬一线，杀猪似的叫。项羽向刘邦喊话："刘老三，赶快退兵，滚回汉中去，说个不字，我就剁了你老爹，做成红烧肉，下水做成醒酒汤！"刘邦居然微微一笑："当初怀王作见证，咱们俩拜了把兄弟。既然是兄弟，我的老爸就是你的老爸，现在案板上绑着的，就是你老爸，你要宰你的老爸，如果方便的话，做成的肉汤也分给我一碗尝尝！"项羽大怒：世间还有如此无耻之徒！玩一点逻辑诡辩，东绕西绕的，把个刘太公绕成了我的爹！你说是我爹，他就是我爹？我明明知道他不是！喝令刽子手动手剖开太公的肚皮。项伯奔过来急忙止住，劝侄子说："干大事的人从来不管自己亲人的死活，你杀了刘太公，刘邦也不退兵，还落得天下人耻笑。"刘太公保住一条命，从案板上颤巍巍地爬下来，骂对岸的儿子："浑蛋王八羔子，从小我就看他没出息，现在竟要忤逆害亲爹！"

打仗打了四年，项羽两线作战疲惫不堪，刘邦也好不到哪里去，项羽提议各自退兵，汉王谋反的罪过不予追究。汉王和项王签了和约，各自回领地。项王如约撤兵返彭城，汉王却率军尾随掩杀，项王被围在垓下，几番战斗，将士全部阵亡，项王身边只有乌骓马紧紧跟随，四野望去，黑压压全是汉军。项羽夜间突围，人马抵达长江岸边。五年前，项羽就是在这里渡过长江，直驱巨鹿的，那一战奠定了灭秦的基础，也成就了项王的威名。如今项王人单影只，八千人尽数死于中原战场和乌江西岸，项王为八千子弟兵滴下几行眼泪，算最后的祭奠。

乌江亭长摇着一只小船，等待项羽渡江。当年项梁项羽叔侄渡江，也是亭长摇船摆渡，约好天下大定，要回到这个渡口庆贺大功告成。但秦帝国灭亡后，就是楚汉相争，到今天的地步，艄公和项羽都没想到。艄公说："项王快上船，汉军追上来了！"项王说："我来这里，是为了践约，虽然我失败了，也要魂归故里。八千江东子弟随我渡江,全部战死,我一人回江东,有何脸面?这匹马跟我五年了,不忍心看它被杀,你领回去吧。"安顿好船只、马匹,艄公摇船离开,追兵迫近,项王回身持短兵器,击杀汉军百十人,看小船已划过江心,项王挥剑自刎。

侯者列传

吴太伯·避难

公亶父在岐山落脚，从豳国迁徙前来的国民仍然团结在公亶父的周围。开垦土地，建造房屋，制作工具，一派热火朝天的景象。他们干劲十足，精神百倍，因为他们现在的劳动成果，百分之百归自己，不用再因为被蛮夷抢夺而"加紧生产，努力苦干"。多年后人们写诗记录这段时光，还兴奋得手舞足蹈，这首诗叫《緜》，《诗经》"大雅"里的一篇。公亶父给自己的新国家定名为"周"，商王国承认这个周国为诸侯国。周有每年进贡的义务，当然，商也有保护周免遭蛮夷侵扰的责任。不过，现在周远离蛮夷，他们想来侵扰也扰不成，太远，他们的马没有那么长久的奔跑能力。

公亶父从豳迁来时还不是很老，现在公亶父真的是老了，叫"太公"。太公考虑继承人的问题，他有三个儿子，长子太伯，次子仲雍，三子季历。三个儿子都那么优秀，哪个当周国的首领呢？所以说儿子太多，尤其儿子们都太好，也挺恼人呢。所有的爸爸妈妈都说十个指头有长短，咬咬哪个都一样地疼，其实这句话本身就告诉人们，父母对儿女肯定有偏向：所有的儿子都好，可有的儿子要更好些。三个儿子，公亶父最喜欢小儿子季历。说父母溺爱幼子，根本没有的事，公亶父喜欢季历，主要还在季历的儿子，公亶父的孙子。他叫昌，这位昌公子……别说昌公子，单说太公，太公亶父经常抚摸着昌的脑袋说："哎呀，哎呀。"谁听不出来那是为昌小公子不能继承王位而叹息？

根据华夏文化的王位继承规则，或者父死子继，或者兄终弟及。前者，不用说幼公子昌，季历都当不上王，他们只能分得一块田地，每年收点租子过日子罢了。按照第二种办法，王位传到季历，季历死了以后，还得传回嫡长子太伯的一系，由太伯的儿子继承王位。万一太伯无子，还有二公子仲雍，由他的儿子继承王位，仲雍也没有儿子就好了，可是仲雍不但有儿子，而且有两个！总之，传到季历的儿子幼公子昌名下的概率，几乎等于零，所以太公说"哎呀，哎呀"。

太伯是一个大孝子，大孝子的标志是绝对不能让父母不开心，万一父母不开心，首先要寻找自身的原因，实在找不出自身的原因——那也得找自身的原因。其实不用这么费劲，太伯、仲雍何等聪明，每天看见太公摸着小孙子的脑袋"哎呀，哎呀"，傻子也会变得聪明。太伯召集仲雍开会。仲雍说，就咱哥俩，开的啥会？太伯说，那可不一样，哥俩闲聊天，说完可能就忘了，开会有会议记录，证据确凿，备忘。仲雍说，开会就开会，谁怕谁？！太伯说，你这态度就不对，开会为了讨论问题，要是谁怕谁，谁还敢开会？再说，你我孔怀兄弟，同气连枝，还有怕谁这一说吗？仲雍说"谁怕谁"，也就顺口那么一说，本来没有真实的意思，可是太伯十分较真，有话一定掰扯明白。仲雍非常害怕哥哥这个风格，从这个意义上说，仲雍说"谁怕谁"还真是由衷之言，他心里已经怕了太伯的开会和争论，所以才虚张声势地表示不怕。

太伯说，父王的意思很明确，要把王位传给咱们小侄子昌，可是父王又特别好面儿，觉得直接传给老三，与礼法不合。礼法规矩，哥哥死了，弟弟才能即位。天下人都知道咱俩暂时没有死的可能，所以父王的意思，一定遵守礼法，实行兄终弟及，可这实在不是他的真实意思，只是迫于舆论。这就把老爸折磨得寝食难安。看着父王的愁苦样子，老二，你心里咋想的？仲雍说："我恨不能跌一个跟头死了算了，成全老三。"太伯说："好兄弟呀，跟我想得一样！"转而一想，不对，兄弟俩同时跌个跟头死了，天下人谁信啊？会议论的，而我们俩已经死了，没法出面解释，人们一定以为父王或老三把你我害死了。让父王和弟弟承担这样的罪名，我们的孝和悌都完蛋，不但我俩的孝悌荡然无存，父王和弟弟的名声也一落千丈，所以这绝对不行。兄弟俩心照不宣，他们想到了自杀。幸好这只是私心杂念一忽闪，很快就自我否定，由此人们更知道弟兄俩真是纯孝，生死关头想的是父亲的名声。

太伯说："死这个选项，就跳过了吧。不死，只有一条路：跑！"仲雍眼睛闪闪发亮："跑倒是不错的选择哎，天下这么大，我真想到处走走，可我们就这样跑掉，总不大好吧，很可能有人乱讲话的。得想个很堂皇的理由。"太伯说："避难。为了让兄弟合理地、顺利地即位当王，解决父王的难题，我们早早地避开。问题解决不了，成了难题，躲避难题，这叫避难。"仲雍立刻很高兴："这个提法很好，真时髦。哥哥打算到哪里避难？""避难这档子事，哪有预先设计好的，避着看，走到哪里算哪里。不过我突然有个想法，我们这就走了，父王一定也翻来覆去想这件事，想来想去，很可能就会后悔，认为还是长子继承合适，或者兄弟之间按顺序先后继承当王，不再做任何改革，那样我们还得回来继续当王。父王要谁当王，给一个信儿，我们就得回去。想要父王来了命令，我们也可以理直气壮地不回去，那就得在身体上做点手脚。"仲雍说："身体发肤，受之父母，使身体残缺，还不如自杀呢。"太伯说："不是残缺，只是在头发上、皮肤上做点手脚，即使算不孝，也不很严重，可以宽恕的，东海一带就是这样的习俗，断发文身。我们到东海一带定居，随着他们的习俗，剃了头发，在胸脯、脊背、胳膊上雕刻一些奇形怪状的野兽图案什么的，父王即使把我们叫回去也没用了，身体这样怪异的人绝对不能当王。"

兄弟俩计议已定，收藏好会议纪要，回去整理简单的行装，西北有浮云，吹他们东南行，他俩踏上了漫漫的"避难"之路。

吴王夫差·可惜一局好棋

太伯和仲雍逃出周国,向东方"避难",按照太伯设定的目标,逃向东南沿海野蛮人的地盘。

"出逃"堪称甜蜜,两弟兄呼妻唤子,拖儿带女,亲戚朋友都来送行,还送来吃的东西。路上太荒凉,买不到东西的。太伯、仲雍还请文身专家给他们身上凡是露出的地方都刻满了线条,还涂了颜色,虎头、豹头,脱了上衣吓人一跳,其实也就吓自己家人一跳,这里人才不害怕。如果一个男人,脊梁上光光的啥也没有,那才吓人一跳呢。这一文身,当地人笑逐颜开:这俩细皮嫩肉的家伙也是我们的人!于是他们在这个地区扎下来,建立了吴国,称吴王。

太伯寿终,无子,弟弟仲雍继位吴王。吴王十九世传到寿梦,寿梦有子四人,伯诸樊、仲余祭、叔余昧、季札。寿梦重复太伯故事,一心希望季札当吴王,决定改变王位继承办法,实行兄终弟及制。三个哥哥也学太伯,推出小弟直接当王,可是季札拒绝这项安排,先隐居,后出逃。哥哥不逃弟弟逃,到底复制了太伯的故事。

季札逃走,几个哥哥的原先安排不变,老大死了老二当,老二死了老三当,老三死了不见老四,老三的儿子僚接着当。如果完全复制太伯故事,两个哥哥都没有儿子,那也好,可是很不幸,老大却有一个儿子,名光。太伯这一系有谦让传统,可谦让仅仅是传统,不是血统,并非每个太伯的子孙都谦让。

僚不谦让，积极主动坐上王位，光也不谦让，他的理由很充分：如果四叔季札当王，我没意见，季札的儿子接着当王，我也没意见，很久很久以前季历和公子昌就是这么做的，可是季札没当王，三叔余眛的儿子就不该当王，这个位子应该传回到我这里，轮不到他阿僚。这一团乱麻，祸根就在季札。看他在鲁国发表的文学评论头头是道，鲁国人拿他的文章做教科书，可是在国家根本问题上，却有些糊涂，他不知道自己的侄子有多么野心勃勃。不过这问题也可以反过来看，也许正是看到侄子们险恶，季札才预先撤出王位继承的战斗，所以季札仍然是个智者。

恰好这时楚国的伍员来投奔，伍员以长期敏锐的嗅觉嗅出公子光身上有异味，经过迅速的情报研判，衡量出这弟兄俩的斤两。他认为，虽然公子僚已经是王，对公子光的戒备也处于高度紧张状态，但公子光的手段会更坚决、更彻底，如果公子光的手段还有我伍员的襄助，取胜的可能性……他开动自己硕大的计算机脑壳盘算：百分之百！他又很意外地发现了专诸，一个超级狠的角色，吴王僚居然把他给忽略了。

公子光谋刺吴王僚成功，成为新的吴王，新吴王改名"阖闾"。吴王阖闾在与越王勾践的作战中受伤而死，儿子夫差继任吴王。夫差身边有两位重臣，都是老王阖闾传给他的，一个伍员，一个伯嚭。老王在世的时候，这两位重臣的矛盾还不很明显，只是互相看不顺眼。老王已死，在夫差跟前，两个人就没有避讳了，一个说东，另一个一定说西。夫差对老王的老臣恭敬有加，三年无改于父之道。

吴王夫差举兵伐越报仇，大获全胜，俘虏了越王勾践，可在对待越王这件事上，两个老臣发生了意见分歧，伍员说杀，伯嚭说放。伍员找了许多证据证明伯嚭接受留守大臣文种的贿赂，但伯嚭也许很清白呢，他之所以要放了勾践，只因为伍员说要杀。假如先表态的是伯嚭，他一定要杀勾践，勾践那个模样就叫人不愉快，不杀留着干啥，恶心人吗？那样的话，伍员也一定要坚持放了勾践，一个亡国之君，有什么后劲？放了他倒显得我们吴国仁慈，以德报怨。就在这不断的杀杀放放的口舌战中，越王勾践熬过了三年。这三年，伍员随时可能置越王于死地，所以后来勾践十分珍惜自己的生命。作为珍惜的手段，他首先把功臣之一的文种搞死，至于范蠡，能主动逃走，那是他知趣。

吴王夫差几度伐楚，吴楚之战波澜壮阔，搅动了中国的政治格局。北方大国齐，被夫差打得只有招架的功夫。晋国被几个大夫控制着，忙着内部矛盾的调整，没工夫管外边的事。夫差挥师北上，胜率居然奇高，以致中华地区人心惶惶，传说诸侯的霸主要易位啦！原来中原各国自己看，互相看，谁都不好意思说自己是霸主，这样一打量，还真有点恐慌，从前遏制楚蛮的，先有齐桓公，后又晋文公，可现在能跟楚交手的只有同样是蛮夷的吴，而且吴比楚还要更蛮些。吴挟胜楚之威，参与北方豪强的聚会，会上与晋国争夺主席一职。晋国的实际领导人是赵简子赵鞅，代表晋定公争当"主席"。赵鞅说，天下诸侯，晋国地位最尊贵！夫差说，姬姓天下，吴国的辈分最高！我们的远祖是太伯，你们的祖先是季历，比太伯小三十多岁！辈分资格越说越乱，不说了。赵鞅说，你要当主席嘛，咱俩先出去练练！选盟主居然采取摔跤的方式，这盟主当得也实在奇怪。

就在吴王夫差跟晋定公争当主席的工夫，准备充分的越国兴兵伐吴，攻占姑苏，杀监国的吴太子。此前伍员已经被吴王赐死，伯嚭的对头没了，他的勇气和智慧也随之消失，君臣相对唉声叹气。勾践对夫差说："当年你对我还不错，我也不亏待你，在甬东给你安排个养老的地方。"夫差说："我已经很老了，就不劳您安排啦，谢谢！"夫差自杀，吴亡。

越王勾践·忍耐王

越王勾践的祖先,据说是大禹的苗裔,按照辈分,是帝启之玄孙,封于会稽,历二十世到允常。允常与吴国阖闾作战,结下仇恨,允常的儿子叫勾践。勾践之后,越国起起伏伏,最后灭于楚。汉高帝继绝世,举逸民,封勾践的后人为越王,继续大禹的祭祀。

勾践初为王,就处于生死存亡的关头。吴王阖闾得知允常已死,发兵攻越,勾践重金招募勇士,组成"必死队"。必死队闯进吴军阵地,不打人,不骂人,更不杀人,在吴军面前排成整齐的队形,伸腰、摆腿、打飞脚,几百人整齐划一的动作让吴军官兵一头雾水,居然忘了放箭制止敌人的胡闹。但来不及了,这伙人做完一套"广播体操"之后,又一个整齐划一的动作,挥刀划向自己的左颈动脉,霎时几百条血柱喷向天空,阳光照射下,形成血色彩虹,然后,几百个尸体呈一个姿势倒在吴军阵前。吴军官兵全体乱了方寸,手里的弓箭、刀剑纷纷落地,忽然,刚才还冷静观看体育表演的越军排山倒海冲杀过来,吴军残存的那点抵抗心思彻底土崩瓦解,一败涂地。吴王阖闾受重伤,死前告诉儿子夫差,要为他报仇。

夫差励精图治,加紧军事训练,准备攻击越国。勾践不听范蠡的劝告,决定先发制人,攻入吴国境内,大军指向姑苏城。吴国倾全国精锐,强力阻击越军,反而突入越境,消灭了越军主力,越王只剩五千兵退守会稽,吴兵随即包围会稽，勾践后悔没听范蠡的话，要以死抵罪。范蠡说："屈身侍奉吴王，争取一线生机，这是唯一的办法。"勾践派大夫文种卑辞请求吴王，说全国都归属于吴，做吴的附庸，越王自己做吴王的奴仆，越王的妻子做吴王的妾。这么优越的投降条件比历史上的"无条件投降"还令人动心，但伍子胥说："上天把越国赏赐给吴国，还有什么理由保留它吗？"吴王对伍子胥一向言听计从，拒绝了勾践。

最后一线生机断绝，勾践决定还是自杀。文种说："生机还有。吴太宰伯嚭为人贪鄙，可以利用。"文种向伯嚭赠送大量的财宝，在伯嚭的斡旋下，吴王答应越王夫妻入姑苏为奴为妾的提议，越王终于可以不死。不过，勾践为奴是真，他老婆做吴王的妾，却只是个比喻，吴王不至于如此不入流，毕竟是大名鼎鼎的吴太伯的后裔。

勾践在吴宫做了三年奴才，吴王心里很舒坦，侍奉我这个王的是另一个王，而且是世仇的王，这般荣耀哪个有过？吴王有点轻飘飘，同情心泛滥。看越王勾践处事勤谨，决定放他回国。伍子胥又来劝谏，说不可以放虎归山。最近一段时间，吴王对伍子胥什么事都发表意见已经很不耐烦，这次仍然固执己见，驳回了伍子胥。

千辛万苦终于盼得解放，回到越国，勾践开始实施他的复仇计划。他食不兼味，衣不重彩，坐卧行走，身边总有苦胆相伴，甚至吃饭之前，也先尝一口苦胆。战略上，越国结交晋、齐、楚，让三大国与吴作对，同时尊奉吴国为上国，麻痹它的斗志，瓦解它的战斗力。

吴王夫差果然骄横起来，兴兵攻击齐国。伍子胥照例要来进谏，说伐齐是本来不死却上门找死，继续打击越国才能保证自己不死。这老伍子胥越老，说话越不知忌讳，夫差怒不可遏，跳起来骂道："我就要伐齐，我就要打仗，我就要打个胜仗给你看看！"不用伍子胥，自任统帅，与齐军战于艾陵，大败齐军，俘虏齐军的两个将军，一路鼓吹，凯旋姑苏城，对伍子胥说："看看！"伍子胥不服气："你不要高兴得太早！"伯嚭趁机游说吴王：

"伍员看似忠厚，实则残忍，他连自己的爸爸、哥哥都不爱，还能爱君主吗？他一定是伪装忠于吴国，其实最自私。"这话比较有说服力，当初齐国管仲就这么规劝桓公的，可惜桓公不听，结果被易牙等人害死。吴王想，有道理，试试他。派伍子胥出使齐国，伍子胥果然把儿子托付给齐国鲍氏家族。伍子胥一向鄙视齐国没文化，平时在朝廷抨击齐国不遗余力，说齐国处心积虑颠覆吴国，出访时却把儿子留在齐国，家属寄居在敌对国家，自己在吴国做"裸官"，他肯定随时准备背叛吴国投靠齐国。伯嚭说："看看！"这还用看吗？傻瓜都明白的事情！

伍员出访刚回来，吴王派人来慰问："将军出国访问很辛苦，大王赏赐给你一把青铜剑——你懂的。"伍子胥死到临头，居然掉了几滴眼泪，人们猜想他大概良心发现，为当年那几个救他反被他杀害的人哀悼一下下。泪流下几滴之后，改成仰天大笑："夫差！当初你的手下怎么赞美我的？转眼间我就是叛徒卖国贼？罢罢罢，人死无牵挂，我只有一个要求，你们把我的眼珠子挖出来，挂在姑苏城东门，让我亲'眼'看越军进城，证明我所言不虚！"

伍子胥死，吴王底气更足："没有伍员在旁边嘚吧嘚，政事简省了许多！"野心越发勃勃的吴王决定北上与中原各国争夺霸主席位，在黄池主持诸侯盟会。这次盟会，吴王很可能被推为盟主，形势对夫差非常有利。忽然吴国传来超级绝密、极端紧急的情报：越王勾践趁吴王在外，发精兵五万人，攻破了姑苏城，太子被杀。晴天霹雳！可是明天的大会将决定谁是盟主，盟会是吴国主张的，议事日程也取决于夫差的安排，如果不出意外，明天大会推举的盟主一定是夫差，此时却传来国破子亡的消息！夫差决定隐瞒家国悲剧，不动声色，照常出席明天的会议，并且要在会议上做精彩的演讲，征服出席会议的各国诸侯。为了使秘密成为绝密，夫差杀死了自己的情报员。

黄池大会后，夫差马不停蹄奔家乡，搜罗财货献给越国，请求休战。越国允许，暂时退兵。四年后，越军再度入侵，夫差被围困在姑苏山上，派人向越王请罪："从前我得罪过大王，现在劳烦您亲自来惩罚我。希望大王顾念旧情，赦免我的罪过。"越王提议夫差到甬东养老，夫差哀叹没脸面在地下见伍子胥，最终掩面自杀。

越王勾践从被俘为奴到灭吴雪耻，等了二十二年。

晋文公·等待

　　晋献公老年得美妾骊姬，后骊姬诞下一子名奚齐，晋献公爱屋及乌，对幼子也宠爱有加。骊姬只关心一件事：让儿子成为晋侯的继承人。这很困难，几乎完全不可能，因为晋侯已经立长子申生为太子，申生之外，还有七个儿子，其中夷吾、重耳两个公子出类拔萃，差不多就是晋国的样板青年。而且周天子定下制度，诸侯嫡长子继承，其他嫡子、庶子别指望奇迹发生。

　　但骊姬不这样看，她坚定地认为，"不可能"前边还有"几乎"二字，就意味着并非绝对没有可能，奇迹曾经发生，就有可能再度发生。她手里的王牌拥有绝对否决权，这张王牌就是她的老公晋献公，他不喜欢申生就可以直接废掉他。但按照周礼，晋侯必须说出废黜的理由，可晋献公搥破了自己的脑袋瓜子，也没琢磨出合适的理由，申生太优秀了，世界几百年，中国几千年才……

　　骊姬自有办法，她告诉申生，你爸爸梦见你过世的娘了，他要你去给母亲上坟，并把祭肉带回来给你父亲。申生如约而往，果然带回来祭祀的肉。骊姬端着祭肉告诉献公："太子给先夫人上坟，带回来祭肉献给您，太子真孝顺呢。"献公说："是吗？我尝尝！"骊姬从献公的嘴边夺下祭肉，喂给狗吃，狗多聪明啊，不吃。骊姬喝道："吃！"狗流着泪吃下这块祭肉，当场毙命。献公抱着狗痛哭："旺财，旺财！你别死啊！"骊姬在旁冷嘲热讽："旺财不死，您就得死，旺财替您死了，厚葬吧！"献公这才明白其中的关节，原来太子给我下毒！大怒，申生被逼自杀，夷吾和重耳远走他国，小儿子奚齐终于登上太子的宝座。骊姬说："看看，这就是奇迹！"

献公是周王室的一支，姓姬，王妃之一也姓姬，不但同姓而且同宗，没出五服。同宗结婚，生出的孩子有先天缺陷的比例很高。果然，这位王妃生出的孩子缺陷太严重了。肋骨该分成几条吧，不分，连着；耳朵应该一边一个吧，不一个，两个。一边两个耳朵，这不是怪物吗？其实也没那么怪，说两个耳朵，第二个也就那么意思一下，没怎么成形；比如六指吧，第六个根本就不是指头，突出一块肉而已。虽然第二个耳朵不成耳朵，毕竟也是耳朵，是耳朵就得按照耳朵的待遇，记录在案，这公子就叫"重耳"。

晋国环境险恶，公子重耳出逃，在外家狄国住了几年，觉得这里的"发展空间"不够大。据说他这种天生异禀的人，一定能成就一番大事业的，齐国丞相管仲死了，能到齐国谋取一官半职也很好。重耳的随从人员很不少，狐毛、狐偃、赵衰、先轸、介子推，都是晋国名流。因为重耳优秀，便跟随他周游列国。当初没想到走那么远，走那么久，结果先后经历八个国家，历经十九年。成功回国之后，好事者问老公子重耳的随行人员说，如果知道这次出国如此漫长艰难，还会跟着公子走吗？对别人这是一个单项选择题，当然站在成功者一边的，但是对重耳的流亡团队，这就不是个问题，他们就是重耳，重耳就是他们。这些人不仅文韬武略样样精通，并且对重耳绝对忠诚。包括他的两个舅舅，被手拎片刀的外甥追着砍，也不改变对公子的赤胆忠心。

自从失去管仲，齐桓公就退化成了老小孩儿，整天被几个不正经的小伙伴包围着，重耳这样优秀能干的公子，在齐国没有市场。不过桓公在清醒的时候很器重晋公子重耳，现在糊涂了，对公子的感情依然不变，安排得非常周到。重耳在齐国一住五年，直到齐国发生内乱，他的随员挟持他离开齐国，才又继续流亡。

重耳先后到过八个国家，有热情接待，也有冷脸遭遇。在曹国，共公听人说重耳的肋骨是扇不是条，在公子洗澡时把公子的肋看了个仔细，惊道："哇，真的哎！"但洗澡间热气腾腾，看得并不很真切，很想仔细再研究一回：耳朵重就算了，肋骨怎么会骈呢？在郑国，大夫叔瞻主张隆重接待，郑文公看六十一岁的公子重耳又老又穷，绝对的垃圾股，说："郑国当交通要道，各国公子来这里的多了，我能接待得过来吗？"叔瞻也挺阴狠，道："不接待，就得做了他，不然就放走一个仇敌。"文公很不屑："这么老，他仇我，有仇的力气吗？"重耳团队悀惶逃出郑国。曹国的好奇和郑国的小气，都付出了不小的代价，因为他们得罪了未来的中原霸主。

重耳回国成晋侯，伐郑，郑国大夫叔瞻替郑伯自杀谢罪，此后郑国被晋国和楚国反复蹂躏，成为春秋时代最倒霉的诸侯国。晋侯发兵讨伐曹国，把曹共公抓来，在受降大厅上当众脱了衣服，说："看，看！让你一次看个够！"共公趴在地上说不出话。

在楚国，成王优礼重耳，闲聊时向重耳表功："我对你这么好，你将来怎么回报我呢？"这时的公子重耳已经是成熟老练的政客，他说："我们晋国所有的东西都是楚国不稀罕要的，对您只有感激在心。"成王说那不行，我一定要回报，说说而已啦，报不报的不重要，比如割一块领土啊啥的。重耳说："万一不幸，晋楚两军在战场相遇，我会为您的军队退避三舍。"晋楚之战，晋文公果然在楚将子玉阵前后撤九十里地。

公子重耳在外流浪十九年，在秦穆公的支持下，最终回国夺得君位，他就是晋文公。

晋文公·一战成霸主

晋文公的远祖叔虞，是周武王的太子成王诵的弟弟。

成王诵少年时，正逢老爸分封诸侯，分封的仪式庄严隆重，武王头戴天子冕旒，手里一只长方形似宝剑的玉珪，递到一个诸侯的手里，说着程式化的一席话："我封你为诸侯，赐公爵，西至太行，东至大海，南至滹沱，北至燕山，国名曰燕。汝世世谨守，勤政爱民，忠于王室，社稷永祚！"诸侯接过玉珪，再拜稽首，鼓乐齐奏，礼成。成王对这套仪式非常着迷，做游戏，摘下一片树叶，仔细剪成玉珪的模样，递给叔虞说："我封你为诸侯，赐公爵……"后边却想不起来该怎么说，看一眼树叶做成的"玉珪"，"我把唐封给你了！"第二天，"有关部门"拿着文书请成王签字，文书很正规，绢纸做的，文字跟武王的封诰词一样，封国的范围是这样的："封国为河、汾之东，国名曰唐。"成王急忙说，我是说着玩的，没真封唐给叔虞。有关部门的有关人员说："君无戏言，说了就得算。"于是正式封叔虞在唐。唐即晋。晋，是周王室的近支，血统纯正。

晋文公目睹齐桓公号令天下诸侯的威严与尊严，崇敬又羡慕，在平定了晋国内部的矛盾之后，遵循齐桓公"尊王攘夷"的路线，聚拢天下诸侯，完成春秋期间规模最大的一次会盟：践土之盟。晋文公成为春秋之际的第二位霸主。齐桓公的政治攻势主要面向北方夷狄，从蛮夷的铁蹄下拯救华夏文化；晋文公的攻势则面向南方，遏制楚国的北上势头。蛮夷的楚国被挡在大别山和桐柏山以南。

楚国原本是中原一个部族，参加武王伐纣，楚国的鬻熊曾经是周文王的老师，所以他的后人得以受封为诸侯，但在各个诸侯中爵位最低，为子爵。楚子到南方，逐渐被南方同化，成了蛮夷。但这个蛮夷也仅仅是中原各国的意见，他自己坚持认为自己是华夏，最令楚愤愤不平的是原住民始终认为楚是华族，属于外来者，所以后来楚贵族干脆自认蛮夷身份，这样与中原各国打交道时，反倒理直气壮。传六世到熊渠，熊渠居然封自己的三个儿子同时为王。熊渠的儿子与周王同一等级，那熊渠的地位该有多高，大概得顶了天。这次称王近似闹剧，不久就自动取消了，但也可以看出南方蛮夷对中央的蔑视。百年之后，楚已经十五传，楚子熊通终于自立为王，中原的诸侯直到三百年后才敢称王。

春秋崇尚实力，楚国凭实力攻灭周边的许多国家，周分封四百余国，楚一国吞并了四十五国，所以到春秋后期，楚国的疆域最为庞大，边界达到河南和山东，深入中原腹地。蛮夷文化严重威胁着中原文明。晋文公要成为霸主，必须遏制楚国势力。齐桓公取巧，他出兵伐楚，理由是楚国不向周王室进贡茅草，这么小小的几乎等于零的罪名，楚国毫不犹豫一口应承，答应立即输送贡品到洛邑，至于他是不是送来了贡品，却没有谁去追究。桓公要的就是楚君服输，楚君服输，就在气势上被压倒。桓公称霸向北方，对楚国大半使用手段，只要他口服，心服不服随便。经过桓公的征讨，北方局势稳定，夷狄不敢入寇，现在晋文公可以腾出手来，制服南方蛮夷。恰在这时，宋国向晋国告急：楚国发兵攻打宋国。

晋文公流亡期间，宋国国君待文公很好，现在宋君有难，正好有了回报的机会，这叫"报施救患"。更重要的，晋文公想通过这次救宋，奠定他称霸诸侯的大业。文公给宋国国君出主意，让他割地给齐秦两国，向两国求救，晋进攻楚国的同盟国曹和卫，割两国的土地补偿宋国的损失。楚攻宋的战役尚在进行，曹国和卫国的军队却已经被晋军歼灭。局势犬牙交错，成一团乱麻。楚君主帅子玉向晋军提议和条件：楚君撤退离开宋国，作为对等，晋军也撤离曹卫，释放两国国君。这个条件比较公道合理，甚至楚国方面还让步更大些，根据这个协议，楚国出兵等于无功而返，而晋军救宋的目的已经达到。答应子玉的条件，对晋来说是最合适的选择。

最合适的选择不一定就是最好的选择，晋文公远道出兵，并非仅仅为救宋。这里是城濮，他要在这里下一盘很大的棋，而且一定要取胜。将军们一直反对子玉议和的提议，说子玉无礼。他一个臣子，竟然要以自己手里的一国换取我们国君的两国，何况他那"一国"还没攻下来，够不够一国的分量还不一定。先轸说不然，子玉一句话，保存两国，恢复一国。我们不答应，也是一句话，却同时灭亡三国。理直在子玉，理屈在我。于是答应子玉的条件。但文公在答应条件的同时，宣布来谈判的代表无礼，扣住不放，意在激怒子玉，私下告诉曹卫两国国君，战争一结束，就会恢复你们的国家，现在暂时由我们保管几天。曹卫因为实力不济追随楚国，不追随就要被楚国消灭，即使追随也一定被消灭，此前的四十五国就是前车之鉴。现在晋国替他们撑腰做后盾，他们乐得回到中原的怀抱，在晋的指使下，宣布与楚绝交。

代表久久不回，子玉得知谈判代表已经被晋军扣留，大怒，三军齐发，与晋军决战。前锋刚一逼近，晋军就迅速撤退，一连后退了九十里，才安营扎寨。原来这是晋文公流亡期间对楚王的许诺。三舍之后，子玉压迫如故。晋军大反攻，楚军左右翼两军全部溃败，子玉及时收住军队，中军才得以金身不破。子玉率领残兵败将回都城，路上接到楚王的一封信："我告诉你不要轻敌，不要急躁冒进，你不听。我现在不知道该怎样向战死的将士们解释这件事。"子玉自杀。

子玉是晋文公称霸的最后障碍，楚王替他清除掉了。城濮战役之后，楚国不敢窥伺中原。晋文公在本国建一座会盟坛，召请周王亲自来主持结盟仪式，成"践土之盟"。诸侯"召唤"周天子，自晋文公开始。

智伯·智者千虑

晋国自文公以后一百年间，持续称霸诸侯。不但统领诸侯，也领导周王，周王有疑难问题，首先想起晋侯，快马加鞭向翼城，讨来主意安天下。晋侯有事，也快马加鞭向洛阳，不是讨主意，马上的信使带着晋侯的文书，形式上是上行文的请示或报告，实际却是下行文的命令和通知：臣禀告天子，臣犬子生日在即，略备薄酒，望天子莅临是荷！不问天子有没有时间啊，天子有没有钱买礼物啊等等。反正文件送去了，不来？不来要你好看！晋侯站在太行山上四处打望，颇有强者的孤独感：楚国、齐国、秦国、鲁国、郑国、宋国，你们也努点力，让我败一回呀。

晋侯的"愿望"很快就实现了，他不但被打败，而且败得很彻底。东山再起？他就是登上喜马拉雅山也起不来了。打败晋侯的不是楚国、齐国等，而是他自己，具体说是他的大夫们。晋侯牛，晋国的大夫更牛，而且一个比一个牛，经过互相角力厮杀，六个大夫在晋朝廷成"一字并肩王"。现在轮到六个"王"给晋侯发通知：敬禀君上，犬子生日在即，略备薄酒，恭请君上赏光添彩！甲大夫的通知或命令刚收到，乙大夫的通知或命令也到了：小女生日在即，略备薄酒……丙大夫儿子不过生日，女儿也不过生日，看甲大夫、乙大夫都命令晋侯，自己不命令，岂不被比下去了，必须刷个存在感：敬禀君上，近日疑似犬子生日，略备薄酒……疑似生日也庆祝一番，这太过分了！但晋侯却问也不敢问，乐颠颠地提着两个点心盒子就过来了，进门就擦汗，急忙说："我没迟到吧？"他不乐颠颠的不行啊，脸上表现出不情愿，六大夫会发脾气的。六大夫是智氏、赵氏、魏氏、韩氏、范氏、中行氏。

六个，这太多了吧？带头大哥智伯也这么认为，的确太多了。自然规律，核心集团的成员不能超过三个，铁三角才稳定，铁四角那就叫平行四边形，超级不稳定，至于六角……智伯逐个评判包括自己的"六卿"，除了自己，谁都不顺眼。智伯虽然强大，但是没强大到可以消灭其他五卿的程度。柿子先拣软的捏，一番明里暗里、纵横捭阖的功夫，范氏、中行氏先做了刀下鬼。智、赵、魏、韩四卿掌管国政。

智氏新任宗主智瑶厌烦极了平行四边形，也不喜欢铁三角，最好自己一条线，一条线没有限制，具有无限可能性，智瑶就这个问题研究了五年。这个问题还需要研究这么久？这么严肃而神秘的数学问题，而且是几何数学，研究的过程漫长也可以理解。而且研究的结论很精彩，也很可行：蚕食三家，让面转化为线！

智瑶喜欢召开四巨头联席会。这次会议智瑶心情比较沉重，他说："几年前，我们合理地安排了范氏和中行氏的归宿，两家的封地呢，承国君信任，委托我们四家分别保管。可是，做人不能忘本，我们的国君这么信任我们，而我们对国君呢，不仅毫无建树，还不断向他索取，这是不是不太好？"赵襄子、魏桓子、韩康子异口同声："那咋整？"智瑶说："怎么才能把事情做得圆满，大家回去考虑一下。"

开会都是做个姿态，解决问题都在会下。智瑶决定私下勾兑，开最小的会，来找韩康子，一番义正词严后，韩康子一咬牙一跺脚："我献出一万户给君上！"智瑶大喜，心想：今天一万，明天一万，韩国灭亡是迟早的事。说献给君上，君上连一根毫毛也见不着，智瑶代管的嘛。智瑶又找到魏桓子，魏桓子问韩康子献出多少，说一万。魏桓子一咬牙一跺脚："我也献出一万户！"三家搞定两家，智瑶信心满满，亲自拜访赵襄子，赵襄子说："献给君上，谁替君上保管？"智瑶有点心虚："当然是，是我啦。"赵襄子瞪圆了眼珠子："你？为啥不是我！"

智瑶在赵襄子家碰了一鼻子灰，恼羞成怒，把赵襄子的话添油加醋说给韩魏两人听，三家达成共识：灭掉赵氏，然后瓜分赵氏，智韩魏组成铁三角。智瑶虽然不喜欢铁三角，但别着急，一步一步来嘛。

三家合兵攻打赵家，赵襄子坚守晋阳，晋阳城坚粮足，护城河环绕，可称固若金汤。智瑶率领联军到晋阳后立即发动强攻，但赵军依托坚固的城墙工事，还利用城内可造箭杆的"荻蒿"制造了大量弓箭，坚守不出，导致联军始终未能攻克晋阳。

智瑶见围城无效，决定掘汾河水灌晋阳城，晋阳全城被水淹，人们跑到房顶继续坚守，智瑶带领韩康子和魏桓子视察战场，战争很快就要结束了，因为晋阳城已经蛙声动天，赵家人坚持不了几天了。智瑶得意地对韩魏二人说："都说护城河是防御设施，但我能把它变成攻城的利器！"韩魏二人听了大惊：我们的都城可都是靠着河的呀！

危在旦夕的赵襄子派出说客，乘夜色出城向韩康子和魏桓子陈说利害，说客句句戳中韩魏的要害，二人身上的冷汗淌下来像是洗了个冷水澡。两家军队在战场倒戈，与赵襄子联手，合击智瑶军。事出突然，智瑶来不及调整战略战术，战死在晋阳城下。韩、赵、魏为了免除后患，率军攻打智氏封邑，屠杀智氏族人，连智氏土地也被三家平分。之后，他们又把晋国的其余土地也瓜分了，史称"三家分晋"。智瑶得意忘形，丧家灭国。赵襄子把智瑶的头颅切下来做成酒具，每天捏着脑壳酒具发狠，可见这老赵对智瑶多大的仇怨！

三家分晋五十年后，周王正式承认韩、赵、魏三国为诸侯。再过三十年，晋侯被废，唐叔虞的晋国消失在历史的长河中，血统纯正的晋败落。群雄并起的战国时代揭开了序幕。

赵武灵王·大英雄

周威烈王二十三年（公元前403年），周承认一晋分为"三晋"。三晋之一的赵国，王位四传至赵雍，他就是武灵王。

武灵王喜欢胡人，他的朝廷里楼烦人、匈奴人、林胡人过半数。他如此青睐胡人，源自他身上浓厚的英雄情结。农耕地上的华族农夫，小心翼翼地侍奉那几棵可怜的小苗苗，好不容易收获了。全家人的命根子紧紧守护着，哪是出产英雄的气候？战争迫近，国王气急败坏地发布征兵令，又动员又许诺，还得伴随着强制措施，比如抓壮丁当兵，闹得全国鸡飞狗跳。至于吗？不就当个兵吗？当兵不一定战死，就算战死了，不比你们在田地里侍奉那小苗苗光荣？看看人家胡人，骑马打仗那是本分，不打仗，大丈夫也不去放牧那些慈眉善目的牛和羊，放牧那是女人和小孩子的事情，强壮的男子汉要手搏猛虎！所以胡人说打仗，一声令下立刻就出发——他们一直就在马背上。

胡人的尚武作风和英雄主义精神使武灵王羡慕得不行，他决定赵国全面"胡化"，向胡人学习。全国男人当英雄，他自己呢，做英雄们的头儿——大英雄！胡化从衣食住行开始。汉人吃饭，一人一个托盘，盘里摆着几种菜肴和饼饭之类。贫寒人家没有托盘这种华而不实的东西，每人从饭锅里盛一碗饭，再到菜锅里盛一碗菜，拿到旁边自己吃。再贫寒些的，餐具凑不齐，半碗饭，浇上半碗菜，制作成一碗盖浇饭，蹲在地上狼吞虎咽或细嚼慢咽。胡人不这样,他们烤一只羊,放到大木板、大石板上或直接架在火堆上,以这只羊为核心,紧密地围绕着它,然后一人一刀地宰割它,宰割得只剩骨头架。赵武灵王说:"以后,赵国人吃饭,围着一桌团团坐,聚餐!"这条规定引发强烈的反对声,华族觉得这种吃饭方式太野蛮,没尊严,更主要的是它不卫生啊!有人说:"你一筷子夹菜,送进嘴里还抿一下子,然后又一筷子伸过来,哈喇子大鼻涕……"别人赶紧制止:"别说了,吃饭呢,你恶心死我呀!"他坚持说完:"我再把筷子伸进菜盘,吃的却是你唾之余!"赵王也觉得这样聚餐挺恶心的,一人一盘才文明,可赵王是大英雄啊,英雄做大事不顾小节,不就吃个饭吗?不就吃一点别人的唾沫口水吗?这有啥呀,为了我的英雄业绩,你们就忍一忍吧!坚持聚餐不动摇。

华族穿衣服极其麻烦,严格分等级,除了在地里侍奉庄稼的农夫和垒墙挖泥的力工,其他人一律长衫,连卖菜的小贩都文质彬彬:"夫人买菜否?卑职今日大酬宾,半价奉上大白菜一棵。"买菜的不领情:"一个菜贩子,还卑职!"小贩说:"非也,卑职虽不才,自食其力,无异圣人也!"原来衣服不仅能御寒和遮羞,还有语言引导功能。有人说,什么藤结什么瓜,什么阶级说什么话。其实不然,他说什么话,取决于他穿什么衣服。于是武灵王命令全国人民脱下长袍子,改穿"短制服"。赵王的短制服是"作战服",收腰,紧袖,显得干练,更方便跨马射箭,说起话也干脆利落掷地作金石声。

武灵王对衣食的改革只是铺垫,他的重头戏在行动。他说的"行"其实是行军作战。这时候,车战已经让位给步战。从前打仗,双方约定战场,一方到得早些,要安静等待对方也列阵成功,双方指挥官商定一个时间点:"咱们下午两点开战好不好呢?""我觉得一点钟更合适,不用拖到天黑。""好,签字!"这是宋襄公。这样列阵对攻的战斗已经绝迹。现在的战斗,主要是遭遇战,两军猝然相遇,就地隐蔽,寻找有利地形,战斗立即打响。运动战,在运动中保存自己,消灭敌人。阵地战的武器是刀和矛,运动战的武器,却是"大杀器"弓箭弩。

华族的射箭，有立射，有跪射，都取稳定的姿势，射箭需要稳定，稳定下来才能瞄得准、射得狠。立射、跪射适合阵地战和防御战，一方攻城，守城将士对来犯之敌发一通箭。赵国的敌人匈奴、楼烦、林胡等，从来不跟中华人比赛攻城，他们擅长野战，马上的匈奴战士根本不给中华士兵瞄准的时间，几十米距离，在中华人的阵前飞驰而过，知道中华人射不中他，所以十分嚣张。胡人更擅长马背上放箭，他们在马鞍下放置块弧形铁，叫马镫，两只脚分别伸进马镫，两只手完全解放，一手张弓，一手搭箭，因为常年练习，能百发百中。赵王说：“我们也必须学会这一手！”

赵国的强敌来自北方，他必须学会北方强敌的本领，并且压倒它，从而战胜它。为了学得彻底，赵王干脆在赵国实行"一国两制"：南部邯郸地区，维持农耕不变，人们继续珍爱那些小苗苗；北部代郡地方，转为半游牧，女人和儿童放牧，青壮年男人整天骑在马上，练习骑射。因为游牧，房屋也改成帐篷，方便随时搬家。

经过这番彻底的改革，赵国强大得令人恐惧，不但中原各国对赵国侧目而视，匈奴、楼烦、林胡看见赵的旗帜也狼狈逃窜。武灵王持续攻击中山国，夺取中山国与燕国接壤的地区，把中山完全裹挟在赵国境内，成为国中之国，灭亡在旦夕之间。林胡与楼烦想与中山南北夹击赵国代郡，遭到武灵王的痛击。赵趁机夺取林胡和楼烦的大片土地，设立雁门郡和云中郡，迫使林胡和楼烦大规模向北方迁移，远离赵国的势力范围。赵国修建两道长城，阻止它们再度南下。武灵王还主持平定燕国的内乱，曾经傲视群雄的秦国，也被迫接受武灵王对其他国家大政的干预和调停。楚国吞并越国，与齐国接壤，齐王非常恐慌，向赵国求救；韩魏两国抵挡不住楚国的攻势，也向赵国求救。赵武灵王通过"胡服骑射"，让赵国成了当时国力最强的国家之一。

赵武灵王·英雄气短

武灵王娶韩国公室之女为夫人，人称"韩夫人"。韩夫人聪明贤惠，深得赵国人敬重，可惜年命短促，留下一个公子赵章。母亲那么令人敬爱，赵章于是被立为太子，全国人民都跟着心情舒畅。

不久，武灵王做了一个梦。进入他梦的是一个美妙的姑娘。武灵王隐去梦的细节，只把那姑娘的长相绘声绘色说给大家听。大臣吴广又惊又喜：大王这个梦中人明明就是我的小女儿啊！这老小伙子——武灵王这年才二十九岁——啥时候看见我的孟姚了？于是孟姚成了赵王的新夫人，叫"吴娃"。吴娃生下公子赵何。可惜，孟姚年纪轻轻的就死了，武灵王抱着将死的吴娃痛哭："夫人，你有什么要求？"吴娃入宫十多年，没有向王提过任何要求，面对聪明贤惠一如韩夫人，武灵王经常说："妹喜、妲己、褒姒，女人祸国。我的女人，国家祥瑞！"两个夫人确是国家祥瑞，但吴"祥瑞"还是有自己要求的，一辈子不提，临了不提就没机会了，于是，吴娃说："赵何，当太子……"美丽的眼睛大大的，看着赵王，赵王忙不迭地答应："当太子，当太子。"吴娃的大眼睛终于安详地闭上了。

武灵王果断废掉太子赵章，立不满十岁的赵何为太子。赵章毫无怨言，依旧跟着父亲征战各地，并且屡建功勋。

武灵王的理想是当一个大英雄，他的理想在四十岁时实现了，赵国成为雄视华夷、睥睨天下的超级大国。四十岁的武灵王突发奇想，要改造国家体制，政治和军事二元化，设立两个首领。政治首领管理国家，军事首领负责征战，开边拓土。政治太子管，军事太复杂，自己来。他举行隆重的仪式，把王位禅让给太子赵何，自己领名"主父"，带着公子赵章，继续南征北战，灭中山，逐林胡，平定诸侯内乱，英雄事业的连续剧继续上演。

儿子多了未必是好事，儿子多而且都优秀，更未必是好事。主父两个儿子，都是人中龙凤。拍马屁的大臣说："大王的儿子，赵国几千年，天下几百年才出一个。可是赵国历史才几年啊？我说的包括赵国以后几千年。"几千年才出一个，现在一下子就出俩！这可怎么好？好儿子叫主父好为难，废太子赵章聪明英武，酷似乃父，只因为主父对吴娃的承诺，才被撤下来，看着儿子偶尔闪过的幽怨目光，主父心里很难过。绞尽脑汁想主意，年过不惑的人，主意就是多，他一拍大腿："多简单的事情！"下令，公子赵章的仪仗等待遇，与赵王何同一规格。

消息传到都城邯郸，赵王何的国相肥义说："主父想补偿赵章无辜被废的伤痛，这没啥。"刚说没啥，主父就到了，找肥义单独谈谈。肥义老成持重，是赵肃侯时候的重臣，曾经辅佐武灵王，现在又辅佐赵王何，是赵氏一家三代人的主心骨。主父对肥义说话不绕弯子，开门见山："我想把赵国一分为二，立两个赵王，代郡一个，邯郸一个，你看行不行？"肥义问说："两个赵国，怎么称呼呢？不能叫赵国甲和赵国乙吧？或者学蛮夷，叫赵国A，赵国B？"主父说："不那么叫，国是一个赵国，赵王有两个，我呢总负责。"肥义恍然大悟，原来主父醉翁之意不在赵章，他想夺回赵王何的权力，自己重新当赵王！于是断然拒绝："不行，赵国不能一分为二，更不能一分为三，主父慎重！"主父回到自己的驻地，跟大儿子说："我替你讨封了，肥义这道关都没过去。"大儿子也有个"国相"，叫田不礼，为赵章分析局势："现在赵国有三个核心：主父、赵王、公子您。三个核心都是正人君子，人脉深厚，但现在主父的心思明显偏向公子您，机不可失，时不再来！"田不礼劝公子章杀赵王何，再控制主父，自己称王。

　　主父要视察自己百年后的墓地，前往沙丘，招呼两个儿子随行。天下人都知道此行危机四伏，赵王何虽然只有十六岁，人中龙凤岂是可以用年龄衡量的？公子章借用主父的令符，请赵王何到主父宫议事。肥义说："我代替赵王去！"叮嘱赵王，他如果回不来，就是公子章已经发动政变，王宫应立刻投入战斗。

　　公子章与田不礼只见肥义不见赵王何，知道对方已经有所准备。他们决定先杀肥义，派人再请赵王。赵王早就枕戈待旦，见肥义一去不回，公子章的使者又来了，知道肥义已经被害，于是立刻发兵，预期的战斗在主父宫外激烈进行。不知道此时主父的心情如何，或者悔不当初？

　　依照肥义的部署，赵王的精锐部队由李兑与公子成率领，待命在沙丘附近。得知沙丘事变，二人火速增援赵王。赵王何很快就控制了局面，公子章战败，田不礼出逃，公子章败退到主父宫，主父接纳了公子章。

　　李兑、公子成于是率军围主父宫，主父成了瓮中鳖。公子章的行为，不管主父指使还是默许，主父都有责任。事关重大，如何处置这两个特殊的俘虏，李兑准备请示赵王，公子成说："如果请示赵王，你想赵王能怎么办？他不可能下命令处死父兄。请示他，等于给他单选题，答案唯一：解散军队，解放主父，然后父子三人至少表面上和好如初。再然后呢，再然后我们犯欺凌主上罪，被处死。所以今天这事，只有你知道我知道，赵王他根本就不知道！"说罢，公子成指挥部队攻入主父宫，诛杀公子章及其党羽。公子成把主父宫的人员全部赶出，搜检食物和水，彻底坚壁。主父一个人被困在内宫里，一只苍蝇都飞不进去，也飞不出来。主父挖地三尺寻找搜检后残存的食物，但残存毕竟有限。被围困了三个月之后，主父赵雍饿死。

魏文侯·战火中的斯文

魏国的先祖与周同姓，封于毕，以毕为姓。后裔之一毕万，在晋献公的朝廷任职，有功封于魏，遂以魏为姓。生魏武子，魏武子追随重耳流亡十九年，回国后得到重用，成为朝廷的中坚力量。魏家渐渐成为六卿之一，至魏桓子，与赵襄子、韩康子瓜分晋公室。魏文侯二十二年（公元前403年），魏赵韩三国正式成为列侯。

韩国向魏文侯借兵伐赵，魏文侯直截了当地拒绝："赵国是我的兄弟国，我不能帮助你伤害兄弟。"赵国借兵伐韩，魏文侯也是这么说，于是两国都怨恨魏国。魏文侯解释说："魏、韩两国比较弱，必然会联合起来对抗赵国，以免被赵消灭。但是赵国实力太强，即使是魏、韩联手也没有十足的把握打败他们。而且即便赵国被击败了，魏、韩事后也必然会继续内斗。所以三家和平相处、联合发展，才是最好的出路。"

魏文侯如此，儿子也不含糊。太子击路上遇到大师田子方，急忙下车站立一旁，恭恭敬敬地问候田老师。田老师旁若无太子，居然不回礼，昂然而过。太子哪里受过这个屈辱，追上去——惹了官二代，有好戏看！但是太子击不是一般的官二代，他是魏文侯的二代，修养不是一般的高，他文质彬彬地请教田子方一个问题："富贵者和贫贱者，谁更有资格傲慢？"这显然是对田子方没道理瞎傲慢的责备。田子方回答说："贫贱者比如我，可以傲慢；富贵者比如你，不敢傲慢。"官二代虽然见多识广，也被这道无理算式题整蒙了，不自觉地问："这是为什么呢？"田子方这回有发挥的空间了，长篇大论地教导太子："傲慢，是需要资格的，没有资格傲慢却坚持傲慢，后果很严重。诸侯如果傲慢，就会失去他的国；大夫如果傲慢，就会失去他的家；而贫贱者，还是说我吧，一言不合，一事不如意，我就走了。上哪儿去？我去楚国，去越国，去大家谁也不知道的地方，反正哪儿都不是我的，我爱去哪儿就去哪儿。你们现在给我开工资，是吧？我丢掉那个工资铜饭碗，就跟扔掉烂鞋子一样随便，你行吗？你爸爸行吗？朝廷的大臣们有一个算一个，行吗？"太子想一想，的确不行，垂头丧气而去。

李悝很受魏文侯的信任，魏文侯凡事都想听一听他的主意。魏文侯现在遇到一件大事，需要做出选择，就是任命国相。他有两个人选，优秀的程度相同，如果打分都是九十九，或都是一百，这可难坏了魏文侯。魏文侯特地把李悝从外地请回来向他讨主意："李先生，你说我选季成呢，还是选翟璜？"李悝说："大事，高位者从不向低位者讨主意，关系疏远的也不参与关系密切人之间的事情。我只是外地的一个小官，哪敢对这件事表态？再者说，我也没有态可表，他俩都挺好，谁当国相都是好国相。"魏文侯说："国家大事，先生不要谦逊，我真心实意向您讨教。"李悝说："您是没有注意到细节，所以事在眼前却没了主意。什么叫细节？细节来自观察，观察他平日居处亲近的是什么人，富有时他所相交结识的是什么人，显达时他所举荐的是什么人，穷困时他不屑于做的事，贫寒时他不贪取财物，观察这五个方面，就足可以选定国相了，哪里还要我参与意见呢。"魏文侯说："先生远道来都城，您去宾馆好好休息吧，国相的人选，我决定了。"

李悝不去宾馆，直接来看翟璜。翟璜热情接待了他，这么热情是有道理的。因为全城人都知道国君向李悝咨询国相人选的事，与国君会面后，李悝先来看翟璜，不用说，他推荐的国相一定是翟璜。翟璜心里暗喜，询问道："听说今天君上跟您商量国相的人选，国君到底选择谁了？季成还是我？"李悝说：

"魏成子季成当国相了，国君明天宣布正式任命。"翟璜脸色涨得紫红，闹嚷嚷的像跟人吵架："眼前所见，耳朵所闻，头脑所记，李先生您说说公道话，我哪点比魏成子差？西河，那是啥地方，秦国的眼皮底下，谁能治理得好？吴起，我举荐的！邺郡难治，老百姓被巫婆神汉蛊惑得五迷三道，太守西门豹治水又治巫，我举荐的！君上要讨伐中山国，主帅乐羊，我举荐的！中山打下来，没有合适的统领，您担任中山总督，我举荐的！君上的公子们没有合适的老师，太傅屈侯鲋，我举荐的！我举荐了这么多优秀的官员，怎么？还比不上他魏成子吗？"翟璜气哼哼地一会儿站，一会儿坐。

李悝说："您向君主推荐我们的目的，难道是结党营私谋求做大官吗？君上问我，季成和您谁更适合当国相，我回答说：'居视其所亲，富视其所与，达视其所举，穷视其所不为，贫视其所不取。'就这五条。君上同意我的意见，所以我就知道当丞相的一定是魏成子，君上心里已经决定了。季成满足这五个条件，您不够。就说您吧，您怎么能比得了魏成子呢？魏成子的工资一千万，九百万用在外边，自己只消费十分之一。有了这些钱，他引进了天下最杰出的人才卜子夏、田子方、段干木。这三位大学者，君上像老师一样尊敬他们，其实他们就是帝王之师。而您举荐的几个人，包括我，君上呼来喝去，只是几个普通的臣子，您怎么比得上魏成子呢？"翟璜非常尴尬，扭扭捏捏不好意思，反复向李悝鞠躬施礼连着道歉："我翟璜是个粗野人，说错话了，先生原谅，我愿意终生做先生的弟子。"

战国绵延二百余年，魏国最先强盛而称雄。魏文侯在位五十年，最早推行变法。他选贤任能，用李悝、魏成子、翟璜为相，用乐羊、吴起等为将，拜卜商、段干木、田子方为师。内修德政，外治武功。魏文侯期间，魏国攻占秦国河西地区，深入秦国腹地，秦国被压制在洛水以西长达八十年。魏向北越过赵国，伐灭中山国，向东连续打败齐国，向南对楚国也采取攻势，成为战国初期显赫的中原霸主。

秦穆公·有故事的人

非子善于养马，马匹经过他的手，自然膘肥体壮，繁殖迅猛。周孝王很器重他，询问他的家族历史，果然不平凡。原来非子是颛顼一系，帝舜赐姓嬴，这一家族，夏商两代都有人在朝廷为官，或忠厚善良，或阴险奸诈，俱往矣。孝王说你养马养得好，汧水、渭水之间做你的根据地，为天子养马，虽然不是诸侯，也属于王室，附庸曰"秦"。秦传五世至襄公，周幽王被犬戎杀害，诸侯勤王，附庸国秦也积极参与。平王东迁，因为秦地处前线，秦襄公出力最多，平王正式将秦升格为诸侯，又传八世，至穆公。

秦穆公是个有故事的人。这些故事指向一个结论：笨。

嬴氏家族有爱马的传统。穆公有好马，可不知怎么就跑丢了一匹，穆公急得哭起来："找啊，都给我找去呀！发通告，悬赏！就说丢了大王的马，全国取消休假，都去找马！"还真找到了，不过已经不是一匹，而是"一堆"：一堆马骨头。原来这匹马不知死活，溜溜达达，跑到山沟里假装野马，跟猎人捉迷藏。马再聪明，能聪明过人吗？能聪明过秦国人吗？能聪明过想吃东西的秦国人吗？这匹自作聪明可怜的马被猎人射成刺猬。一两箭就死了，为什么还要射它那么多箭？原来大家要根据猎物身上每人射中箭的多少分猎物的肉。找到这匹马的时候，那些猎人正守着火堆大嚼马肉。穆公闻报，匆匆赶到现场，吩咐下人："去，到我的厨房取一桶好酒来！这不是寻常马，马肉致密非常，吃了马肉不喝酒，会在胃里变成胃结石。"转回身对自己说："马呀，你死得好惨啊！"算是给马的悼词。

穆公爱马，马场里马很多，也都是优良品种，可穆公不满意，因为他需要一匹"千里马"。日行千里，一个时辰八十里，有什么难的？随随便便一匹马都能做到。可你随随便便牵出一匹马让它保持这个速度跑，不出半日就把它跑死了，所以千里马主要在耐力，它能不间断地奔跑千里。伯乐善于挑选好马，但这时伯乐已经很老，精力不济，穆公说："您老的子侄、徒弟们，跟您老一样业务精通的，给我推荐几个呗。"伯乐说："我的子侄、徒弟们，看看普通的马还行，千里马，只有九方皋才能发现。九方皋是个小贩，每天在市场上挑担卖菜。"穆公派九方皋出去找千里马，三个月后回来了，得意地告诉穆公："我发现千里马啦！在冀州的沙丘镇发现的！"穆公说："它怎么没跟你一起来呢？"九方皋说："哎呀，我忘了！"忘了！你知道你去干什么的不？穆公却也不生气："先说说，那匹马什么样的。""也没有啥特别的啦，一匹黄色的母马。""几岁口呢？""哎呀，我也忘了！"穆公派人往沙丘，牵回那匹"千里马"——站在穆公面前的，是一匹纯黑色的公马，斗志昂扬地打着喷嚏。传说中黄色的母千里马呢？这回穆公不干了，找到伯乐："说起来您老可能不相信，您推荐的那位九方皋，十分不靠谱，不但色盲，还不辨公母。"伯乐说："哎呀，九方皋相马竟然达到了这样高的境界了吗？那他比我厉害千万倍无数倍啦！九方皋观察的是马的天赋，深入研究马的素质，能探究马内在的精妙，马的毛色、年龄，甚至它的性别，都是毫无意义的外在元素。九方皋明悉马的内部精髓，而忽略它的外表。他只看见所需要看见的，看不见他所不需要看见的，只视察他需要视察的，不观察他不需要观察的。九方皋，才是最成功的相马人啊！"这一番宏论，伯乐成功把自己说服，问穆公："你信不信？反正我是信了。"穆公说："您都信了，我还能不信？"

穆公想和晋国缔结友好关系，缔结这种关系最直接、最简单的途径是政治联姻。穆公派人到晋国提亲，晋国当然答应，公主承载着政治任务嫁到了秦国。此前晋国灭虞国，俘获虞大夫百里奚。晋国想让百里奚在朝中任职，百里奚却不愿意。晋献公就把他当作陪嫁的奴才送往秦国。百里奚却在中途逃走，逃到楚国成了一个养牛人。穆公做事一向很仔细，按照名单逐一核对人员，叫到"百里奚"，却无人应答。晋国投奔过来的公孙枝，听到叫"百里奚"大喜，赶过来见老朋友，却只见名单不见人，对疑惑的穆公说："这个人，您无论如何要找到，他是大贤人。"穆公经过多方打探知道百里奚在楚国，就准备丰厚的财物，要把百里奚赎回来。公孙枝说："不可。厚财赎人，一定会引起楚王的怀疑，他就不放人了。您只说他是一个逃跑的奴隶，市场价赎回来就行。"穆公装模作样地派出一支精干的"侦缉队"，面见楚王："我国有罪臣百里奚，潜逃至贵国，请求大王允许，让我们把他带回去受审。"献上五张柔软的羊皮。秦楚订有引渡罪犯条约的，何况还有五张羊皮的进项。一个罪犯奴隶，送出去省得在自己国家惹事。

"侦缉队"把百里奚交给穆公，穆公脱口而出："原来是一个老头儿啊！"没想到这句话狠狠地刺激了百里奚，他知道穆公这么煞费苦心把他"引渡"回来是啥意思，他不肯为晋国服务，也不想为秦国出力，铁定心肠装一辈子傻，好在已经七十多岁，没几年就不用再装，秦伯却说"一个老头儿"，太伤自尊了！老头儿怎么了？我就要叫你看看，我这老窝瓜面不面！百里奚讲王道，讲霸道，兼讲王霸之道，说得穆公如鸡点头，头都快要点掉了，百里奚接着说："我的老朋友蹇叔，比我还厉害。"穆公说："要，要，快请，快请！"百里奚说："他比我还老……"穆公说："只要他还活着！"蹇叔来了，果然比百里奚老很多，不过他还带来他的两个儿子西乞术、白乙丙，百里奚的儿子孟明视也从晋国赶来投奔。穆公五张羊皮换来五个大贤人，尤其百里奚，人送尊号"五羖大夫"。

秦穆公做事，看样子傻乎乎、呆呵呵的，但是傻人有傻福。穆公与晋惠公作战，形势万分危急，忽然一支勇猛的骑兵冲入围困的核心，救出穆公，他们就是当年穆公赦免的吃马肉的猎人；九方皋发现的那匹黑色公马，日行不止千里，创下马匹耐力走的纪录；孟明视、西乞术、白乙丙，这三个年轻人后来是穆公征战并且称霸的铁三角，为穆公创下了不世之功。

秦穆公·霸西戎

秦穆公娶晋献公女，夷吾就是他的小舅子，所以晋国太子申生自杀，夷吾向秦寻求保护，后来秦发兵送夷吾入晋，成为晋惠公。夷吾在求姐夫兼秦伯出兵时，允诺将河西的八座城献给秦国作酬劳，还许给晋大夫里克百万亩土地，以获得国内势力的支持。夷吾当上晋侯以后，派使臣对姐夫秦穆公说："我准备把河西地交给你的，可大臣们不同意，我也没招儿。"对里克的"百万亩"竟只字不提。秦穆公心生怨恨，一定要找个机会教训这个不懂事体的小舅子。

机会来了，晋国发生大饥荒，惠公向秦国请求支援。晋国大饥，正是教训忘恩负义的晋惠公的好机会，秦伯决定不借粮：饿死那个忘恩负义的白眼狼！公孙枝和百里奚却说："饥馑是天灾，不一定啥时候轮上谁，我们应该救济灾民。夷吾没有良心，晋国百姓无辜。"秦穆公采纳他们的建议，输粟晋国，运粮船从渭河经黄河再溯汾河，络绎不绝。公孙枝说对了，饥馑天灾，谁赶上还真没准，转年，秦国大旱，全国饥馑蔓延，秦穆公想，多亏去年救济过晋国，现在可以坦然地向晋国求援。求援文书到晋都绛，惠公说："老天送给秦国灭亡我国的机会，他不知道利用，那是他不明智，怪不得别人，我们现在，打他一个冷不防！"

发兵击秦！秦确实被打了个冷不防。其实秦国也有人料到晋国会来这一手，这人就是晋国人丕豹。他从晋国逃过来，深知惠公的为人，告诫秦穆公防备晋人，穆公不以为意。不过所谓突然袭击，也没有什么，在冷兵器时代搞突然袭击，"突然"的战场效果不会特别明显，惠公的突然袭击，效果主要在对穆公的心理震撼上。穆公自言自语："怎么可以这样呢？怎么可以这样呢？"但仗还得打，战场上见到了晋惠公，分外眼红，紧追不舍，不知不觉就陷入晋军之中，还负了伤。千钧一发的时刻，三百人的猎人军队突入重围，救出穆公。战场上几次反转，最后晋惠公被秦军俘获，押回秦都，准备择日杀了他祭天。

周天子获知晋惠公的危险处境，紧急派人来求情："晋国国君跟天子一个姓，不看僧面看——看天子薄面，饶恕他吧。"穆公夫人是晋惠公的亲姐姐，穿着丧服，光着脚，号哭于穆公之前。穆公再次被亲情感化，不拿晋惠公祭天了，把他送进"高级宾馆"，豪华餐饮侍奉着，礼送他回国。

晋惠公死后，继位的怀公同样不讲信用。穆公被惠公、怀公两个忘恩负义的家伙折磨得够呛，对晋国失去信心，决定帮助重耳夺权。重耳入晋，杀怀公，自立为晋侯，晋侯号令中原各国，遏制南方蛮夷，秦穆公不想与晋侯在中原争锋，他的战略目标定在西方，针对西戎。

秦的疆域与西戎交界，秦处于华夷分界的最前沿，与西戎的冲突频繁。穆公要解决戎的问题，必先完全了解西戎。戎王知道他的东邻出现一个贤明的君主，也想来探探虚实，派由余出使秦国。由余的祖先是中原人，百分之百的华族血统。秦穆公带领他参观自己的豪华宫殿和山积一般的财货。由余虽然是华族血统，但生长于蛮夷地区，思想意识完全蛮夷化，对中原人辛辛苦苦做这些无谓的事情不能理解，他们那里的人从来不劳心费力，考虑那么长远的事情，所以活得轻松愉快。他问穆公："这些东西如果是百姓做成的，那也太折腾人了；如果是鬼替你们做的，那就太折腾鬼了。"穆公说："中国向来以诗书礼乐和法律规则治万民，就这样，还不行，经常闹出乱子。你们戎夷连这些也没有，可怎么治理国家呢，我都替你们戎王发愁。"由余笑了："这正是你们长期混乱的根源啊！上古黄帝制作礼乐，并且亲身实行，也仅仅算小治，离大治差得远。黄帝之后，人们日益浮躁，想方设法钻法律的空子，所谓法律，就形同虚设，官吏督责小民的时候用严刑酷法，小民疲惫不堪，就以仁义为武器反抗官府。互相抱怨，互相仇恨，矛盾越积越多，国家完全失控，最后发生篡逆和谋杀，一方身死国破，一方弹冠相庆。你们华夏几百年上千年的历史，不就是这样的残酷循环吗？我们戎夷则不然，在上位者温良敦厚对待百姓，百姓也用忠诚对待上级，整个国家处理政事就像一个人支配自己的身体一样。无须采用特殊的治理方法，这才算真正的圣人治理国家啊。"一席话说得穆公哑口无言。

穆公对身边的大臣说："一个国家有圣人，他的邻国就睡不着觉。这位由余太厉害了，我对他感到恐惧，怎么办才好？"大臣说："这也不难。戎王一直在山沟里藏着，没见过大世面，我们送他一些有威慑力的东西，往后的事情就好办了。"穆公问："威慑力？大杀器吗？"大臣说："乐队。送他一个女子乐团，没事让他听听音乐，唱唱歌曲。他爱上音乐，也爱上演奏乐器唱歌的女孩子，政治必然荒疏，中原的好处他一样学不去，中原的坏毛病一样不缺地传染给他。这由余么，君侯替他请假，告诉戎王，他有要紧事要在这里住些日子，但不说什么事。戎王一定怀疑由余请假延期的理由，受中原习俗的传染，他也会胡思乱想，想到由余会谋反啊，叛变啊，为君侯行刺戎王啊，等等。君臣有了嫌隙，我们就可以上下其手。"穆公大喜："就这么办！"于是他每天和由余一桌吃饭，一起讨论学问，研究哲学和政治。

穆公给戎王送去一个小乐队，戎王接受，并且非常喜爱、迷恋，每天沉浸在郑卫淫靡音乐和窈窕美女中不能自拔。由余终于回国了，却见到一个完全变了形态又变了性情的戎王。由余极力劝谏，越劝谏，戎王的怀疑之心越重：这家伙本来就是晋国人，在秦国待了那么久，回来就找我的毛病，一定被秦国人洗了脑，良心坏掉了，说不定真的要出卖我们国家。由余的处境危在旦夕，被迫逃往秦国。穆公将他引为上卿。几年后，穆公根据由余的策划，发兵讨伐戎王，攻灭西戎十二国，向西开拓疆土一千余里，秦穆公成为华夏族在西部地区的霸主。

楚成王·终结者的终结

与北方诸强林立相比，南方没有强国，只有一个准蛮夷小国，龟缩在长江北岸一个小角落里。它叫楚，不但国小，爵位也低。子爵，比公爵低三级，诸侯开大会，楚子没有资格在会上发言，不但不能发言，他连正式席位都没有，还不敢不参加，一次会议不去，封国就要被剥夺。总得给楚子一点工作啊，于是分配他管理篝火，天子的篝火就不叫篝火了，叫"庭燎"，楚子指挥杂役及时往庭燎里面添柴，不能让火灭了。

楚国处于荆蛮与中原的过渡地带，有两条可能的发展道路：一向南，经略蛮夷，蛮夷地域广阔但意义不大，蛮夷人治理不易；一向北，扫荡中原小国，以张大楚国，与北方诸强争霸。早期的楚国拼命征服南方更小的蛮夷，国土膨大得自己都不好意思，总得有个突破口装下它那庞大的野心吧。桀骜不驯的楚子熊通声明，楚国是蛮夷之国，跟中原不一样，楚国这么大，要称楚王，于是熊通理直气壮地当了"楚武王"。武王之后是文王，文王之后是成王。这位成王名恽，本来只是楚王的弟弟，楚王对这个弟弟太了解了，每天在身边晃来晃去，楚王寝食难安，准备除掉这个心头患。熊恽何等样人，早通过侦察手段得知危险，及时逃到随国，又得到随国人的帮助，回国进宫杀死哥哥，自立为王。成王觉得南方已经被几代楚王收拾得差不多了，决定把战略目标转移到北方。

齐桓公称霸，但楚国不在他的作战半径之内。对楚国，桓公采取外交手段稳定它，不使它向北扩张。他的主要精力用在打击北方戎狄，维护北方各国的秩序。齐桓公晚年昏聩，楚在江淮一带咄咄逼人，桓公已无力收拾这个准蛮夷之国。楚总共吞灭四十五国，成王一任，就灭二十余国。成王成了这些中原国家的终结者。

但这位终结者的终结，却很悲催。

成王年纪轻轻，可喜王妃就生了个儿子，把成王欢喜得什么似的。捧在手上，顶在头上，含在口里，差点就吞下肚去。但万万不能吞，吞下去就没有这个宝贝儿子啦，还指望儿子接班呢。于是发布诏旨，立世子商臣为楚太子——这乖儿子名叫商臣。

令尹斗勃（字子上）劝道："您老人家年纪不还小着呢吗？急着立太子为哪般？您有那么多老婆，哪个老婆不生许多孩子？等他们长得有些模样，在里面挑一个最优秀的立太子多好。你现在立了商臣，以后要改主意，就难了。"子上的第二个劝阻理由就更不成体统："看商臣那模样，眼睛鼓溜溜的像大马蜂，说话嗓音尖尖的像豺狼，将来一定是个阴险狠毒的家伙，说不定您还要吃他的亏，不能立他。"一个小孩子，居然被他看出这许多内涵！但成王不信这一套，坚决不改，立商臣。

事情还真被子上说对了，后来成王的一堆老婆果然分别生了许多儿子，其中有一位庶出的儿子，名叫职，最得成王喜爱。成王便打算废了商臣，改立职为太子。第二点，斗子上也说对了，商臣阴险刻毒，知道早年斗子上曾经劝阻立他为太子，便利用斗子上出战时的一次战术撤退，借成王的手令逼子上自杀。

商臣的刻毒非一般阴谋家可比，一般阴谋家施展阴谋，还有底线，商臣却不是一个有底线的人。现在商臣听到了一些风声，老爸要改立职为太子。消息无法核实，急得在东宫乱窜。他的老师潘崇说："请姑妈来吃饭！"商臣茅塞顿开："好啊，好啊，姑妈最疼我啦。"潘崇说："错！这顿饭怎么吃，得听我指挥。"姑妈来了，以为侄子请她吃稀罕物，一看席面上只有一木桶生的水芹菜，老太太哪里咬得动。再说，水芹菜一向只做猪饲料。姑妈大怒，骂侄子"小畜生"，但小畜生比她还凶，骂她"老妖精"。老妖精气昏了头，就说了一番在当时很解气、过后懊悔得要上吊而且真上吊的话："野狼崽子，我哥哥废了你，立职当太子，忒好嘞，你呀，等着挺尸吧！"老太太浑身筛着糠，就走了，给她亲爱的哥哥留下了大祸患。

事情是真真的了。潘崇问："你能服从职的指令，听从他的调遣吗？"商臣叫起来："小兔崽子，我听他调遣！""那么咱们就逃跑吧。""往哪逃啊，在楚国就是钻进耗子窟窿，早晚也得被掏出来。去国外当盲流，我不干，被引渡回来，更惨。""那么，就做他一件大事！"商臣猛跳起来："我早就这么想了！"说干就干，商臣带着亲兵包围了王宫，三五下就解决掉了成王的护卫。

商臣大摇大摆进了老爹的办公室，瞪着马蜂眼，吊着野狼嗓子："因为你是我爹，优待你，你自己选择一种死法吧！"成王不想死，提出交换条件："我退位，你即位，两不干扰。"商臣冷笑道："天无二日，国无二主，你出不去这座宫殿了。"成王一世英名，开边拓土，对抗北方强敌，未尝屈服，想不到要死在自己的儿子手里，当初要是听令尹子上的劝告……死前不能饿着，饿死鬼在地狱里永远关押不得释放。便哀求儿子："厨房正在给我煮熊掌，让我吃了再走吧！"商臣喝道："不行！熊掌难熟，我还不知道？得两三个时辰，你想等援兵来！"就扔给他一条白绫子。楚成王拾起束带，仰天大叫："斗勃，好人哪！寡人悔不听忠言，今日死在逆子手中，没有脸见你呀！"撩起衣服遮住自己的脸，再把白绫套在自己的脖颈上。姑妈后悔泄密，也自缢而死。看似前途一片光明的王子职，那光明也只有"一片"而已，自然也未能幸免。

成王已死，太子继位。新国王对大臣解释："老王因为等吃熊掌等得不耐烦，就上吊了。"他自杀，因为嘴馋，谥号就叫"灵"。死老王的死眼睛，死死地盯着商臣的马蜂眼，盯得商臣直打哆嗦，急忙改口："那就叫'成'吧。"老王的眼睛这才闭上。

楚庄王·挺进中原

商臣继位楚王,后世称为"穆王"。《谥法解》说"穆":"中情见貌曰穆。"可见"穆"是个好词。弑父弑君的乱臣逆子,居然称"穆",历史还真没有道理好讲,所谓报应、公理战胜等都是骗人的。不过反过来想,当年成王就是杀死自己的哥哥当上楚王的,现在儿子再杀他,恶报循环,报应也算不爽。

楚穆王之后就是春秋霸主之一的楚庄王。楚庄王熊侣即位,国内形势很不好。楚的属国舒国带着它的附庸国宗、巢等背叛楚国,令尹成嘉率军讨伐舒国,俘虏了舒、宗两国国君,包围了巢国。第二年,成嘉、潘崇率军再次出征,准备最后剿灭巢国,留公子燮与斗克镇守国都,这时局面就有点微妙了。这位斗克曾经在与秦军作战中被俘,崤之战秦军惨败于晋,秦国急于联楚抗晋,将斗克等人释放回国。斗克回国后一直郁郁不得志,公子燮想当令尹却没当成,两个人惺惺相惜,决定做点大事,趁令尹出征,二人占据郢都,发号施令,派人行刺成嘉。阴谋失败,公子燮和斗克绑架楚庄王从郢都突围,准备挟持庄王,另立政府。途经庐地,二人被当地武装诱杀,庄王获救,重返郢都,叛乱平定。

经过这番折腾,按说庄王应该与晋公子重耳一样,由顽石摇身一变成璞玉,在荆楚大地闪亮登场,然后开展一场惊天动地的励精图治。可楚庄王熊侣不是一般人,他的不一般,就是只当王,不管"王"以外的任何事情。楚国发生大饥荒。山戎族趁机袭扰楚国西南边境,一直打到阜山。东方的夷、越之族也趁机入侵，攻占了阳丘，直接威胁訾枝。庸国、麇国集结兵员，准备进攻郢都。全国各地烽烟滚滚，告急文书不断飞往郢都。天灾人祸使楚国每时每刻都可能崩溃。大臣走马灯似的向庄王报告险情，庄王说，这些事跟我有关系吗？不要烦我！庄王跑到山上打猎，躲在宫中喝酒。楚庄王的确不一般，但他的大臣却与别的国家的大臣没啥区别，危急时刻急得火上房，告急文书雪片似的飞舞。大臣们一窝蜂似的向国王讨主意，战还是降，就算解散朝廷，也是个选项。但庄王一律不见，还在宫门口挂起块大牌子，上边写着："进谏者，杀无赦！"如是三年。

大夫伍举来见。庄王一口酒，一口肉，自在得意，歌舞热火朝天。庄王醉眼迷离，一副乐不可支的样子，盯着伍举说："你不是来劝谏的吧？"伍举笑嘻嘻地说："我哪敢哪，我的老娘八十岁，儿子才三岁，我因为劝谏被大王收拾了，这一老一小怎么办？"楚王来了兴致："几千年来，怕死的男人都这么说，老娘八十，儿子才三岁，主打悲情牌。你五六十岁了才生孩子吗？"伍举说："咱不说生孩子的事，那事太复杂，我说个谜语开心一下，大王你看可好？"庄王高兴："你说你说。"伍举说："一匹大鸟……"庄王打断说："鸟都以只算，不说匹。"伍举表现得惊讶非常："呀，大王对量词的运用炉火纯青啊！"庄王听到表扬很高兴，招呼伍举坐下："来，喝几杯！"伍举接过酒杯，一饮而尽，立刻也跟庄王一样醉眼蒙眬起来，舌头发短说谜语："一只电脑，三年不灰也不叫，大王你拆拆，这是咋飞事哩！"原来这伍举有个毛病，一醉酒就说东北的肃慎语，其实他和他的祖先与肃慎族一点关系没有。也许肃慎族平时说的都是醉话，比如把"大鸟"说成"电脑"，"猜猜"说成"拆拆"。伍举故意喝酒为了方便说肃慎语，这里有个讲究。庄王早已喝醉，给他说楚国话，他听不懂。果然，庄王听了伍举肃慎语的谜语，沉吟良久，忽然抬起头，目光灼灼地对伍举说："你说的那只电脑，是一只神脑啦！三年不灰，一灰冲天；三年不鸣，一鸣惊银！"

伍举离开后。庄王对乐队叫道："停！"乐声戛然而止，场面肃静如庙堂。

庄王说："从此以后，乐队和歌舞解散。领了遣散费，各自回家去吧！"果然，此后的庄王再也没有打猎，再也没有饮酒，再也没有举办过歌舞，哪怕最小规模的歌舞表演——他再也没有时间做这些没用的事情。

　　庄王先稳定了国内的混乱局面，这对他纯属下酒小菜。扫平叛乱，清整朝廷，安抚民众，庄王做得有条不紊，有声有色，远近国家纷纷请求内附。以楚国为核心，形成与北方抗衡的南方集团。他笼络臣子的手段很温馨。一次宴会，酒喝得正欢，蜡烛突然灭了，有个大臣拉美人的衣服。美人情急之下扯下了这个人的帽缨，并且催促楚庄王命人点灯，找出帽缨断裂之人。但是楚庄王说："醉后失礼是人之常情，怎么能为了显示妇人的贞洁而让臣子受辱呢？"于是他下令群臣一齐扯断帽缨，再点灯饮酒，尽欢而散，史称"绝缨之会"。

　　北方集团的首领是晋国，晋国的实际领导人赵盾，人脉深厚，人望高涨。北方各国唯其马首是瞻。楚庄王知道，要挺进中原，成为中国霸主，必须打掉赵盾的气焰，庄王挺进中原的计划紧锣密鼓地进行。楚庄王拿中原的几个游移国家开刀，郑、宋、陈、蔡等列队表态，忠于晋或忠于楚。经过几年的角力，楚庄王在诸侯中已经独占鳌头，代替北方扫荡深入中原的陆浑之戎，周天子派人劳军，楚庄王向周王的代表王孙满询问周鼎的重量，王孙满义正词严地警告他不要觊觎周鼎，他这才撤军回国。

　　问鼎周室没有结果，但挺进中原，庄王却取得了辉煌的成就。说"辉煌"，是楚国彻底扫除了城濮之战的屈辱。晋国在赵盾死后实力大减，在黄河边上的邲地展开的两棠之役，楚军击溃了晋国的三军，晋军溃败，惶急渡河，后渡者争船，已经上船者急于逃走，挥刀砍那些把住船帮的手，掉在船舱里的手指一堆一堆的还蹦蹦跳跳吓死人。晋国看着楚国蹂躏中原的同盟国，却不敢出兵救援，听凭这些国家臣服于楚国。终于，楚、鲁、蔡、许、秦、宋、陈、卫、郑、齐、曹、邾、薛、鄫十四国在泰安会盟，推举楚庄王为盟主。这次聚会，北方大国只有晋不参加，无形中被诸侯们孤立。晋楚争霸，以楚挺进中原告一段落，楚国也达到历史发展的巅峰。

楚悼王·改革

楚悼王即位时，北方的晋国一分为三的事实得到周王的认可，韩、赵、魏三国与燕、齐、秦在北方混战，楚国虽然在南方，也没有远隔千山万水，秦、魏、齐迈出门槛就是楚家，不迈门槛也是楚家，因为这些"家庭"的边界犬牙交错，多数地块归属不定，问它们姓啥，它们自己也搞不清楚。

悼王在位二十一年，基本都在打仗，大仗四场，小仗不计其数。不但楚国，战国二百年基本就是打仗，楚王也没啥特别苦恼的，可打仗总输，就不得不苦恼。大臣们说，我们楚国孤立，好像我们是不结盟国家似的，其实是没有人跟我们结盟，哪里是我们不跟人家结盟呢？悼王说："不对！我坚决反对结盟，那些所谓联盟国家，它那盟，可靠吗？今天结盟，明天就决裂，有啥用？我准备联络几个国家，比如联络六七个，赵、魏、韩、齐、秦、燕，组成一个'不结盟国家联盟'，你们看怎么样？"大臣们哄笑：为不结盟而结盟，不还是结盟吗？而且所有国家都在这儿了，成了"联合国"。楚悼王故意说笑话呢，他没有这么荒唐的打算，他说："我们总打败仗，是因为我们的制度落后，所以要参照文明国家的做法，改革我们落后的制度。"悼王很开明，知道要追赶当代文明。

说改革，想改革，忽然从天上掉下一个改革派，他叫吴起，卫国人，来自魏国。

吴起声名煊赫，关于他的事迹传布在各诸侯国，楚悼王善于选择性听取舆论，他选择听吴起对魏国军队的改造成就。经吴起改革，北方三强魏、赵、秦中，魏军的战斗力高出秦、赵一大截，所以魏军才得以在河西站稳脚跟。只几年，魏军就脱胎换骨，吴起简直就是战神。楚国人全都善于选择性听取舆论，楚王以外的楚国人选择听另一个吴起：贪财好色，本性残忍。吴起简直就是恶魔。贵族们整天瞎叨叨，叨叨得悼王心烦，悼王说："我就这么干了，让吴起设计改革路线图，你们反对也没用！"专制政权的好处是，办事极其痛快，从不拖泥带水，除非他愿意拖泥带水。楚王干脆利落地决定由吴起任令尹，主持改革大业。吴起当上了"国家级"干部，对老娘的誓言终于实现了。

吴起的改革有四个方面。第一，封君的贵族，传到第三代就自动取消，也停止对王族旁支的财物供应。国家不养着他们了，这些人怎么活着呢？吴起有办法，他提出一个响亮的口号："我们也有两只手，不在郢都吃闲饭。"把这些没落贵族下放到偏远地区，让他们在那里自食其力。这些贵族平时养尊处优惯了，到乡下怎么活？不过毕竟是贵族，面子不能丢，欢送大会上装出一副高兴的样子，频频向群众点头致意。车子走到郊外，贵族们望着郢都号啕大哭。

第二，清整社会风气，杜绝走后门。楚国裙带风盛行，人际关系编织成网，有贵族网，有平民网，还有贵族平民交叉网。楚王早就想扫荡这张网，可是稍微一碰，全网动摇，摇得楚王心慌，心慌意就乱，说话也颠三倒四："有人说裙带关系，走后门，这么难听。不要再批判什么走后门啦，后门进来的，不一定坏，前门进来的，也未必好。"吴起的改革推翻了楚王的歪理邪说，他说："既然也好，为什么还要走后门？可见他不好。"贵族们就靠走后门活着，这个后门一关，要出人命的！吴起说，后门不开，想死随便！

第三，公布法律安定人心。法律明文禁止之外的事情，尽管去做，法律没说不能干，那就意味着可以干。法律未必保护，但法律一定不加干涉。比如农夫开垦无主荒地种庄稼，这块地就是他自己的，他人不能夺取或干涉。市民在路边摆个摊子，卖点小物品贴补家用，城市管理部门就不能驱散这些人，因为国家法律没有禁止市民卖东西。城市管理部门说，卖东西可以，但他们不能占道经营，吴起说那你们就制定一个禁止占道经营的法律出来。法律制定出来了，吴起拖着，就是不批准，所以郢都的市场经济如火如荼。

第四，军事方面的改革。吴起复制在魏国的成功经验，计功行赏，一切问题迎刃而解。吴起推行这些改革，为楚国打开一条特殊的发展道路，楚国民众一天天富起来，民富自然国强，现在楚悼王要征集物品或招募兵卒，底气很足：俺有钱！楚国征兵的宣传口号就是："一人当兵，全家富翁！"

经过变法，楚国迅速崛起为强国。魏、赵两国为争夺卫国大战，齐国也助魏攻赵，赵向楚求救。楚国群臣主张坐山观虎斗，象征性地出点兵。吴起说："妇人之见！"这位"大丈夫"发兵，并不救赵国，而是就近进攻魏都大梁——魏国倒霉，经常被"围魏救赵"——魏军赶紧回撤营救大梁，被楚军拦腰斩断，魏军大败，楚军乘势横扫中原，与赵军合击魏齐联军。楚、赵从此修好，"三晋"联盟彻底瓦解。

前线节节胜利，楚悼王的目标一步步接近，但就在全胜触手可及的时候，悼王却死了。作为令尹，吴起回到郢都料理后事，之后准备再次奔向前线，继续完成他的"楚国梦"。但是，在吴起的改革中利益受到伤害的大贵族，率领更多的贵族，假借到王宫开追悼会的时机，对吴起发动突然袭击。吴起在箭雨中奔跑，即使身中数箭，还在奔跑，以非人的毅力，他的目标是楚悼王。奔跑的吴起在历史的长河中定格，人们对这个画面进行各种各样的解说，让垂死的吴起，在短暂的十几秒内做出一部长篇论文或大部头自传。其实令尹吴起来不及想那么多，他的思绪只是一闪念："你们给我殉葬吧！"吴起扑在悼王的身体上，乱箭还在射，还在射，贵族们的箭射中仇敌吴起，同时也射中了王尸。他们对吴起，这得多大仇多大怨！

新楚王下令，那些围剿吴起、射箭射中王尸的人，犯侮辱王尸罪，七十七家贵族被灭族。

楚怀王·习惯性被骗

经过吴起变法，楚国兵精粮足，令尹昭阳率军攻打魏国，夺得魏国的八个县，昭阳说："我还有力气！"移师向齐，准备再夺齐国七八个县，回国会分外光荣。齐国被今天合纵、明天连横、合纵之中又有连横等折腾得晕头转向，朝中的大臣也跟齐王一样脑瓜子快被搅成糨糊了，毫无办法。秦国丞相陈轸正在齐国访问，齐王问陈轸："这可怎么办哪？"病急乱投医，陈轸，一个外国客人，能有啥办法？有办法也不给他出，他家祖坟冒青烟了吗？不料陈轸却说："没事，我去叫那些南蛮子立即撤军！"

陈轸来见楚军统帅昭阳。陈轸是个大人物，昭阳热情接待，还道歉："军营条件差，委屈陈先生了。"陈轸说："条件差，有酒就好。说到喝酒，我有一个故事太好玩了，说给你听听。"昭阳说："你说，你说。"他着急，招待陈轸吃完了饭，他还得打齐国呢。陈轸却不着急，慢条斯理地讲故事："这么一位土豪，把一杯酒赐予自己的门客。一杯酒，谁喝谁不喝呢？这些门客决定，大家公平竞争，赢的喝酒。以画蛇作彩头，席地而画，先画成的喝。于是画蛇，一个人很快画成了，弯弯曲曲的，眼睛、触须、鳞俱有，大家认可，喝吧。可是这人接着说，我不但画成蛇，还能给它添上四只脚。嗯，一只脚，两只脚，三只脚……你们不行吧，我的蛇脚都快画完了，你们还……另一个门客从他手里夺过那杯酒一饮而尽，说，我的蛇也画完了！蛇本来就没有脚，你却要添上脚,添上脚的蛇,它还是蛇吗?你一定要画蛇脚就蛇脚吧,可你现在没画完!"昭阳很耐心地听完故事,扑闪着无辜而迷惘的大眼睛,说:"哦,陈先生!我明白了,这个故事告诉我们,作为一个有钱的土豪,给门客的酒不能只给一杯,这是人为制造矛盾!"陈轸这个压抑呀,故事白讲了,直接说主题吧:"根据吴起制定的军法,在楚国军功最高的人,会得到怎样的奖励?"昭阳说:"最高的军功,授官上柱国,封上等爵位。""已经是上柱国、上等爵,又建立军功了,给他什么奖励?""当令尹。""当令尹之后又立军功了,什么奖励?""没了。"陈轸神秘地说:"你战胜魏国,已经功在绝顶。再打齐国,获胜,没奖励。万一战败,罢官夺爵,还要军法从事。那个画蛇之后又画脚的门客……"昭阳这才明白陈轸故事的含义:"画蛇添足,劳而无功!哈哈哈!"于是昭阳从齐国撤军。

昭阳的大胜也是楚国展示的最后优势了,从此怀王陷入各国合纵连横的角力场。苏秦以三寸舌游说山东六国,代表楚国统领六国联军对抗秦军,国王们共推怀王为纵约长,名义上的"联合国军总司令"。联军名声响亮,其实各怀鬼胎,被秦军一举击败。以后再也没有组织起像样的合纵联盟军。

怀王时期,除了秦国,齐国和楚国最强,两国联合的话,秦将无可奈何。齐楚也确实联合了。秦王忧心忡忡,难道各个击破六国的计划就要落空了吗?这回出头的是张仪,张仪以特使的身份来见楚怀王:"一句话。你跟齐国绝交,我们秦国割商于六百里土地给你,干不干?"楚怀王也是个爽快人,跟张仪拍手击掌:"成交!"下面就要讨论怎么交割了,张仪更痛快:"楚国派大使跟我去秦国,这份文书大王已经签字了,一式两份,等到秦王签字,就生效,六百里土地当场交割。"使臣跟随张仪到咸阳,张仪的车子走得好好的,张仪本人忽然从车子里掉下来,登时就不行了,似乎摔断了腿。楚国使臣几次来看望,张仪都说:"这么大的事情,我需要当面向秦王汇报,可我的腿呀……"一拖就三个月,怀王仍然看不出其中有诈,以为问题出在与齐国绝交不彻底,派出使臣北上临淄,当面辱骂齐王。齐王大怒,把两国的盟约找出来,焚毁,并且立即决定，与秦国联合，消灭南蛮子。

消息传到秦国，张仪的腿也就不疼了，召来楚国使臣说："给楚国的土地，现在就可以交割，拿地图来。"张仪指画地图："从这里，到这里，六里呀，我们大王可心疼呢。"使臣大惊："六里？丞相说错了，是六百里呀！"张仪无限委屈："我一直说的就是六里呀，你们大王也说六里，六百里？从来没有人提出过六百里。"使臣窝窝囊囊回到郢都，怀王大怒，发大军攻秦，秦军早有防备，楚军大败，丧失了汉中地区。第二年又大败，接连损失大将，楚国焦头烂额。

不久，秦又想联合楚国打其他国家，条件很可观：把汉中的一半还给楚国。楚怀王怒气未消："别的条件都没意见，但我不想要汉中，我用我的汉中换你的张仪！"张仪听说这个要求，说好啊，我去。秦王担心："楚王恨不能杀了你熬成油。"张仪自信满满："我自有办法，就算我的办法不灵了，但用我一条命，换取汉中八百里土地，划算！"于是张仪只身入楚。

楚怀王下令立刻逮捕张仪，择日处决。张仪敢来，是因为他的好友靳尚亲幸于怀王。靳尚给怀王的宠妃郑袖出主意说："秦王非常爱张仪，张仪在楚国遭难，秦王正在从关中挑选大批美女贿赂楚王，关中美女的能量，您知道的，当年的平王就因为看中了孟嬴，才导致伍子胥之难。她们一来，您的地位就危险了。我看不如您出面保张仪出来，秦国的美女贿赂难以落地，只能退回去。"郑袖果然甜言蜜语向怀王请求释放张仪，张仪竟然平安出狱，还跟怀王商定了儿女的婚事，志得意满回去了。

怀王晚年，又遭到秦国的催逼勒索。秦王写信诱骗怀王入秦商谈合作的事，大臣劝他不要去，虎狼之国什么事都可能发生。怀王说："他欺骗我那么多次，难道还能再骗我吗？"一进秦国，怀王就失去自由成了囚徒，秦王要他割让黔中等地，怀王终于明白骗子原来是一种职业，行骗既然是本性、是习惯，欺骗无数次，当然不在乎再欺骗无数次。觉悟过来的怀王坚决拒绝秦王无理且无耻的要求，于是被秦国扣留，最后死在秦国。

齐桓公·九合诸侯

平王东迁，周王室尊荣不再，远在东方吕尚的封国齐崛起，承担了聚拢天下诸侯的责任。从前，周国倚重吕尚伐纣成功，几百年后周王室再次把自己的命运拜托给伐纣军总参谋长吕尚的后人，历史居然显出了循环周期。承继吕尚即姜太公历史重任的，是吕尚的十二代孙，他叫小白，后来的齐桓公。

齐国发生内乱，公子纠带着管仲逃到鲁国避难，公子小白带着鲍叔牙逃到莒国流亡。内乱平定，国人召公子们回国就任王位，两个公子展开了时间竞赛。回国路上，管仲自告奋勇，担当起阻截公子小白的任务。管仲弯弓搭箭，觑着小白亲切，"一发饮羽"小白被射死了，连箭杆上的羽毛都吞下，射得多深，那还不死。管仲顾不上搜检胜利成果，兴冲冲回报公子纠。鲁国听闻捷报，于是慢悠悠地送公子纠上路回国，过了六天，却听到从齐国传来坏消息，公子小白已经正式就任齐国国君，成为新一代齐侯，而且齐侯要求鲁国国君必须杀死公子纠，解送管仲到齐国，不然就兵临城下。原来公子小白装死，管仲只射中小白的衣带钩而已，他本人毫发无损，昼夜兼程奔向临淄，终于成功夺得国君位。鲁君惧怕齐侯，告别宴临时改成杀人场，管仲被押送回齐国，听候新任齐侯姜小白的处分。

管仲险些杀了齐侯，这罪过不可饶恕，齐侯正在研究怎么折腾管仲才解恨，鲍叔牙来了："不能杀管仲！"桓公说："凭什么，就因为他是你朋友？

行，看你的面子，我可以叫他死得不那么难看，给他留个全尸！"鲍叔牙说："君上如果满足于当个齐侯，管仲就一点用处没有，要杀要剐随便你；如果君上志在四海，就必须让管夷吾当丞相！"结果，管仲由待决的死囚一下子当了齐国的丞相。

管仲给齐桓公制定的基本国策是"尊王攘夷"。桓公站在淄博的高山看中原各国，哪个诸侯不听从周王的号令，或者行事违背周公旦定下的规矩，就带着一帮小兄弟去收拾他一顿，叫他心不服口也得服，从此改弦更张。哪个国家被蛮夷侵略，桓公的小兄弟也前往救援。小兄弟的队伍越来越大，桓公地位递升，成为天下霸主。

齐鲁交战，鲁国战败，照例要签订不平等条约，割地赔款。签约仪式上，鲁国统帅曹沫劫持桓公，逼迫他退出已经占据的土地，桓公在危急情况下答应他的条件。曹沫放开桓公，回到自己的座位上继续吃饭。解除危险的桓公立即发作，要抹平与曹沫刚刚达成的口头协议，并且处死刚才劫持人质的罪犯曹沫。管仲说不可，即使被胁迫，你也答应了的，君子一言，快马一鞭，开弓没有回头箭。会议结束，桓公狠狠地瞪了曹沫一眼，算是报复，侵占的鲁国土地全数退回，战争赔款全部归零。但是，这次不成功的会盟，使桓公的人气暴涨，人们认为这样诚实守信用的国君亘古未有，一代霸主新星，在山东半岛冉冉升起。

受楚国的挟制，与齐、蔡、曹等结盟的宋国背盟，与楚国结盟去了。齐桓公大怒，决定惩罚宋国。这次惩罚，桓公把周王推到前台："宋国无礼，随便废立国君，事前不请示，事后不报告，长此以往国将不国。为严肃法纪，必须惩罚不守规矩的宋国。"天子大喜，各国都各行其是，谁肯把天子放在眼里？难得齐侯这么忠心耿耿！派上大夫率领王师，与诸侯军会师一处，剑指宋国。诸侯对齐侯的宣言深表赞同，他们也非常担心乱臣贼子随便废立国君，齐侯挥舞正义之剑，还各国以正义和公道。即便没有参加这次会盟的诸侯也非常赞赏齐侯伸张正义的行为。宋国结盟于楚，本来也是被迫，现在齐侯引领王师来问罪，宋国君急忙向楚禀告："王师压境，快来救我，不然我扛不住了！"楚国虽然地域广大，但人口稀缺，综合国力还很弱，并不敢与王师交战。其实所谓"王师"，只是上大夫单伯率领的一支仪仗队而已，天子早就没有可以打仗的正式军队了，"直辖"的领土那么小，供养王室的用度已经很费劲，还能养兵？但楚子远在南蛮，对王师心怀恐惧，搁置宋国的告急文书不理会。宋国早就预判楚不敢出兵，在向楚送告急文书的同时，就卑辞请求王师即齐侯宽宥，承认本国的行为确实违背礼法，承诺以后坚决遵从天子的教诲，不再随便废立国君啦！劳军，送礼，写道歉信，于是皆大欢喜。最欢喜的是齐侯，他发现周天子这块招牌依然金光闪闪，用来号令诸侯仍然有效，齐侯主持召开诸侯大会，诸侯结盟，共推齐侯为盟主。齐侯号召华夏各国团结一致，维护周天子的领袖地位，遏制天下不遵守法度的不良风气，共同抵御蛮夷的侵略。霸主齐桓公在几百诸侯中崭露头角，又经过一系列的会盟，齐国霸主地位确立、巩固，姜太公的后人果然又一次匡扶周王室。

桓公既为诸侯霸主，就得为诸侯排忧解难。燕国被山戎侵略，桓公亲自率领军队救燕，追击山戎到燕山北麓。燕侯八百里相送，一路说不完感激的话，说着说着就越过边界进入了齐国，再说着说着就走进齐国很远。齐侯实在不能忍受燕侯的唠叨，过界以后再唠叨是有代价的啊！齐侯停下脚步，郑重宣布："根据周礼，不是天子有令召集，诸侯之间礼送不能出国境，现在燕王送我送到了齐国，已经违背了周礼的规矩。为了维护周礼的严肃性，也为了让燕侯不承担违背礼法的过失，我要把燕侯经过的地方全部划给燕国。"天下人都称赞齐侯仗义，救人不但不收礼，反而把自己的土地割出去。齐桓公还两次组织诸侯军队救卫国，为了让卫国远离狄人的侵扰，桓公为卫君筑新城安居。天下发生大事，当事人首先想到的是请求齐侯主持公道。

二百年后，孔子无限敬仰地追述这一段历史，说："齐桓公和管仲多次汇集诸侯征讨蛮夷，确立华夏正统，如果没有桓公支撑这个局面，我们早就被蛮夷征服，改穿蛮夷人的衣服了！"

齐桓公·千古恨

国相管仲病了,病得很重,桓公来看望,照例说一套宽慰的话:"仲父气色很好啊,我想,不出十天,您老就可以上班了。"管仲说:"嗯。"不是他不礼貌,实在是他已经没有多少力气说话,何况这类客套话不回答也罢。果然,桓公说到正题:"仲父万一有个好歹——我是说万一,我该把国家交给谁管呢?"听这话,管仲来了精神,眼睛也睁大了许多:"您认为谁合适?"桓公说:"不用说您也知道,我想让鲍叔牙当国相,接仲父的班。"

管仲听得"鲍叔牙"三字,急得要从床上往地下滚:"不行,绝对不行!"

管仲的反应大出桓公意外,桓公忙摁住管仲,问道:"他咋不行呢?他是您最好的朋友啊,您的朋友还能差?当初您当国相,也是他举荐的呢。"管仲喘息半天,气稍微匀了些,便开导桓公道:"鲍叔人格崇高,人品正派,廉洁奉公,一生从来没有过私念,齐国几千年也出不了第二个。完美的人肯定有另一个缺点,就是自负,这是他们最大的不完美。他们习惯于鄙视他人,不如他的人没资格和他顶着同一片天空,发现某人有一点过错,就记他一辈子。政治从来不纯粹,是各方势力妥协均衡的结果,鲍叔这么纯粹的人,万万不能主政,眼里揉不得沙子,他自己痛苦,别人也受不了。"

桓公觉得管仲说得很有道理。比如桓公自己,一个阴谋权术家,思想品德考核一定不合格。管仲就更别提,他又贪污又腐败,他的财产比齐国国库还富裕些，有巨额财产来历不明；他的小老婆已经不计其数，还经常出去吃花酒，赛马赛狗斗蟋蟀，样样喜欢。但齐国却在桓公和管仲的治理下繁荣富强，"九合诸侯，一匡天下"，连周天子都得看齐国的眼色行事，更别说那些诸侯。如果鲍叔当政，一定要搞"思想改造"，雷霆反腐，让全国人民整齐划一，有一人落后，鲍叔就寝食难安。这里有个问题，管仲就是个问题人物，贪生怕死、贪污腐化、欺骗朋友，人格简直卑污，可鲍叔牙并没有嫌弃他。可能鲍叔牙还有把人预先分类的本领，他只看管仲是大英雄，管仲所有劣行都归到细节里，随即被他忽略不计。

"那么，谁合适呢？"桓公问。管仲胸有成竹："隰朋吧。他长得那么难看，学问做得既浅又偏，人也十分笨。他对那些有各种缺点的人不是厌恶，而是同情，有宽容心。国相是大官，大官就要抓大事，什么学问、智慧，鸡零狗碎的，对小人物有用，对丞相就没用。大木匠不开刨床，大厨师不下厨房，大勇士不摸刀枪。"一席气喘吁吁的话说得桓公心情畅朗，犹如拨开迷雾见青天。但隰朋这个人桓公知道，实在太笨，笨得都有点蠢了，他不想任用隰朋，便提出自己的人选。

"任用国相，他忠于我才是最高、最后的标准。我看易牙这人不错，他最爱我，我说从没尝过人肉，他就把儿子红烧了给我吃。"管仲说："连自己的独生子都舍得杀害，对亲人残忍，对国君未必就不残忍。""竖刁呢，他为了爱我，把自己阉了进宫来伺候我。""他连自己的身体都不爱惜，还会爱惜国君吗？""开方呢，他为了服侍我十五年没有回家，父母去世也不回国奔丧。""他抛弃双亲来迎合国君，不合人情，不能任用。"管仲说了这许多话，力气全部耗尽，眼睛闭得紧紧的，千呼万唤，再也醒不转。

桓公牢记着管仲的最后嘱托，不让鲍叔牙当国相，还把易牙、竖刁、开方放逐到成山角，让他们到海边研究特异功能去。但也没全听管仲的，他没让隰朋当国相，毕竟隰朋又笨又蠢，像个智障者，他自己这般英明，搭配个弱智国相，不好看。

不过，问题接踵而至：没有易牙烹调，他每顿饭都吃得没滋味；没有竖刁管后宫，小丫头们就闹翻了天；没有开方服侍，有个头疼脑热的，还真不方便。但他坚持，忍着，忍了三年，终于忍无可忍。一个调令，把三个人全部召回首都临淄。见到三位贴身"保姆"，齐桓公幸福得话都不会说了："这几年，你们跑哪儿去了？"桓公重又过上了好日子。

好日子过了一年。这天桓公发病，头昏沉沉的不想吃饭，等好些了便命令传膳，他想吃一碗开胃燕窝粥，之后再上正餐。但从中午等到太阳下山，也没等来燕窝粥，一夜瘪着肚子挨到日出东方万鸟鸣还没人来。桓公实在忍不得，要自己开门，亲自下厨房熬粥，但门被关得死死的。桓公觉得不妙，又喊又叫，四面墙壁只有自己的回声。三天后，一个宫女翻墙而入，扶起饿昏的桓公，桓公说："我饿啊，给我一只烧饼吧。"宫女说："没有，带不进来。""有一杯水也行啊。""也没有。"桓公说："欸，为啥？"宫女说："大夫给您看过病，说大王在七天以后死，易牙、竖刁、开方三个人已经夺了您的权，在朝廷上发号施令。"桓公回想起管仲临终时的叮嘱，不由得潸然出涕："死了不要紧，可我没脸去见仲父啊。"三个奸佞禁闭了桓公，宫女怎么能进来？宫女能进来，桓公为啥出不去？其实那都是桓公饿昏时出现的幻觉，他隐约知道是那三个家伙在谋害他。

桓公果然在七天后饿死。空房子里啥也没有，桓公死前用一块杨木板盖在自己身上，权当装殓。宫中人们忙着抢夺胜利果实，早把桓公忘了。一条条的蛆虫从桓公的"囚室"鱼贯而出，爬满王宫，大家才忽然想起："哎呀，先君还没埋呢。"

齐顷公·战争游戏

晋文公确立了晋国的霸权地位，北方各国都听从晋国的召唤，但自从与楚国发生一场"邲之战"，晋国的霸权失落。景公一心想恢复晋国的霸权，而齐桓公之孙顷公经常向别人夸口："我们从前很厉害！"于是晋齐两国暗暗较劲。此时的晋国执政大臣郤克，大刀阔斧改革，很有开拓精神。郤克代表国君来见齐顷公，按照约定，使臣约见国君，相当于"大使递交国书"，几个国家的使臣要凑到一起，合伙来见齐侯，于是郤克与鲁国、卫国的使者被安排在一组，等待齐顷公的接见。

齐顷公从"宾馆"服务员那里获得一份重要情报：三位使臣都有身体残疾，鲁国使者腿瘸，卫国使者瞎了一只眼睛，至于郤克，他是个驼背。于是齐顷公心里就有了主意。接见这天，齐国指定的随从陪伴三位使者依次进殿，鲁使身边一个瘸腿，卫使身边一个独眼，郤克身边一个罗锅，场面十分滑稽。三位使者强忍住不快，外边却传来轰天的笑声。笑声来自二楼，是顷公的母亲和她那一群丫头婆子。三位使者回到"宾馆"，一整天都在一起，看样子是商量什么大事情，看仆役买来几只白公鸡，一定在歃血为盟。明智的齐国人叹息道："齐国这下子摊上大事儿了！"

鲁国和卫国都是小国，报复齐顷公就看晋国。郤克回到晋国就向晋景公建议伐齐，晋景公问为啥，这外交办得不顺利吗？郤克说了原因后，景公也大笑不止："这场面，可惜我没看到！"郤克涨红了脸说："您不觉得他伤害的是晋国的尊严吗？"但景公很坚决："那也不行，为这点事打仗，小孩子做游戏吗？"

但是郤克却十分执着，有事没事就提议打齐国。三年后机会来了，是齐顷公主动送上来的，他要当霸主，拿小国开刀，进军鲁国卫国，两国都向晋国求救。郤克大喜，兴高采烈提交申请书，晋景公也正想教训一下不知天高地厚的齐侯，决定和齐国开战。

晋、卫、鲁联军伐齐，兵进阳谷，气势汹汹。齐顷公后悔那次恶作剧，但人到矮檐下，只好与晋景公结盟。所谓"结盟"，其实是投降的委婉说法，投降的条件之一是派齐国公子到晋国做人质。但是第二年，楚国提议与齐国结盟（这回是真的结盟，攻守同盟）。齐顷公还没痊愈的伤疤又忘了疼，跟晋国说，此前的盟约不作数了！因为有楚国这座靠山，齐国再次侵犯鲁国，卫救鲁，被齐军打败。鲁、卫二国向晋国求救，郤克记得在宾馆的歃血之盟，坚决主张出兵。景公批准，由郤克统率中军，士燮率上军，栾书统率下军，韩厥为司马，起兵车八百乘，伐齐救鲁。

齐军被迫从鲁国撤退，向本国全面退却。晋军穷追不舍，追至华。华也叫华不注，山下一片大平原，正好摆战场。齐顷公派人向晋军统帅郤克约战："您带领高贵的晋侯军队来到我们这块贫穷的地方，条件太差招待不周，明天早晨我们见个面，这个时间您方便吗？"郤克回答："晋与鲁、卫是兄弟国家。他们来跟我们国君诉苦说，大国心情不好每天在我们家闹脾气。我们国君实在不忍心看他们这么难过，特地让我来向大国求个情。还叮嘱我，千万不要在大国停留时间太久。"齐顷公再回复："您说的，也正是我希望的。如果没有什么意外，明天早上见。"

可是齐顷公开局不利，因为他没吃早饭。国君不吃早饭，别人也不好意思吃早饭。他说："放那儿，等我打败了晋国人再吃！"饿着肚子的顷公和齐军被晋军冲散，齐顷公的车夫匆忙开动战车，四匹马拉着国王绕着"华不注"山转了三圈。"华不注"山虽然不很大，但是绕着它跑上三圈，也不是闹着玩的，马儿们累得不行，决定也罢工一回，躺倒不干。战争规则局点制的补充规则是"一分制"，就是一分定胜负，一分可以抵消对方许多"点"。战争中，只要捉住敌方主帅，就得一分，不管敌方得了几荣几耻，统统作废。这相当于拳击的击倒获胜制，之前的多少"有效"一律无效。"一分——！"

捷报俘虏了齐侯，晋侯大喜，大排筵宴庆功兼为齐顷公接风。两侯见面，"老朋友，好久不见啊！"他们在周王主持的会盟上见过面，当时洽谈甚欢。晋侯迎上去正要拥抱，忽然站住不动，惊讶非常：齐侯个头儿变矮了，脸盘变窄了，身子变瘦了，整个人变黑了，他整个就不是齐侯！"齐侯"大笑乐开怀："韩厥，你上当了，我是国王的车夫逄丑父，哈哈哈哈！"原来车子翻滚的时候，齐顷公从车左滚到了车右，逄丑父从车子中间滚到车左。韩厥一眼看到车左的逄丑父，就直勾勾地盯着他看，生怕他跑了。逄丑父就有了主意，指示齐侯："我大概得跟随韩将军访问几天了，你去给我打一瓦罐水来，路上渴了喝。"结果齐顷公一溜烟地跑走了。韩厥十分鄙视逃跑的车夫，连带着也鄙视齐侯："你的车夫，逃跑得真快呀！"

时光悄悄过了两千多年，法国人顾拜旦在书斋里翻阅中国古代典籍，在《左传》中看到这个场景，心里一震：战争居然可以这样打！这不就是做游戏吗？以后大家别打仗了，有什么争执，就比照中国战争模式，举行世界体育竞技大会！

田成子·心机男

齐太公任伐纣总指挥。灭商以后，太公被封在齐。经过漫长的西周春秋时期，姜齐一直是东方大国，齐桓公还是最早的诸侯霸主，也是中原文化抵御北方夷狄和南方楚蛮的捍卫者。姜齐拥有社稷国家长达六百年。

齐景公时，田釐子家族持续强大。田釐子家族原是陈国公族，陈完的一支迁来齐国，以田为氏称田完。到田釐子，田家已经实际控制了姜姓的齐国。田釐子的家臣到佃户家收租子用小斗，等到他们卖粮食给市民时却用大斗，这一进一出田家倒赔上许多，他们这样毫不利己、专门利人图什么？当然这是手段，手段的背后当然是毫不利人、专门利己，利己的最后标志是夺得姜齐的社稷江山齐国。使人迷惑的是，从田家实际掌控姜齐到最后取代姜齐，竟然经过一百多年。这么漫长的等待，令人敬佩。田家的确深谋远虑不急躁，祖祖辈辈好耐心。常听人说，某某伪君子表面良善，内心阴狠。这位"伪君子"反驳道："我伪装，我能伪装一辈子，你也伪装一个我看看！"他为自己一辈子伪装自鸣得意，如果知道田家的几代人持续伪装的丰功伟绩，他应该深自愧怍。田齐之后，野心家、伪君子们全都没有耐心，掌握朝中权柄的大人物，几乎都等不得天亮就篡权夺位，连像曹操、司马懿那样，可以等到第二代甚至第三代的情况都见不到了。

田釐子因为有拥立齐悼公的功绩越发受到信任，田家的地位更巩固。于是田鳌子的儿子田常登场，他就是声名显赫的田成子，但人们习惯叫他陈成子。

齐悼公与大夫鲍息的意见不合，鲍息杀悼公立简公。田常和阚止任左右丞相辅佐简公。现在简公面临着艰难的选择，田常和阚止都是杰出人士，两个杰出人士在一起，会是什么情形？简公摆不平。田常认为自己受到了冷落。大臣御鞅看到了这种危险，他向简公建议说："一山不容二虎，阚止和田常，您必须只留一个，越早越安全，越晚越祸害。"简公说："没那么严重吧？"不同意。御鞅想，我说到了，采不采取措施是您的事。从此不再开口。

田常斗不过阚止，干脆放弃朝廷，学习父亲田鳌子的手法，争取民众的支持，小斗进，大斗出，齐国百姓争着抢着到田家卖粮，然后再到田家买粮。一来一往几百里地，也不怕折腾得慌。但是百姓们想，折腾也就是费点功夫，而功夫的主要成分是力气，力气从自身产生，用完了还有，从来不花钱的。

子我是阚止的同族，与田氏有矛盾，偏偏又是个大嘴巴。子我的家里也有个姓田的，叫田豹，虽然与田常同氏，但不同宗，本支关系疏远。大嘴巴子我对田豹说："等我把田氏的直系子孙都杀光，让你来掌管田氏宗祠。"他也就那么一说，他哪有那个本事，可是关系到家族的生死存亡，人们都宁可信其有，不能信其无。虽然远支但毕竟同族，田豹急忙把这个消息告诉给本族："子我将要消灭田家，不先下手就大祸临头了！"田常大怒，发兵攻打子我，可是子我这时正住在简公的宫里，田常兄弟四人乘车追踪到了王宫，想在王宫中杀子我。子我闭门不敢出，田家兄弟徘徊于宫门之外，同样也无计可施。简公大惊又大怒："田常犯上作乱，逼宫吗？"太史子余从旁劝解说："田常哪能是犯上作乱的人呢？他这次行动只针对子我和阚止，您是安全的。"简公虎没倒威风当然在，正气凛然地斥责田常，喝令他们立刻停止谋逆行为回家反省，听候处分。

田常被斥责，狼狈出宫，失魂落魄。他想，惶急之间闯下大祸，逼宫之罪形同谋反，最轻斩首重则灭族。田常决定逃亡，同族田子行说："迟疑不决，干不成大事业。逼宫，灭门的大罪，你出逃能带着整个田家人一起逃亡吗？"

几句话提醒了田常，田常想事已至此，反正已经算"谋逆"了，那就做到底！转过身纠集家兵，再次进攻王宫，声言不得子我不罢休。这时的简公已是泥菩萨，虎倒威风也倒了。子我战败出逃，田常的军队追击并杀死子我和阚止。煊赫的阚家霎时灰飞烟灭。

简公在混乱中出逃，田家军追到徐州捉住简公。现在田常的罪名除了逼宫，还要加上惊驾、执袍，共三重罪。"执袍"是抓捕君王的避讳说法。这几项罪极为严重，与弑君相同。现在，田常就是想释放简公也不可能了，只有杀死他这一个选择。这时，简公想起御鞅的话，感慨悔之晚矣。

田常杀简公，让简公的弟弟骜即位，这就是齐平公。田常任唯一的国相，再没有人与他争宠分权。国相田常有一套听上去很诱人的歪理邪说，他告诉平公："国家之政有善恶，善政是施行恩德赏赐，人们喜欢，由您来施行；恶政是惩罚，人们不喜欢，请让我去执行。简单说，您当好人，坏人我来当。"国王和丞相，分别扮演红脸和黑脸。平公明明知道这是哄骗小孩子的把戏，谁不知道"权"和"威"的关系密切，与"德"的关系疏远？但是他现在只能当这样任人摆布的小孩子。红脸扮了五年，齐国实际权力全部归田常所有。田常把鲍氏、晏氏、阚氏这些强族逐一诛杀，以保证田氏独大。

田成子死后，他的儿子田襄子继续任齐国国相，齐国也开始了独特的公、相分别世袭的历史，这段历史有一百多年。田襄子任国相时，正逢晋国的韩、赵、魏三家灭智伯，中华开始了战国时代。齐宣公时，国相是田和。田和与魏文侯在浊泽会晤，田和请求成为诸侯，魏文侯代他向周天子请示。周天子承认田氏为齐国诸侯，田齐正式取代姜齐，遥尊田成子为开国齐君，与姜齐的始封王姜子牙地位相当。

齐威王·铁腕

田和之后经过两传他的孙子即位,是为齐威王。齐威王浑浑噩噩,万事不理达九年之久。第十年头上,齐威王忽然在朝堂上支起一口大铜锅,锅底下烈焰腾腾。锅里面沸水翻滚,热火朝天开大会。大臣们不知道这是什么缘故,但想起从前郑国国君给大臣们煮大海龟的故事,心里一动,今天齐王大概也是有了稀罕东西请大家品尝。不过郑国那次吃海龟导致宫廷政变,国君被杀,可见在朝堂上吃东西后果不是很好。大臣们很快就推翻了这项结论:一次吃东西发生不幸事件,怎能说明每次摆大锅都不吉利?

威王来了,宣布开会。脸上冷若冰霜,这是从前没见过的,从前的齐王和蔼可亲,看这架势不像要请大家吃东西。威王开始讲话:"即墨大夫,你上前来!"即墨大夫战战兢兢地离开自己的座席,站到朝堂中央。烈焰和沸水,烤得他心慌意乱,熏得他头昏眼花。朝堂的人心里一凛:这大锅,固然可以煮肉,也可以煮人的呀!大家为即墨大夫捏一把汗。听见威王说:"即墨大夫,我即位以来,关于你的过失和罪行,听到的也太多了。关于你的材料累积起来,已经不计其数,你的任何一件罪行,都够把你扔进这只大铜锅的!"即墨大夫大声辩白:"臣无罪!"威王说:"证据确凿,你有什么辩白的?"即墨大夫死到临头,也不管那么多,竟公然与齐王唇枪舌剑:"请大王拿出事实证据,如果属实,臣自己跳进大锅,不劳狱吏!"

听了这句话，威王哈哈大笑起来："事实啊，一件没有！"威王接着演讲说："我身边说你的坏话的人非常多，他们的嘴里你死一百次都不为过。可是，我到即墨实地考察，与传言正相反，即墨田地开垦充分，庄稼播种及时，管理到位，秩序井然，百工安居乐业，人们生活富足。这样的地方官，明明是百官的榜样嘛！原来你不善于投机钻营，结果你就被人污蔑成这个样子。我要不是亲自考察，肯定被这些传言给欺骗了。即墨大夫，寡人今天要重重地赏你，我赏你一万家采邑！"即墨大夫从地狱一下子跃升到天堂。

大臣们这才明白，齐王万事不理，原来在为"理万事"调研，了解基层，掌握第一手材料，为他以后的施政提供坚实可靠的支撑。

即墨大夫受奖，有人欣慰，有人嫉妒，但所有人都松了一口气。风波刚刚平息，威王又在叫人，看来赏赐还没完。齐王这次叫出的是阿大夫。阿大夫，一位社会活动家，满朝的大臣很少有不熟悉他的，也很少有他不熟悉的。被国王叫出来，阿大夫神采奕奕，满面红光，笑着与大家打招呼。齐王说："这几年，关于你的业绩和事迹洋洋乎盈耳，看到你的事迹，我觉得你是一个完美的人，可以做齐国的榜样和表率。"阿大夫很想得意地说"感谢主上栽培"，但总觉得不对劲。从刚才对即墨大夫的处分看，这一番表扬潜藏着危险，所以红着脸说不出话。果然，威王话锋一转："可是，我到阿城看过，原来阿城的土地一半荒芜，境内破败不堪。我看到阿城的人民生活贫苦，衣衫褴褛，面有菜色，严重地营养不良。同样是齐国，差距如此之大。差距大，还表现在你的'事迹'居然十分精彩！这是谁搞的？原来你从百姓那里搜刮来钱财，贿赂寡人身边的人，让他们为你说好话。你这种人，你这样的行为，寡人该怎么处置你呢？"

阿大夫张口结舌，大锅摆在眼前，还有什么好说的？自己没话可说，我的好朋友们，总要救救我吧，用眼睛在大臣中搜寻。满朝大臣，半数以上受到过阿大夫的好处，好处根据这些人与威王的关系厚薄而增减，威王身边的大红人享受的供奉最多。可是这些人，包括威王的红人，全都默不作声，眼睛转向别处，没有一个人为他求情。阿大夫求助的眼光遍扫朝堂，所到之处全是耳朵或后脑勺。

阿大夫被扔进大铜锅，挣扎，号叫，霎时悄无声息。

威王继续说："朝中大臣，应是寡人的肱股耳目，替寡人体察民情，关爱苍生，可我整天只听见阿大夫如何勤政爱民，如何励精图治，你们知道不知道他的作为？阿城的荒芜饥馑不是一天两天、一年两年，如果不是寡人亲自访求真相，到今天寡人还是被人欺瞒的大傻瓜！这叫什么？这叫欺君。让国君被谎话包围，导致决策失误最后国家败亡，这些人对国家的危害，是不是比外敌入侵还严重？"

威王把赞扬阿大夫最热烈的两个大臣也扔进大铜锅。

大锅煮了几个人，齐国很快大治，全国都成了即墨。田地开垦，百工乐业，人民富足。齐国的"国际"形象也迅速提升。如是十年。

齐威王与魏惠王在徐州会晤，宣布互相承认为王。"二王"在郊外会猎。魏惠王问道："大王也有好东西吗？我欣赏欣赏。"齐威王说："没有你说的好东西。"魏惠王说："我们魏国，国家虽然小，宝物还是有几件的，比如直径一寸的夜明珠，夜里给车子照路，前后各照亮十二辆车子的距离，行走如白昼，我共有十枚。拥有万乘战车的齐国，怎么连这个都没有呢？我们都是王了，给你一个吧，我不忍心看你太寒酸。"

齐威王说："我有几个臣子，你看跟你的宝物有没有可比性。檀子，我派他守卫南城，楚国不敢侵犯齐国，泗水一带十二个诸侯都来朝拜称臣；盼子，我派他守卫高唐，赵国人不敢侵犯齐国；黔夫，我派他治理徐州，燕国人到北门祭拜，赵国人到西门祭拜，恳请神明保佑他们不受攻击，民众跟随黔夫搬迁来的有七千余户；种首，我派他管治安防盗贼，全国人民遵纪守法，路不拾遗；要说照耀车子，这种贤臣良吏光耀千里，岂止十二辆？"魏惠王羞惭而去。

齐王建·落幕

乐毅统率诸侯军击溃齐军主力于济水畔，将诸侯遣送回国，自己继续攻齐，意在以越灭吴的方式灭齐。越是小国，吞大国吴，这是蛇吞象；燕是弱国，灭强国齐，是羊胜狼。战争还在进行，燕昭王死，燕惠王立，乐毅失去朝廷的信任，谗言交至，正中惠王下怀，于是撤换乐毅。乐毅的灭齐大业中道而废。被解职的乐毅不敢回燕都，奔赵。乐毅走后，燕齐间的军事态势急剧逆转，燕军被驱逐出齐国全境，齐国在垂死之际竟奇迹复活。现在惠王知道自己大错铸成，但他没有齐威王那样烹杀佞臣的魄力，只是派人到赵国向乐毅道歉，并请他回燕国。说当时让骑劫代替乐毅，就是觉得乐毅在外时间太久，请他回去休息调养一段时间。乐毅接受道歉，但拒绝回燕国。

齐湣王被楚军统帅淖齿杀害，太子法章隐姓埋名，在莒城太史敫的家里找到一份工作：灌园，就是浇水种菜。太史的小女儿看这年轻的临时工骨骼清奇，虽然做的粗活，可是粗活做出细腻，这份心思绝非等闲之辈。再说，就算他到底是一个平常人吧，不过长得好看些，言谈举止文明些，人品高尚些……已经有这些了，还不够当一个好丈夫的？女儿瞒着家人，偷偷送衣食给法章。久而久之，情好日密，太史敫的女儿毅然决然地要嫁给法章，已经私定终身。这时，法章才说出自己是齐国王太子，太史敫女叮嘱他千万别泄露，否则会丢命的。淖齿折腾一阵子就回楚国去了，齐国出现权力真空。人们都知道齐王太子就在莒城,遍搜无果,举国惶惶。这时太史敫女说:"可以出面了。"太子法章跟莒城父老说:"我是法章。"太子即位,是襄王。襄王感怀太史敫的女儿在患难中相助,立太史敫女为王后,人称君王后。不久生建,田建后被立为太子。

女儿被立为王后,众人都来太史敫家祝贺。太史敫托病不出,连声哀叹"丢人哪,丢人哪",因为女儿在此前已经与太子法章有了肌肤之亲,有辱门风。从此以后,拒绝女儿回家,也不与女儿见面说话,实在有话要说,也要别人转达,即使隔着一道门缝,父女间也不肯直接对话。

田单以"火牛阵"大破燕国军队,收复齐都,从莒城迎来襄王。襄王因为田单的大功,封他为安平君。襄王在位十九年卒,太子建即位。君王后辅佐,齐国进入漫长的齐王建时期。

齐王建六年(公元前259年),秦军攻韩上党。太守举上党归赵。秦赵在长平对峙,大战一触即发。赵国局势危殆,粮食极度缺乏,赵孝成王发书派使者到齐国寻求援助,请求借贷粟米,齐王建不准所请。齐王建的大臣周子企图说服齐王:"秦赵交战,齐楚理应救援赵国。如果齐楚救赵,秦军就撤退;齐楚不动,秦军就进攻。所以,我们应该借粮给赵国,以显示齐楚赵三国的团结一致,让秦国望而却步。不然,秦就得寸进尺。赵国对于齐楚,就是一道天然的屏障,保护齐楚,唇齿相依;赵灭,齐楚也危险,唇亡齿寒。现在不救赵,赵国灭亡之后,灾祸就要降落到齐楚的头上了。何况,粮仓充溢,却不去救援饥饿的赵国人,道义上也说不过去。"齐王建不听。不久,发生惨绝人寰的长平大屠杀。长平战后,三晋已经失去对秦的攻击能力,完全采取防守政策,秦国各个击破。局势彻底改变,齐国不借粮给赵国,也许是六国相继灭亡的关节点。

周赧王五十九年(公元前256年),秦国灭亡周室,设置东郡,加快兼并的步伐。齐王建迫于压力,到秦国朝拜,尊秦王为王,自称臣属。秦国相继灭韩、灭赵,兼并呈加速度的态势。燕国的恐惧更甚于齐国,太子丹派荆轲刺杀秦王不成，秦王大怒，秦军攻破燕都，燕王远遁辽东。再一年，秦国灭魏，秦军已经陈兵齐国边境。第二年，秦灭楚。第三年，俘虏了赵国另一个国王代王嘉。燕王喜斩太子丹向秦王赔罪，但秦军穷追不舍，在辽东杀死燕王喜，燕国灭亡。山东六国灭了五国，齐国在各国中属于最难啃的骨头，秦王把它放在最后。现在秦国大军气势汹汹，凌厉攻向齐国，齐王听从宰相后胜的建议不战而降。秦国俘虏了齐王建，把他迁到共城，在共城的齐王建贫病交加，不久就饿死了。

秦国一向忌惮齐国，早年齐、秦曾经有过"互帝"的桥段，范雎制定的"远交近攻"之策，主要针对的是齐国。范雎想把齐国排除在竞争对手之外，全力消灭韩、赵、魏、楚、燕。远交近攻，是策略性的连横。韩、赵、魏、楚、燕合纵连横摇摆不定，纵的时候合伙跟秦国打，横的时候五国互相打。齐国远远地观望，心情好的时候还指手画脚评论一番。齐王建时期，齐国由出门观望列国打仗变为闭门养气休闲，两耳不闻西方事，金戈铁马只等闲。有人闲得难受，鼓动齐王出门瞧一瞧，齐王建说："有什么好瞧的！打仗就那么回事，你去看，就得表示态度，评一个是非。秦国不敢惹，韩、赵、魏、燕、楚不想惹，看一眼就惹祸上身——要看，也得到山上看！"山上看安全啊。就在西方各国战火纷飞的时节，齐王建平平安安在东海之滨"休养"了四十四年。这正是秦国希望的，是范雎连横政策的核心部分。齐国坐山观一匹老虎与几匹狼斗，眼看着群狼被老虎一只一只吞掉，等到燕国也被秦国吞下的一刹那，齐国才发现自己也是群狼中的一匹，而且可能是最远离狼性、最接近羊性的一匹，而且已是一匹孤狼。后胜做了齐国宰相，齐国更像一只温顺的绵羊，任凭秦军的宰割，几乎不发一声。秦军攻入临淄，齐国百姓完全失去跟着田单驱逐燕军的气概和气势。上层人士不抵抗，小小百姓都成了没头苍蝇。所以，君王后和齐王建制定的国策，可能一开始就错了。他们拥有合纵的资本，但是轻易地放弃了。

公元前221年，秦王政二十六年，齐王建四十四年，齐亡。波澜壮阔的战国大幕，落下了。

贤能列传

夸父·与太阳赛跑

夸父很小的时候,就开始琢磨一个问题:太阳去哪儿了?爸爸去哪儿,妈妈去哪儿,兄弟姐妹都去哪儿,这都不是问题。他知道爸爸妈妈、兄弟姐妹都去哪儿了,他们就在夸父的身边。白天吃饭干活儿,夜里围着一个火塘睡觉,偶尔有人出远门,过几天也会回来。可是,与夸父,与所有人关系都很密切的太阳,他老人家去哪儿了,夸父就不知道了。老人家每天都按时上班,按时下班,这期间大家对他的一切了如指掌,举头见太阳,不举头他也在那温暖着你。可太阳下班后去哪儿了,他去做什么,一周天的一半时间见不到他。第二天,太阳又朝气蓬勃地上班,这一整夜的时间真神秘。夸父一直希望解开这个谜团。

太阳下班去哪里,这似乎是少年儿童的心思,长到青年,他就不再关心这个问题,不是这个问题已经解决,而是他的探索心已消磨殆尽,全部心思转到柴米油盐上。可是人到壮年的夸父,探索真理、揭开奥秘的心思越发强烈。他向年长的人询问,向有学问的人求教,也向官员们咨询。

夸父找年长者询问,老先生仔细看看夸父,教训他说:"他落山了,就是落山了,就像你没落山,还在我眼前添乱一样。打从我小时候,太阳就这样每天东升西落,发生过问题吗?从来没有发生过任何问题,我之前的上一辈,上一辈之前的再上一辈,再上一辈……"夸父说:"说重点。""再上一辈,也没发生问题。没有问题的问题,你还当成问题,你这年轻人真有问题!"

有学问的人说,太阳围着大地转,一昼夜转一圈。夜里,大家需要休息,所以太阳下班了。夸父对他们的解释很不以为然,是太阳落下山人们才下班,而不是人们要下班太阳才下山好不好?夸父想,这些人其实很糊涂,他们的意见还不如王家老太太说得透彻。王老太说,大地四四方方四个角,四只巨大的乌龟驮着,太阳白天在天上走,夜里在乌龟的脚下穿行,第二天他又钻出地面。太阳老人家一刻也不歇着,所以第二天早晨,人们经过一夜的歇息,精神饱满,太阳反而很疲惫的样子。夸父说:"有天边就有地角,太阳落下大地的那一刻,从地角往下看,一定很壮烈——他会掉下去的!可是他不掉下去,他往回走,咋回事呢?"王老太答不出,就愤怒道:"小孩子问得太多啦!"

官员听了夸父的话,显得很不耐烦:"没看见我正忙着吗?再者说,能想出这么一个问题,可见你闲得不轻,没事干的话去社区做义工好啦!"他走出官府的办事大厅,万分失望,这个问题看来不可能有答案了。

但是,这个问题不解决,夸父不甘心,既然向他人求助没有结果,夸父决定自己动手解决这个困扰他几十年的问题。夸父的"动手",其实是动腿,他要走到太阳落山的地方,亲自看一看,太阳落山后去了哪里。夸父的奔跑能力超强,他要跟太阳进行一场比赛,在太阳之前赶到他落山的地方。

第二天,他一大早就准备停当。他的装备很简单,一个装水的罐子。一般人长途奔跑,需要补充给养。夸父不需要,他身体强壮,一天不用吃东西也能坚持下来。罐子却极为重要,他知道越到最后,比赛临近终点冲刺时,会与太阳肩并肩,那时候肯定很热。太阳灼烤,他身上的水分迅速蒸发,必须持续补充水分,才能不被太阳烤化了。

一个上午,夸父遇到了高山,遇到了大河,遇到了流沙。高山挡不住夸父,他的长腿跨过悬崖,跳过山涧,翻越高山极顶;大河挡不住夸父,踏浪游泳,他都擅长,在水里的夸父犹如一条海豚;流沙挡不住夸父,他有徒步穿越沙漠的优异成绩,何况他还背着一罐水。夸父为了超过太阳,一直往西,取捷径，走荒山野岭、林莽荆棘。他不知道喝过多少次水，蹚过多少条河，每次过河都把罐子灌得满满的。多亏中国河流多，他才有机会补充他身上和瓦罐里的水。衣服刮烂了，皮肤刮破了，鞋底磨穿了，夸父毫不在意，全心全意向西，再向西！

正午时分，太阳追上了夸父。有很长一段时间，夸父和太阳并驾齐驱，不巧这时候夸父遇到了一座险峻的高山，攀登这座山耽误了一些时间，太阳已经超过了夸父，把他甩在了后边。夸父奋起直追，好在翻过这座山之后，前面是一望无际的大平原，平原上长满了短草，特别适合夸父奔跑，夸父几乎在草上飞，把登山耽误的时间夺回来了，渐渐地缩短了与太阳的距离。他现在信心饱满，坚信可以在太阳之前赶到落山的地方，与太阳展开最后的冲刺。太阳匀速行进，夸父却可以在最后阶段加速再加速，他坚信自己能取得比赛的胜利。距离终点越近，夸父感到太阳的炎热已经变成烧与烤。

更严峻的问题压迫着夸父：大平原虽然利于奔跑，但平原上缺少河流。奔跑的夸父一下午只遇到两条大河——黄河和渭河，干渴的夸父把瓦罐里灌满水之后，没有补充水的机会，而且现在夸父距离太阳太近，太阳的蒸腾作用极为强大，黄河水和渭水也抵不住太阳的蒸腾，夸父身上的水迅速被蒸发。他远远地看见前面有一片大湖，湖水波光粼粼，似乎已经在向他发出邀请。夸父抬头看天上的太阳，这时的太阳巨大，身上喷射着无数条火舌，每条火舌都像一条毒龙，吞噬着路过的一切，也吸走夸父身上最后一点水分。这么近，夸父看见太阳走得非常快，在夸父的头顶上呼啸而过。

夸父想，太阳果然走得比我快，和他比赛，我输了——但是，假如我有充足的水供应，赢得比赛的，一定是我！

夸父死了，他的登山杖，化作漫山遍野的桃林。

女艾·千面女谍

有穷国国君后羿驱逐夏帝太康,但大夏并未亡国。太康在失国后不久死去,羿把太康的弟弟仲康叫来,说:"我不杀你,你有承担大夏血统延续的责任,你们家需要有人给祖先祭祀上供,保证祭品世世代代不断绝,而且规格也不能太差,所以你好好地当你的王。不过呢,你这个王,只管你家的祭祀,别的事情别掺和,在你的小窝里趴着,没事别到处溜达。"仲康的居室真就是个小窝,等于软禁,后羿正大光明地住进太康的大宫殿,后羿由此被称为"王羿"。

王羿的这番话流传久远,直到孔夫子还记得,他说君子战胜敌人,应该"兴灭国,继绝世,举逸民"。如果敌国破灭,要把它扶起来,断了的祖先祭祀给他恢复,没有继承人也要想方设法替他找出来,这都是王羿的心思。不过王羿以后打败敌人的好像都不是君子,胜利者一定要对失败者赶尽杀绝,实在杀不绝,几十年后还把旧账翻出来:这个流浪汉曾经是前朝军队的一个伙夫,吊起来打!

仲康在窝里趴着,这叫窝囊。生个儿子叫相,继续趴在窝里,意味着继续窝囊。但王羿盘算着另一件事,仲康既然生了儿子,夏王的祭祀后继有人,还留着仲康有啥用处?这小子没事跟自己的儿子痛说家史,让小孩子从小就恨我。仲康被杀了,羿把仲康的儿子相叫来,说:"我夺了你家的天下,你是不是有点恨我？"看到仲康的儿子已经那么大，羿觉得自己太疏忽，光顾着打猎，一眨眼仲康的儿子已经成年，仲康要说家史控诉杀祖夺家的仇人羿，也早说了一百遍。但相说："这个问题，我是这样想的，我在读古人书的时候，觉得古人对很多问题的看法都比较好，他们能够在复杂的社会现象中找出事物的本质。所以你说到'恨'这个问题，我觉得它需要很严密的证明。关于证明方法，可以制定一个方案，方案这东西不能草率……"王羿大怒："你闭嘴吧你，你爷爷启恶贯满盈，隔世报应，辗转生了你这么个白痴！"羿发现自己的担心实在多余，相就是一个傻子，他老爸跟他说了再多的血海深仇也不要紧。傻子相傻傻地娶了王后，羿在等着他生下小傻子，这大傻子处置不处置也无所谓。

相的傻纯属伪装，他很有远见地装傻，以逃避灾难。没人处置一个傻子，那会千夫所指的。世道变化就是快，寒浞杀王羿后自己成了大王，一改羿的规矩，转手就把屠刀对准相。他说，夏是夏我是我，我管他夏帝有没有后人祭祀祖先！历史上绝户的也不少，找谁说理去？留这个傻了吧唧的帝，总是个祸害！相虽然高瞻远瞩，高远仍然有限，没有预料到寒浞的阴毒。一辈子装傻的相到底被杀，临死发挥他的绝顶聪明才智，设巧计掩护王后出逃，王后已经有孕，夏王家的唯一血脉藏在王妃的肚子里。

逃出虎口的王后果然生出个小王子，他是少康。长大后的少康在邻国找到一个很体面的工作，还娶了酋长的女儿。酋长器重少康，把整个国家交给他管理。少康于是着手驱逐入侵者的复国大业。敌人太强大，少康敢于跟强敌对决，全在于他掌握一件绝密武器，这个"绝密武器"，很久以后人们给它正式命名：间谍。

少康的夫人有陪嫁侍女侍奉夫妻的饮食起居。少康为一件事迷惑不解，忍不住问夫人："你有几个陪嫁丫头？"夫人说："你的官职小，对不起，陪嫁的丫头嘛，只有一个。"少康大惊："不对，每天来上班的都不一样哎！老少中青，高矮胖瘦，美丑妍媸，我问她们叫啥，都说叫'艾'！"夫人大笑："本来就只有一个艾丫头呀。"原来夫人习惯了女艾每天的化装秀，随她怎么折腾，却把姑爷害得神经衰弱。少康得知女艾的这个天赋，跟夫人说："今天开始艾丫头升格了，跟我平级，在府里称姑奶奶！"夫人大惊失色："为啥呀？"少康说："不要问，绝密！"女艾地位火箭式攀升，由使唤丫头升为姑奶奶，但是姑奶奶从此消失不见了，夫人几次跟少康要人："你把我的艾丫头整到哪儿去啦？"少康笑而不语。

备战完成，少康对盘踞在大夏境内的敌军展开突然袭击，这时侵略军的头目已经是浇。少康把规模很小的军队分成更小的许多支，每一支都扑向浇的要害地带。这支小部队再一分为二，小的一支放火焚烧浇的粮食、马匹、弓箭库。趁起火的慌乱，大的一支冲过来掩杀。强大的浇军在睡梦中被惊醒，还来不及穿衣服拿起武器，就被敌军齐刷刷斩首。即使他们穿上衣服也没用，他们已经没有武器可拿，武器早已葬身火海。弓箭烧成灰烬，刀剑之类经烈火煅烧，抓一把手也烫掉了。一夜之间，不可一世的浇军灰飞烟灭，少康复国大功告成。

少康的军队全胜，几乎不损兵卒。少康举起女艾的手，当场封她为将军。

原来，少康的军队发动袭击，全部作战计划都来自女艾的情报支持。女艾根据少康的计划安排，凭借她千变万化的化装术，化装成有穷国人的模样，光明正大地成为有穷国的国民。入境后的女艾发挥特长，施展各种手段，潜入浇军的驻地，侦察他们的军械装备配置和存放情况。这些手段后人总结为间谍的几大谋略：美人计、苦肉计、离间计、反间计、调虎离山计等等。比如美人计，女艾不用到外国动手术整形，她就地取材，东画西画，左挪右借，超级大美女就诞生了。女艾凭美丽这面招牌，从容进入军营，问问大家：午饭吃什么呀？你们训练累不累？哎呀，我长这么大还没到过军营呢，领我看看开开眼呗？一个大美女，看什么军营呢？男人们看了美女，立刻就天然呆，智力水平降到零下，主动领她到处转，争先恐后献殷勤。唯恐美女看得不全，对这里印象不深刻。

帮助帝少康复国的大功臣女艾，战后嫁给一位将军，女艾盛装来见老公，将军老公说："你这不是美女,你这是妖女,不妖其身,必妖其人,别化装了行不?"女艾素颜来见,原来是栀子花一般清纯的"邻家小妹"一枚。夫妻俩和美安乐,童话般地直到永远。

伊尹·好厨子

伊尹是一位厨师,而且是没有"身份证"的厨师——他是奴隶。他专门给人做饭煮菜,做着煮着就悟出了门道,从烧菜煮饭,一下子跃进提升到治国理政。

伊尹的主人是个土豪,人挺好,对待奴隶也很和善。有人鼓吹奴隶和奴隶主一定你死我活,分别站在阴阳两界。伊尹说:"那是胡说呢,我和我们老爷,都活得好好的。"鼓吹者说:"你和主人,两个阶级,必定是两只斗鸡,见面就掐。"伊尹说:"我做的饭,他说不好吃,我说不好吃你自己做,他就不说话。我做的饭能不好吃?笑话。""后来呢?""气哼哼地吃完了饭,临走还不忘找补我一句:你吃饭掉饭粒!我吃饭掉饭粒?更是笑话!没事找事么。""后来呢?""我说,嫌我吃饭掉饭粒,你别在我这里吃啊,拿回去吃好啦,眼不见心不烦。他真的就拿回去吃了。""后来呢?""后来,他又回到我这里吃饭,说一样的饭菜,挪个地方味道就变了,不是一般的变,简直就是两种东西。"忽然,伊尹好像想起来什么,匆忙收拾东西,回到家中。

第二天,伊尹背着案板,提着刀具、一堆调味料的罐子,一身笨重地向主人辞行,也向主人申请临时身份证,说他去找商汤,会有大惊喜给主人。土豪说:"看你带着这些家什,给他当厨子去吗?""不当厨子,我要当商汤的相。"土豪主人也不惊讶:"你去吧,商汤如果不要你,你回来继续当厨子。"

伊尹来到商汤的宫殿,放下炊具对商汤说:"我来给您做一顿饭,可好?"

商汤对来人十分好奇，见面就给人做饭，这份礼很厚重呢。之后伊尹还说，我做饭，你得给我做助手添火，汤愉快答应下来。

隆重的做饭开始了，伊尹支起鼎，布好案板，鱼、虾、獐、狍、羊、鹿、猪挂满临时厨房，盐、糖、蜜、醯、酱、葱、蒜、韭、茴香、莳萝、茱萸、花椒、丁香、桂皮等调味料琳琅满目。伊尹挥刀割肉，举手捣蒜，拿瓢添水，忙得令人眼花缭乱却富有节奏，看起来赏心悦目，商汤看得呆了。伊尹在厨艺大秀的间隙不忘提醒汤添火，厨刀杵臼叮叮当当，伴奏着伊尹的厨房舞。

伊尹一边切、割、拍、搅、拌，一边对添柴续火的汤说："肉类食材，不外乎水陆空三种，水里的鱼类腥气重；地上的兽类，吃肉的味臊，吃草的味膻；空中的鸟类普遍味鲜。这些肉品味各异，都能做出最美的菜肴，绝对没有腥臊恶臭它原来的那些怪味、恶味的一丝残留，反而成为特殊风味。鱼为什么腥？它身体两侧各有一条很细的线，我叫它腥线。抽取腥线，腥味去除大半。然后用姜葱蒜加酒浸泡若许时辰，腥味再去掉大半，用冷水渐渐煮开，腥味在水里又分解大半，现在残留在鱼肉里的腥味所剩无几。鱼固有的鲜嫩等水生品行，加以麻椒、蔓菁等中和，给人们的口感就是鲜。食者感受到了鱼的鲜，他们却不知道这鲜从何而来。同样一条鱼，你交给一个不懂厨艺的人去做，能不能煮得熟置之不论，他做成的鱼一定腥臭不可食，甚至不可闻。"商汤以一个烧火小伙计的身份，在灶下听伊尹的厨艺理论。灶里火光熊熊，照得他脸上红彤彤的，听着伊尹的演讲，商汤的心里亮堂堂的。

伊尹指示商汤说，柴少添，现在不要大火，改小火。接着他的厨房演讲："即使我告诉他这些配料和程序，他按照我的步骤去做，那鱼还是腥。因为他不知道火候，火候不掌握，之前的所有工作都要归于零。五味三材，九沸九变，不同的食材，用火有不同的要求。煮粗硬的肉，需要小火文火，最后用炭火烤，暗火煨，煮和煨的时间长。用急火快煮，这肉就煮死了，不能下咽；煮嫩肉或鱼，用急火大火，用时也短。用文火慢炖的话，肉就炖散了。"商汤把几块木柴从鼎下火堆中抽出来，火焰立刻转小，很快，原来咕嘟咕嘟冒大泡的大鼎改成冒小泡，鱼肉的鲜香也越发浓烈。商汤几次抬头看鼎里的鱼和鱼汤。伊尹不动声色。看样子还不到摆上食案的时候。

伊尹指挥商汤一会儿加柴，一会儿减柴，他自己则掀开鼎的铜盖子看一看鱼汤的样态，看颜色和浓淡决定柴的增减。伊尹继续说："火候也掌握了，仍然不会做出一份鲜美的鱼汤和一条鲜嫩的鱼。在炖鱼煮肉的时候，这么大的鼎，就是一个完整的小世界，里面异彩纷呈而且瞬息万变，我必须时刻掌握鼎里的动向，点一点，搅一搅，掌控全局。我说不出为什么，甚至我也说不出我为什么采取这样的措施，一物降一物，我的措施一定有效。"商汤听得入迷，如此玄妙的演说，也只有商汤这样的超级理论家才能听得懂。入乎其中，出乎其外。伊尹在厨房讲的是厨艺吗？商汤一时间已经忘记自己身在厨房。

"得心应手，出神入化，超越厨艺。这样做出的菜肴，久而不弊，熟而不烂，甘而不浓，酸而不酷，咸而不减，辛而不烈，淡而不薄，肥而不腻。好啦，熄火，请品尝我的清炖大鲢鱼！"伊尹掀开铜盖，一刹那鲜香充溢满屋，爆棚式地挤出大殿，殿外站岗的卫兵一起抽鼻子。

商汤吃完了伊尹做的鱼，哎呀，从来没吃过这么好吃的清炖鱼啊，以前的鱼都白吃了！伊尹在旁边等着呢，问商汤："您看，我的职位……"商汤毫不犹疑："相，做我的相！好厨子不一定是好相，但好相一定是好厨子！"

始终在一旁观看的大宰官彻底震惊了，一个厨子，还是一个只有暂住证的厨子，做了一顿饭，直接当相？忍不住说风凉话："没想到大王这么爱吃鱼啊。"商汤说："我爱吃鱼，就应该把他留在身边当厨子，他当了相还有工夫给我做清炖鲢鱼吗？他的厨房演讲，都是说政治，人主的用人之道。一个普通人，也能成为国家栋梁，全看人主的使用技巧。"

土豪来了，询问惊天大惊喜的原因，伊尹说："厨房即天下，食材同人才。一个普通人，哪怕一个坏人、恶人，经过对应的处置、配置，掌握火候、力度、时机，也能成为优秀的国家栋梁。人主要坚定，壁立千仞，但人主更要有雅量，海纳百川，国家才能富强。"

伊尹·五朝元老

汤灭夏建商，成为天下共主，汤站在夏王的大宫殿里感慨万端："当王真好啊，我的宫殿跟这个一比那就是狗窝！"履癸的宫殿比启时期阔气好多倍，不但宫殿鳞次栉比，连祭祀的坛都有天地日月四个，一律的奢华壮丽。汤说完，赶紧看看周围有没有人，要被人听去了，以为我伐夏是为了占有它的大宫殿，有损光辉形象。帝汤起兵，当然不是为了住大房子，也不是像他的誓词说的吊民伐罪，他就是想当天下共主，这目标比住大房子高尚得多。

忙了一天，晚饭吃过，夜色渐渐爬上来，帝汤正准备睡觉，忽然朝廷事务大总管来请："再过一刻，开会了。"汤吃惊不小："开会？我没说开会！"总管说："王说不说开会都得开会，这是规矩。"言语非常坚定，不容置疑。汤的国家很小，灭夏以后，汤下令，履癸的官员没战死的，全部留用，官职也不变。这个办法很好，人随王法草随风，旧王不在了服侍新王。所以朝廷大总管坚决请求汤出席会议。

夜里开会，尧舜禹时代传下来的规矩。政府的所有官员都是业余，自己家里有地需要耕种，跟其他村民没有两样，处理政府的事务只能用业余时间——晚饭以后。汤在自己的小国随便怎么干都成，现在成为共主就得遵守前朝帝的规矩。几次夜间朝会下来，汤终于知道履癸也真不容易，天下大事那么多，全都需要当天处理完，这会要开到什么时候？履癸对夜里的开会无可奈何，可他没有解决的办法。汤有，他的解决办法非常简单，只用一句话："明天晚上的朝会取消，改成白天，上午辰时开会！"从此，政府公务员不用下地劳动，彻底成为劳心者，被劳力者供养着，成了"官僚阶级"。

汤崩后，他的儿子太丁当王，跟夏一样家天下。太丁传位给弟弟外丙，外丙传位给弟弟仲壬，仲壬之后，帝位又回到太丁的儿子太甲手中。他是汤的嫡长孙。从帝汤，到帝太甲，一共五帝，伊尹都当宰相，事实上的五朝元老。

太甲成为商王，对爷爷辈的伊尹毕恭毕敬。出门扶着，进门搀着。其实伊尹还不很老，辈分是爷爷，年龄跟他早夭过世的爸爸也差不多，这样搀扶，纯粹表示尊敬。太甲搀扶着伊尹，伊尹谆谆告诫太甲，应该这么干不应该那么干，太甲唯唯称是。但伊尹毕竟有点老，一些细微的东西很容易被他忽略过去。伊尹常说履癸的酒池肉林故事，把履癸从明君到暴君的心路历程讲得绘声绘色，太甲听得津津有味，不知不觉地喜上眉梢。

终于，伊尹到周边附庸国家视察，其实是对这些国家进行监督，也有震慑的意思，还带着庞大的"代表团"，各个行业的都有，向各国炫耀商王国的繁荣富强，警告他们别打小算盘。这一连环出访就三个月，朝廷的全部工作都交给太甲亲自处理。这是个好机会，机不可失，时不再来。太甲带着自己的心腹，在宫殿里大兴土木，建设酒池肉林。太甲经常听伊尹讲酒池肉林，因为伊尹亲眼见过这项设施，描绘得活灵活现，太甲甚至从伊尹的故事中闻到了肉林里各种肉散发的混合型香味。伊尹总说这是夏灭亡的原因，但太甲有两个想法：第一，十分想尝试享受酒池肉林的感觉；第二，看看搞一回酒池肉林，能不能真就亡了天下。

第一个想法虽然不那么光彩，毕竟还情有可原，谁叫老头子的强化反教育那么成功？但第二点就完全匪夷所思，千试万试哪有拿祖宗的江山试错证伪的？宫殿里建造那两件东西，工程原本十分浩大，帝太甲因陋就简，搞了一个微缩规模的酒池肉林。在宫殿后花园的树上挂上许多烤熟和煮熟的肉，跟伊尹说的形似而已啦。酒池不好办，一时哪里得那么多的酒，即使搞得来酒，在后花园挖一片湖，伊尹问起来也不好应对。所以，所谓酒池，也搞个微缩版，雇人在一座巨大的玉石上挖开一个大凹槽，叫"大玉海"，里面装几十石的酒，也图个形似。

一切准备就绪，宫殿里鼓乐齐鸣，后宫的王后、嫔妃、宫女，还有宦官，穿上华丽的衣服，优雅地穿行在花园树林里。树上各种熟肉，浓香扑鼻，"贵宾们"手擎酒杯，杯里装着从大玉海里盛来的美酒，散步，吃肉，聊天。一连好几天，直到树上的肉变味了，玉海里的酒变淡了，聚会才结束。太甲无限感慨地说："这才是王应该过的日子！"他上瘾了。原来奢侈和吸毒一样，一次就上瘾。

伊尹视察回京，闻到强烈的烤肉的味道，多方侦查，获知事情的来龙去脉，进宫开导太甲："酒池肉林，亡国之根，履癸的教训还不很远，人主千万牢记！"太甲说："我只玩一次，我没上瘾，我觉得那东西一点也不好玩。"

第二年，伊尹又要巡视各国，临行特别告诫太甲："履癸的教训啊，实在不很远呢！"太甲说："去吧，去吧，您要不放心，您在家，我替您去。"伊尹前脚走，太甲后脚就招呼："上山，开工！"

伊尹回京，从南山上飘过来强烈的烤肉气味，多方侦查，获知事情的来龙去脉，进宫对太甲说："大王，请跟我走吧！"伊尹的身后站着好几个高大威猛的卫士，虎视眈眈，凡人不理的样子。太甲不言不语，跟着伊尹离开宫殿，直走到汤的坟墓前，太甲有点慌了：难道要把我活埋了吗？

伊尹把太甲安置在汤墓道一座叫"桐宫"的小房子里，把"肉林"里剩下的烤肉、煮肉一股脑儿堆在他身边，让他每天欣赏。肉里面爬出的蛆一堆堆的，蛄蛄蛹蛹地包围着太甲，然后变成一群群的绿豆苍蝇，轰炸机似的在他头上嗡嗡嗡地盘旋。

三年后，伊尹来看太甲："还想不想肉林了？"太甲急忙阻止："别提那个字，想吐！"就呕起来。伊尹正式请太甲归位，太甲重新成为帝太甲。帝太甲勤俭节约，勤政爱民，励精图治，成为一代明君，伊尹写《太甲训》三篇，赞扬这位知过就改的贤明帝王。

比干·七窍心

商朝传位三十二代至帝辛。帝辛继位后对内大兴土木、推行严刑峻法，对外屡次发兵征战，在商朝内外都引发了严重矛盾。比干劝谏帝辛不成功，辗转反侧，一夜无眠。第二天一早，比干进祖先宗庙，叩拜列祖列宗，也向他们告别："祖先有灵，让我的劝说能有效果，万一无效，小子将身首异处，不能进祖庙，就此，最后一次向祖先叩拜，原谅小子不孝无能。"

比干向帝辛的宫殿走去，步伐坚定，他今天的劝说肯定是最后一次，再没有机会了。帝辛已经十分震怒，他现在应该知难而退，等待时机。可是四境不安，诸侯反叛，周的新西伯，前年发兵，去年发兵，今年肯定还要发兵，今年发兵不会再是演习，一定要实战，我王危殆，王国危殆。根据情报，去年西伯发兵孟津，八百诸侯相应，听命于我王的诸侯已经没有几个了，帝辛还在都城朝歌醉生梦死，再不讲信修睦，厚养民生，整齐武备，可就真来不及了！

帝辛问："比干，你来做什么事？"不再尊他为叔叔。比干是帝辛的嫡亲叔叔，平时帝辛从不叫比干的名字，对比干十分尊敬。最近比干频繁进谏，帝辛厌烦透顶。他以为昨天比干憋了闷气，回家就气死了呢，结果不但没死，还一大早就来了，专门来气他的吧！"你来干什么？如果还是那些鸡毛蒜皮的事，你立刻回去，我没心思听！"

"我不是来劝你，我来警告你，先王基业就要葬送在你的手里了。我这次要能活着出去，我这番话就是警钟，我要出不去这个大殿，我今天的话就是你的丧钟，对不起，也是我们商帝国的丧钟！"

"给你活下来找借口吧？我倒要听听，你打算怎么活着离开这座宫殿！"

"我就没打算活着离开！"

"行，我今天宽容，你死前可以把话说完。"

比干用一个上午，控诉帝辛的罪行。

"你行为淫邪，崇尚靡靡之音，北里之舞。让师涓做帝国的专职宫廷艺术家作新淫声。他作的曲子，鸟雀听了都脸红，你却乐此不疲！

"你聚敛粮食，藏在鹿台。那些粮食已经十年，早就化成灰烬，可是天下有饥荒，百姓没有粮食，你却一粒也不准发放。你说为了打仗需要，养兵千日用兵一时，都是军粮。可你养的兵呢？周国军队已经在国境线上集结了，随时可以攻进，你却动员不出一兵一卒！

"你到处建造别墅游乐场。帝国发生饥荒，饿殍千里，你却大量动用民力物力，在各处建造度假别墅。别墅那么多，大多数你一次也没去住过，还要花大钱维修养护，供养大量的服务人员，不知道供养到什么时候。你一天不死，那些别墅就得一天给你留着。

"你宠幸妲己，享乐花样翻新，虚耗帝国财力。建造酒池肉林，举办豪华大宴会，每次宴会宾客多达三千人。妲己荒淫无耻，引诱驱赶人们在公园裸体追逐，人伦和天良丧尽。你和妲己在旁乐不可支！

"九侯的女儿不喜欢这些淫邪活动，你居然杀了她。这还不算，还要迁怒于九侯，处死九侯仍然不解气，又把他做成肉酱，逐个送给大臣和诸侯，让他们吃下去，如此灭绝人性！鄂侯为九侯争辩几句，你就杀死鄂侯，把他也做成肉酱。你恣意地生杀予夺还有没有底线？"

帝辛仔细听了比干的控诉，不反驳，也不辩解，只平心静气地说："说完了？"比干说："你的罪行，罄竹难书，我也不想再说了，我看出你也没有悔改的打算，我不再对牛弹琴！"

帝辛仍然很和气："你说得还不算完整，可你没有机会说了，这也不能怪你，你还没见我的这桩新'罪行'呢，专门为你准备的。打开！"帝辛一声令下，大殿的侧门缓缓打开，热浪扑面而来，比干立刻被烤得大汗淋漓。原来大殿被帝辛改造成了刑罚场。"这叫炮烙，想不想试试？我教你要领。看见这大柱子没？铜的，空心，里面装着半燃烧的木炭，外边堆着正在燃烧的木炭，木炭放在铜板上，铜柱立在铜板中央，你走过去爬那个铜柱。不爬不行啊，柱子比较凉快些，不过也挺烫的，胸前烫出油那是肯定的。爬不上去吗？对不起，那就只好烧死在铜板上啦！我拿罪徒试验过了，还没有哪个罪徒能爬到顶。这套刑具，是你十分讨厌的狐狸精，我亲爱的妲己发明的。妲己！我的贤内助，来，坐我这儿来。"

妲己不知从哪里钻出来，袅袅婷婷，坐在帝辛的怀里，撒娇道："大王，不要那么残酷啦，叔叔年纪那么大，怎么能让叔叔爬铜柱呢？赤身露体的，对叔叔多不尊重啊。叔叔，您老人家在朝廷资格最老，大家尊您为圣人，可我听说圣人的心脏与平常人的心脏可不一样呢，圣人的心脏就是人面孔的复制品啦，也有七窍，我很想见识见识，叔叔开开恩呗？"妲己自己带着刽子手，抓起比干，绑在刑柱上，剖开了比干的胸腔。比干大骂昏君妖女，直到死，恨声不绝。

商帝国末年有三贤：帝辛的叔父箕子、叔父比干、长兄微子。三贤在，商不亡。帝辛即位不久，箕子就看出这个侄子将来会成为灾星，他根据帝辛使用象牙筷子，推论这货以后必定奢侈无度。比干被帝辛残害，箕子伪装疯癫，躲过一劫。微子是帝辛的异母兄，逃出殷都藏在封国。三贤在朝廷消失，帝辛政权的灭亡不远了。

帝辛国中无人，上下怨声载道。远在西方的周国，武王发发动了对商的战争。武王率领各诸侯国军队，一路几乎没有遇到抵抗，顺利攻到帝都朝歌的郊区。帝辛匆忙组织军队，平时没有防备，紧急时刻召集兵员肯定来不及。帝辛把有组织经验的在监狱服刑的犯人武装起来，许诺说打败敌人，他们的罪行可以免除，论功行赏，没有功绩的也释放回家。罪徒们想，我们手里有武器，外边有接应，完全可以自己解放自己，何必要走帝辛这一道手续？在前线倒戈，引导周的军队攻入朝歌。帝辛见大势已去，投火自焚，妲己也被武王斩首。

太公望·神秘英雄

西伯决定去西山打猎，打猎前要占卜吉凶和猎物多少。卦象显示大吉，卦辞却云山雾罩不很明白："你这次打猎啊，猎物既不是龙也不是螭，既不是虎豹也不是熊罴，啊！成就霸王之业的辅臣坐着你的车子回来啦！"虽然不好索解，大致意思却明白，能得到一位大贤才。西伯最关心的就是贤才，现在算卦都说贤才，明明天遂人愿。第二天，西伯整装出发，信心百倍，沿着渭水上溯，等着遇见超级大贤才。这一趟打猎可了不得，归来时红旗猎猎，凯歌飞扬，西伯的脸上放红光。眼看着周国就要繁荣加上富强——他果然"猎取"了贤才，车子上坐着须发皆白的太公望。

"猎物得人"的当代故事很快传开了，越传越离奇。故事说，西伯西行，遇到一位钓鱼的老汉，老汉钓鱼不稀奇，稀奇的是他的钓鱼钩，居然是直的。没有弯钩的鱼钩，那还叫鱼钩吗？直钩也不要紧，更离奇的，这直钩远离水面三尺，在空中晃悠，专等着傻鱼去咬他那不是钩的钩，于是西伯就把这老汉请回来了。这个故事编得有点差劲，把请老汉回来的西伯比喻成傻鱼，咬上了老汉的直钓钩。有人问老汉，是不是这么回事？老汉笑而不答，保持着神秘——这位老汉叫吕尚，吕尚的祖上姓姜，神农炎帝的嫡传，他这一支祖上被分封在吕，就以吕为氏。

真实情况一点也不惊奇。人马鹰犬在大路上喧闹，吕尚在渭水岸边垂钓，一切都平平常常，平常得令人失望，西伯连看一眼的兴致都没有，卦辞上说的"辅臣"在哪儿呢？忽然，西伯听见这位孤独的老汉念叨一句口诀："鱼呀鱼呀你快上钩，没有大的小的也将就。"这个口诀真有意思，太精彩了，简单明了还押韵。钓鱼，可不就这样简单明了的吗。不但钓鱼，世界上的几乎所有事情原本都简单，后来总有人把事情搞得复杂，而且越来越复杂。西伯下车，与老汉攀谈，问过名讳之后，西伯单刀直入："我怎么才能战胜帝辛，获得天下？"吕尚回答得非常简单："学习帝辛。"西伯大惊，以为自己听错了，吕尚解释道："西伯所有的政治设计，完全可以借用帝辛的路线图，不过这个路线图要反着看，反着用。帝辛压迫诸侯，你就招揽诸侯；帝辛对大臣刻薄，你就对大臣宽厚；帝辛聚敛财富，你就散发财富，藏富于民；帝辛钳制言论，你就开放言论，鼓励国民畅所欲言，言者无罪，闻者足戒；帝辛法网严密，监狱人满为患，你就撕去法网，还人民自由。你的所有施政行为与帝辛相反，天下不用你去打，自然就归了你。这叫以殷为鉴。现在天下汹汹，豪杰枕戈待旦，等待时机，谁能灭帝辛，谁就是英雄。其实哪有所谓英雄，英雄都是时势创造的，殷商处于末世，正当英雄用武之地、之时。这个气候，我这个无名老朽，也可以成为英雄，只要我活得足够长。"

西伯低头沉吟：吕尚所说，也是我一直在做的，但从没有像他想得这么明白，讲得这么透彻。这叫什么？实践产生理论，理论指导实践。我以后的建国大业，就需要吕尚的理论来指导。我们这个国家，自太公以来就渴望这样一位理论家，所以我们辛辛苦苦工作，器局还小。

有人把吕尚故事的这个版本说给他本人听，吕尚就像听别人的故事一样。问："这个是真的吧？"答："你认为真，那就是真的吧。"人们到底也不知道这个故事的真相。吕尚身上的不解之谜很多，民间传说吕尚早年很不顺利，做过生意，还当过屠夫，八十多岁才遇到西伯文王。总之身上有种种离奇玄怪的神话故事。就说他的名字吧，也莫衷一是，司马迁叫他吕尚，最高级官员叫他姜尚，其他人叫他姜太公，有时候也叫他吕太公，朝廷则叫他太公望。但不知道为什么,老百姓叫他姜子牙。

更离奇的事情发生在几千年以后,有一个很古怪的家伙写了一部古怪的小说《封神榜》,说姜子牙斩将封神,天上人间各种神都是姜子牙封的。这本书把吕尚神化成了神界的原始老爸。这还没完,后续故事接踵而至。姜太公封了诸神后,各神都很满意。唯独姜太公的老婆没有封到神,整日闹着要封神。一天,老婆又跟太公闹。姜太公烦得很,说:"你嫁到我家,让我穷了一辈子,所以不封你。一个妇道人家,整日争名夺利,人穷嘴也穷,活像个穷神。"他老婆一听,高兴得不得了,以为太公封她为穷神了,当即跑出屋子,到处喊:"我是穷神,我是穷神!"结果人见人躲,人见人烦。

真实的吕尚,原来是东海滨一位学者,随着西进的"访学"大军到周国。西伯赞成他的政治见解,任用他为卿士,执政大夫。他在这一位置上成就突出,逐渐成为周国的主要谋臣,上下尊崇,称为"师尚父"。师尚父的主要功绩建立在武王时期,武王伐纣师尚父出任总参谋长,实际的全军总指挥,所以灭商的名义上是武王,实际却是师尚父吕尚,这叫武功。但吕尚在文王时期的事业更为人称道,这叫文治。文治的核心内容只有一条:简约。这与上面吕尚的演讲一致。帝辛政治苛繁,民不堪命,吕尚反其道而行之,吏民大悦。其中关乎千家万户的一条是税收的标准。上古实行什一税,百姓用收入的十分之一供养官府,上下都和谐,商纣收税竟达到什三,甚至什四、什五,怒起来干脆完全掠夺,所以天怒人怨。吕尚主张周国严格实行什一税,不侵占民财一分一毫。两相对比,天下人都知道应该怎么做。周的实际统治地区,已经拥有天下的三分之二,仍然尊奉帝辛,不肯发兵。直到各地怨声载道,抱怨武王,为什么不先来拯救我们呢——因为武王先解放别的地方去了。周国这才发兵灭商,吊民伐罪,解民倒悬。因为吕尚是东海滨的山东人,所以武王分封,封太公于齐。

有人问吕尚:"这个版本,肯定是真实的吧?"吕尚、吕望、太公望、姜太公、师尚父,仍然笑笑不说话。

周公·设计师

八百诸侯追随武王伐商，那阵势如摧枯拉朽。帝辛根本不能组织有效的抵抗，就算他抵抗，也只能增加阵上的伤亡人数，于事无补。当时武王很兴奋，眼睛闪闪放光，很想举起指挥刀大喊口号："弟兄们，冲啊——"但回头看到弟弟公子旦，喊口号的兴致立刻熄灭了，因为公子旦双眉紧锁，仿佛即将胜利的不是他哥哥，而是他哥哥的对手帝辛。大敌当前，弟弟什么心肠，立场动摇了吗？武王不喊口号，队伍照样潮水般涌向商军，那一小撮商军消失得无声无踪。武王心里想着公子旦的表情，胜利的喜悦被冲淡稀释瓦解了。

胜利班师，回到周国，武王想找弟弟谈一谈。首先，别打歪主意，长子继承，父亲的遗嘱写得很清楚，以后也这样，不要幻想伯父们出逃让位这一出，历史能重复上演？还有，可千万不要生反叛心，为灭亡的商纣扬幡招魂。

弟弟公子旦来了，仍然那副哭丧脸，当初老爸去世也没见他这么忧愁忧思。武王喝道："旦！"公子旦一激灵，眼睛倒也睁开了，但表情还那么阴沉，武王骂道："闭着眼，算算你啥时候挺尸吗？"公子旦终于彻底清醒了，而且明白哥哥王正在生气，立刻抖擞精神向王问安，并为刚才的失礼道歉，还说自己正迷糊着呢，不是有意冒犯王。武王一向喜爱这个弟弟，听他一番解释，立刻原谅了他，但疑问要说清楚："这些日子，你像掉了魂似的，咋回事？"

公子旦说："我正要跟你汇报这事。你听听我的想法。伐纣大捷，得力于三军用命，这是第一位的。但太公的宣传文案做得非常好，把商纣的罪行揭露得淋漓尽致，不用说天下人和后世人，就是帝辛本人看了，也会切齿怒向"商纣"。可是哥你知道，帝辛的罪行主要在朝廷和后宫，他为了讨好女人，做了许多荒唐事。但他的罪行对民众的影响不大，我们的文案，对这点模糊处理，使人以为商纣无恶不作，死有余辜。

"第一次准备征讨商纣，已经会师孟津了。战斗气氛热烈，但我们提议解散联军，各归本国等待时机。哥哥的决策根据我十分清楚。诸侯虽然大部分跟我们联盟，可朝廷还有很多死硬的保王派，这些保王派全都是帝辛的本家。微子、箕子、比干这些忠臣在，帝辛就在。我们的军队奈何他不得，他们的号召力足以击垮我们的联军。帝辛自毁长城，三贤全部陨落，我们这才得以完胜帝辛。

"伐纣成功，我一喜一惧。喜的是，我军势如破竹，几乎不战而胜，这是哥哥的决策正确。等待时机，时机成熟，不战而屈人之兵；惧的是，八百诸侯，大部分与帝辛无冤无仇，他们中有的连朝贡国家都算不上，我们的宣传文案启动，这些诸侯义愤填膺，其实他们连自己为什么发怒都不很清楚，就挥师随同我们进攻商纣。我们的目标，是要取代商纣建立周朝廷，天下一统于周，可这事跟他们有关系吗？他们等于自费旅游，还是极端危险的蹦极式旅游，若有闪失性命皆休，可诸侯们乐此不疲。我担心，我朝奠基几代以后或有野心家振臂一呼，也会应者云集。我家的后代，也会是帝辛这样的悲惨下场。历史就得这样循环下去。

"为什么微子、箕子、比干在的时候，哥哥你不愿意出兵伐纣，即使出兵也犹豫，甚至中途解散大军。因为帝辛有自己人在保护着他，关键时刻，一定是自家人可靠。民间说打虎亲兄弟，上阵父子兵，关乎国家社稷，两姓他人漠不关心。异姓诸侯，可以虑始，不可守成。

"为此，我设计一项方案，请哥哥过目。这套方案的核心在于封侯。通过封侯，把天下抓在王的手里，然后抓在王族的手里，而且永远如此，保证周天下的长治久安。从前的帝也封侯，可他们的封侯毫无意义。每年送一点礼品，就是侯？我们要封的侯，一定是诸侯的爵位从我们这儿接过去的，我们钦赐给他，他会世世代代感激王的恩德。

"接受封侯，就有义务。平时听从王的指令，不但每年进贡，王有事还必须举兵勤王。一国有事，王指令他国或几国支援，诸侯之间守望相助，保证华夏族的安全。至于诸侯之间的矛盾冲突，王出面摆平，所以诸侯间不会发生战争。实际运作可能出现种种情况，但可以随时纠正，这个制度要设立'纠偏机制'。所以，从理论上说，我们这样封侯，应该是社会政治的终结，以后不会再发生政治的更迭，即革命。就像商代夏、周代商，周朝将是华夏的最后一朝，永远的一朝。因为这个建构稳固，互相制约，其中任何一个部件都坚固可靠不会损毁，万一损毁一个部件，也不影响整个建构的安全，它会一直安全运行，直到永远。"

武王大惊："旦！你想得这么周到，想得这么远！早在前线，你就谋划这件事了吧，我都看出来了，你心事重重，我还以为你患上了战争恐惧症！"其实没有这个症那个症，当时武王在担心公子旦叛逃，现在他不好意思说这些，现编了这个借口。武王的感动还没完呢："旦，你这么深谋远虑，比哥哥我厉害多了。这样吧，你来当周王好了，你要不当周王，我就学习太伯，避难去！"公子旦说："别开玩笑，叫人听去了引起政治事故。"这哥俩习惯于不正经说话，武王还在当太子的时候，就经常说要把太子位让给公子旦，公子旦从来不接茬，任由哥哥胡说八道。这是一对说话不用走心的弟兄。成年兄弟，事关社稷和王位继承，武王和周公这么坦荡，也是少见的——公子旦就是著名的周公。

武王召开诸侯大会，使用的一套演讲词，出于公子旦的手笔。演讲之后，分封诸侯，比预想的还顺利，公子旦的国体设计圆满完成。公子旦周公作为周朝的总设计师，不止于设计国体，他对华族文化的设计，成就和影响更为深远。

伯夷·采薇人

武王发发兵伐帝辛，队伍雄壮，气势高昂，唱着进行曲。周国上下不承认帝辛，把他叫"商纣王"，《谥法解》曰："残义损善曰纣。"

忽然，从路边扑上来两个老年人，站在大路中央，举着双手叫喊："停！别唱了！"以军规条例，军队出征，除非宿营，脚步断不能停歇，如果外力阻挡——王挡杀王，神挡杀神！何况来历不明的两个老人！踏过去！但武王的军队向来称仁义之师，还特别敬老。军中就有一位一百多岁的老人，他是老西伯文王，一座木牌牌，可老文王的精神跟大家在一起，军队敬老，就停下来。长龙要停止，也不是那么容易的事，那么长的队伍，阻断波传到武王，已经半个时辰。忽然，歌不唱了，还停下来，发生了什么情况？遇到商纣王的前锋了吗？这帝辛行动还挺快！过来禀告的阵前先锋说："不是啊，大王，有两个老年人，挡住了军队，不让我们过去。"武王说："军令如山，压过去！"先锋说："大王说，爱民如子，杀一平民如杀我父。"武王尴尬地笑道："好、好，你们做得对，我去看看。那两人报了名字没有？""孤竹国的两个老公子，伯夷、叔齐。"武王惊出一身冷汗，多亏先锋镇静不鲁莽，不然，险些害了两位大贤！

伯夷、叔齐是商的诸侯国孤竹国的公子，商的同姓家族。孤竹国老王希望第三个儿子继承王位，但也没有很明确地写遗嘱。当时已经倾向于长子继承，没有遗嘱的话，长子伯夷应该当王，大臣推举伯夷即位。可是伯夷说，父亲的意思很明确,要老三继承王位,我不能违背父亲的遗愿,你们实在要我当,我就走。说走真就走,一走走到遥远的周国地界,孤竹国追也追不回来。三公子,就是你啦!叔齐说,我大哥那么仁义智慧,都不当国王,我哪好意思当这个王?你们要我当,我也走。而且说走就走,一走走到西周国,跟哥哥胜利"会师"。两个公子自食其力,在周国过得很舒心。岁月积累,年岁渐长,周国对老年人特别礼遇,请伯夷、叔齐住进"敬老院",安度晚年。现在度不成了,武王居然要发兵征讨帝辛,塌天的事情!其实武王要伐纣,准备了多少年,敬老院消息闭塞。

  武王见到两位老先生,鞠躬施大礼。虽然没有见过面,但天下谁人不晓两位公子!武王很谦恭地询问,有什么事情指教小王?伯夷说:"大王以小犯大!"叔齐说:"大王以下欺上。"伯夷又说:"父死不葬是为不孝。"叔齐又说:"君有难不救是不忠。"武王说:"前三句我没意见,但你们说君有难不救,君有什么难?""你举兵攻打商,岂不商君有难?""这个,我没法救他。""你停止进军就是救他,毁家纾难。"武王很失望,伯夷、叔齐天下名头最响亮的大学者,其实不过如此。这番迂腐的忠孝学说,自己还理直气壮,白白嚼舌头根子,耽误这半天工夫。武王不说话,示意两个武士把伯夷、叔齐拖开,让出道路。另两个武士也想参与清除这两个"路障",武王说,不用,老人没啥力气,他俩对付得了。武士把伯夷、叔齐拖到路旁,下令:"出发!"车轮滚滚,扬尘蔽日,两个武士抓住伯夷、叔齐,看着部队走啊走,杀人弑君的武器晃啊晃,两个人像被老鹰抓住的小鸡一样动弹不得。动不得,不等于就不动,他们挣扎,跳脚,还骂人,他们骂人当然很文雅了,"周君姬发,你是个小人""弑君者都是乱臣贼子""你干的坏事会上史书的!"

  武王灭商,天下归于周王一统。伯夷、叔齐回到"敬老院",左思右想有问题,天下都归姬周家所有,诸侯国虽然不姓姬,但它们肯定姓周,走遍天下都是周,那就意味着"敬老院"的东西也都姓周。看着"敬老院"按时配送的饭菜,伯夷对叔齐说:"这周家的饭碗,我们端还是不端?"叔齐说:"哥,听你的。""这碗,咱不能端;这饭,咱也不能吃。现在天下,财是周家财,人是周家人,只有我们俩还是商王的臣,我们的旗帜不能倒,我们吃了周家饭,这面旗帜也就随着饭碗倒下了。"

弟兄俩悄悄地离开"敬老院",漫无目的地走。走过村庄,村庄飘着周的龙虎旗帜;走过码头,码头有个告示栏满满钉着桦树皮,上面写着商帝辛的种种罪行;走过集镇,集镇搬演赞美周武王解民倒悬、铲除暴君纣王的时事剧;走过田垄,田垄上正依照周的度量标准丈量土地,实行井田。弟兄俩离开这滚滚红尘,登上首阳山。万物萌发的季节,首阳山一派欣欣向荣,这里没有周的声音和形象,鸟兽仍旧是商王国时期的"臣兽",并不知外界纷纷扰扰。他们看到一种嫩绿的野菜,似乎可食,尝一尝,清香微甜;咽下去,喉咙回味尤其甘美,他们很高兴,把它叫薇菜,寓意自己是卑微的人。他们日日采薇,以河水做伴,依它的节奏唱歌:"登彼西山兮,采其薇矣。以暴易暴兮,不知其非矣。神农虞夏,忽焉没兮,我安适归矣?于嗟徂兮,命之衰矣!"

伯夷说,我们很老了,不知道哪天就要死去。采薇度日,其实也在等待那一天。仲夏时节,山上的野果成熟,也足以安度残生,至于入秋入冬,也不是我们所能安排的。他的意思是,他们大约熬不到冬天的。

他们也没有熬到夏天。薇菜很快就老得不能再做食物,而树上的山杏还青青绿绿,离成熟很有一段时间呢。山上的野兔、麋鹿倒不少,也不怎么避人,但他们俩要杀死一头麋鹿和一只兔子,也不是很容易的事,更何况这些动物那么亲和友善,怎么忍心把它们拿来充饥?

伯夷、叔齐,各自斜靠着山石,伯夷问:"三弟,你后悔吗?"叔齐说:"哥,我们俩,这一生追求仁义,现在,我们得到了仁义,有什么后悔呢?哥,如果有来生,你还当我的哥吧。"伯夷说:"嗯,好兄弟,我们上路吧,我腿脚不好,到那边你得扶着我点。"

几天以后,人们发现了这两位大贤,他们倚着山石坐着,神态安详。

介子推·割股救急

  重耳公子出逃列国,路途遥远,总也走不到临淄。公子不知道细水长流过日子的道理,从狄国带来的给养早就三下五除二吃完了,见一个农夫捧着一团什么东西吃得带劲,重耳不顾公子身份伸手乞讨,农夫不吝啬,从地上挖起一团塞给他。重耳迫不及待张开大嘴——呸!土啊!田野农夫劳力者,竟敢戏弄本公子!这一怒,力气增了两三倍,挥起鞭子便打。狐偃却还有力气挡住鞭子,又向外甥宣扬他的歪理邪说了:"这是授土仪式,象征着天下农人都将土地郑重地交给你了,你该郑重接受!"重耳一听有道理:"舅舅,借您吉言!"下车跪拜,隆而重之地接受了那块土,又尘土飞扬地走了。农夫在旁边看着这一伙人舞舞扎扎搞什么名堂,虽然腹内无食还是忍不住笑。其实重耳和狐偃都是误会,那一年中原大旱颗粒无收,农夫吃的是观音土。

  车上装着一块土,终究解决不了吃饭问题,经过这一番折腾,重耳的脑袋重又垂下去,眼见得进气少出气多。大舅狐毛、二舅狐偃只会叫:"你精细着!"手忙脚乱地没了主意,介子推却不言声走开了。过了半个时辰,两只"狐狸"还在那叫,重耳不肯死,可也没有活。介子推一瘸一拐端来一瓦罐热腾腾的肉汤,半死不活的重耳被肉汤引诱得睁开眼睛,咕咚咕咚喝下去,活了。便问肉汤何来,还问你们大家都有吃吗?介子推说:"打死也不说!"他不能说,那是他割下大腿上的一块肉煮成的。他不说,不想让公子背上一个吃人肉的恶名。

经历了漫长的十九年流亡生涯，重耳由公子哥儿转变为大人物，顽石成了美玉，他的舅舅兼导师狐偃却越活越小，成了老小孩儿。还得重耳转过来哄着他。秦穆公借兵给重耳，让他武力夺取君位。重耳打点行装，一只瓦罐，介子推煮肉汤的那只，重耳说："扔了吧，怪沉的。"一床破棉被，盖了十九年，渔网似的，重耳说："扔了吧，忒寒酸。"一张凉席，剩下半截子，满是毛刺，重耳说："扔了吧，扎得慌。"狐偃脸色铁青，坐在黄河边生闷气，死活不上船："这也扔，那也扔，我们这些老家伙也该扔掉了，忘本哪！"重耳说："舅舅，我说的是东西，没说人，舅舅你们一大伙子跟我这么多年，我怎么会扔了你们呢？""不扔，也快了，眼下就是征候，不就是回国吗？你居然在这件事情上也好面子。胖人、白人在队前显摆，瘦人、黑人在队尾藏着不让人看见，再黑再瘦，也是你的队伍，跟着你南征北战的！你说，你是不是真的想把他们都扔了？"重耳再不是抄起长戟要砍掉娘舅的愣头青了，他和颜悦色地劝狐偃："家有一老，如有一宝，哪能扔了您呢？舅舅，您看！"摘下一只玉佩就扔进河里，发誓道："我如果嫌弃娘舅，就如同这只玉佩一样！"狐偃心疼得哭了："败家子啊！"就要往河里跳，被人们紧紧地拉住没跳成，转过身又抱住那一堆破破烂烂的瓦罐子、脏被子、凉席不松手，怕重耳又扔。

重耳当了国君，当然要论功行赏，老家伙们跟随着重耳十九年，功劳、苦劳都很大，狐偃、狐毛、赵衰、颠颉、魏武子、司空季子一干人全做了高官，很有一人得道鸡犬升天的意思。不过老家伙绝不是"鸡犬"，他们都是响当当的好汉，贤相良将，晋国的柱石。颠颉和魏武子，依恃这份功劳，在讨伐曹共公时顺手把重耳的恩人僖负羁也收拾了，而临行前重耳特别叮嘱他们一定要保护这位大恩人的。听说僖负羁一家已死，重耳大怒，要杀这哥俩但又不忍心，便派人去侦查。魏武子受了重伤，肋骨断了好几根，肺叶被长矛捅了两个大窟窿，咕嘟嘟直冒血，看国君使者来到，立刻明白什么意思。他跳下"手术台"，用纱布把身体中段缠成木乃伊模样止血，跑到院子里在鞍马上旋转如飞，意犹未尽又表演了半天"立定跳远""撑杆跳高"。而颠颉已经快不行了。重耳的想法：他俩要是撑不住，就干脆杀了向僖先生谢罪，送个死人情；如果伤不重，就留着。这么深刻的心思，魏武子都懂，他一点也不痴呆。颠颉就没有领会这层意思，给僖先生谢罪去了。

介子推割下大腿肉给公子吃的功劳，竟被公子忘得干净。刚上任太忙，公子成了晋侯，流亡政府的人员纷纷在功劳簿上为自己评功摆好，甲讨得一块饼，乙偷来一棵葱，都记着，都是功劳。现在论功行赏的关节，有肉不能埋在饭碗里吃，要让广大群众都知道，至少要让晋侯知道。但介子推借题发挥："重耳公子有天相助，顺利返国当了国君，跟你们有什么关系，贪天之功！"不跟他们同流合污，根本不去理会那份"功劳簿"。好几天不见介子推来上班，晋文公疑惑，经人提醒，晋侯大叫："哎呀，我的妈呀！"亲自带人到介子推家道歉兼请驾，介府已人去屋空。原来介子推没写辞职报告不告而别，一家老小躲进绵山。晋侯重耳痛悔不迭，便叫："搜山！"搜不出，又叫："烧山！"想把介先生烧出来，但介子推宁可烧死，也坚决不出来。人家没记着你，你去争，争来的荣誉，再大也不光彩。大火熄灭了，介子推仍然不出来，重耳又叫："再搜山！"在烧焦的大柳树下发现同样已被烧焦的介子推。为了纪念介子推，也为了自我检讨，晋文公规定此后烧山这天全国不举火，吃凉饭，叫"寒食节"，绵山也改名"介山"。

这不是杀人灭口吗？把你扔在山里，放火烧你，试试你可有本事走出来。

晋文公没有这么愚蠢。实际情况是这样：介子推在朝堂发一顿牢骚，再不上朝。晋文公后悔不迭，急忙来寻介子推。介子推再不愿为官了，合家躲进绵山隐居去了。绵山蔓延几十里，山里的繁荣不比山外差，村郭相望，鸡犬之声相闻，二八逢墟的。文公就把这一片区域都封给他，绵山改称"介山"。至于"寒食节"，却是因为古人每年开春时分都要断了旧火，钻木取得新火，表示除旧布新一年更化的意思，无关介子推。

管仲·管鲍之交

齐国国君带领大军伐鲁,军中有一个心事重重的管仲。齐侯站在指挥车上,举起指挥刀,振臂一呼,齐军涌如潮水,淹向鲁军。鲁军也不好惹,飞箭如蝗虫一样飞向齐军,但齐兵人人奋勇,个个争先,战场上沸腾如一锅粥。

心事重重的管仲把盾牌往身后一顺,遮住了屁股,一蹿一蹿就没影了,这就是管仲。所幸这次战斗齐军大胜,齐侯便不计较,不但不惩罚他,连奖赏都没少了他的。不料以后两次战斗,管仲都如法炮制,别人把盾牌举在胸前往前冲,他把盾牌护住屁股往后跑。齐侯忍无可忍,便把他开除了军籍。管仲没了军籍,只得去做小买卖。跟好朋友鲍叔牙合伙,说好两个人每月结一次账,利润均分,但账由管仲管着。他既管账,就有可能做手脚,所以每到月底管仲便报一堆花账给鲍叔牙,自己昧下大把钱财,分给鲍叔牙仨瓜俩枣了事。

贪墨了合伙人许多钱,有了资本管仲要投身政治了。当时齐侯有两个公子争夺继承人,公子纠和公子小白。公子纠略强些,管仲便抱住这条较粗的腿,准备将来有饭吃,还自告奋勇要为公子纠除掉小白。继承人争夺战,小白取胜,公子纠的部下全都战死,或战败后自杀。管仲却坦然当了俘虏,等待奇迹发生——管仲箭射公子小白,结下了血海深仇,小白成了齐侯不把他生吞活剥了才怪。

管仲的期待有充分的理由,充分的理由其实只有一个:他的好友鲍叔牙是齐侯小白的老师。齐侯对鲍叔牙言听计从，经过短暂的咆哮之后，齐侯居然赦免了管仲，奇迹果然发生了。

桓公即位后的第一件大事是任命国相，征询鲍叔牙的意见。老鲍在齐国是大名士，桓公对他言听计从，以为他会向国家推荐一位十分优秀的丞相，谁知他一开口却是——管仲，这把桓公惊得头发也竖了起来，帽子掉在了地上。桓公自己把帽子拾回戴在头上，不顾鲍叔牙德高望重，便开骂："一个死囚！以为我齐国无人吗？"鲍叔牙不着急："管仲天下奇才，君上要称霸天下，辅佐君上，管仲是不二人选。"桓公又骂："奇才！我告诉你他怎么个奇才。随军出征，三次用盾牌挡了屁股逃跑！"鲍叔牙笑道："君上您知道吗，管仲老娘只有他这一根独苗，他若战死谁供养老娘？忠孝不能两全，既然有那么多人为齐国尽忠，少他一个齐军也不算什么损失。"桓公说："算他孝。可跟你合伙做买卖，做假账贪污你的银子，天下人都知道，这算什么？"鲍叔牙又笑："这我也知道，从来不说破。我有很多钱，做买卖不过是玩票，管仲穷呀，他家要靠做买卖吃饭。"桓公说："算他贪——算他不贪。但这么多年，他干啥啥不成，吃啥……他也没啥可吃的，一副穷酸相！"鲍叔牙说："君子有遇有不遇，管仲一直没有机会。他是一把锥子，装到口袋里才能脱颖而出，但得有口袋装他才行，大王就给他一只口袋吧，让他'脱颖'一回。"桓公仍愤愤不平："公子纠的人全都战死，老师也自杀了，他管仲死乞白赖活到现在！"鲍叔牙说："如果他也战死或自杀，您不就损失了一个最伟大的国相吗？"鲍叔牙振振有词，桓公倒理屈词穷，只得听鲍叔牙的，任命管仲为齐国国相。

管仲一当上国相，整个换了个人似的。从前的萎靡、胆怯、小心眼，刹那间一扫而光，出现在桓公面前的，是一位精明干练、心计极密、城府极深的超级大腕。蔡国惹恼了齐桓公，桓公想灭蔡，管仲说："不，伐楚。"桓公大喜，楚是齐的最大敌人，灭了楚就可以震慑天下，决计兴兵伐楚。管仲又说："不，伐蔡。"桓公不高兴："你三天两头的，有个准主意没有啊？"管仲说："我的主意是既不伐楚，也不伐蔡，咱们发兵问罪，代表周天子。同样是伐，但代表天子伐他，不是咱齐国伐他，那感觉就不一样了。"桓公大喜："对，楚王这小子罪过大了去了，昭王南征，居然被他给扔在江中淹死了。欺君犯上，伐！"管仲又说："不，害周天子这事不能提。"桓公总被管仲否决，这一会儿工夫脸就红了四回，只好不作声听管仲胡乱整。管仲说："楚王杀周天子这罪太大，一逼他，狗急就跳墙，咱从小到大，慢慢地收拾他。"大军出发，举着周天子的大旗，南征伐楚，命令蔡侯也发国内全部兵力随军出征，蔡侯不肯，管仲暗暗得意："傻瓜，中计了。"

齐军到了楚国边界，楚王发表抗议照会："齐国在北海，我楚国在南海，天南海北，何故跑到我楚境来？"管仲却不理会楚国的辱骂，反而批判楚国，引经据典振振有词："《禹贡》上明明写着：'厥土下上上错，厥贡苞茅橘柚。'你楚国就该向天子进贡这些东西。橘子、柚子不进贡也就算了，那东西保鲜期太短。但你不进贡包茅，导致天子祭祀都没有过滤酒糟的筛子，你罪过还不小吗？"楚王一听释然了："哦，这点事。我知罪了，你回去吧，贡品随后就到。"齐国不战而屈楚国，回来顺路还把蔡国给灭了。管仲做事都是这样举重若轻，牵羊的时候顺一头牛，终于把天下诸侯聚拢在一堆，由齐桓公当了二十多年的中国霸主。管仲这只锥子，被桓公装进口袋，冒出锐利的尖，把诸侯和蛮夷们扎得鲜血淋漓，鬼哭狼嚎。

管仲建立这么大的功业，全由鲍叔牙的举荐，他知恩。这天鲍叔牙病了，眼见没几天活头了。管仲便绝食，预备跟鲍叔一起死。宁戚劝他"节哀"，何况鲍叔牙还没死，连"节哀"也还得再过一会儿。管仲说："生我者父母，知我者鲍叔；士为知己者死，马为知己者良。鲍叔要是死了，天下再没有理解我的人啦，我还能活吗？所以我也得死。"所幸鲍叔牙后来活转来了，于是管仲继续做国相，齐桓公继续抄起袖子，"垂拱"当诸侯霸主。

晏婴·君臣逗

　　齐景公爱玩,大夫晏婴爱说,出口必是圣贤教诲,叨咕得景公心乱如麻,又没法革他的职,因为晏婴很能干。晏婴虽然不让景公出去玩,但也不让景公累着,什么事都处置得井井有条。

　　景公趁晏婴不注意,带着几个小宦官悄悄奔南山。南山坡上迎春花正开得热烈,一派鼠兔走、鸟雀喧的动画世界景象。景公让随从拿出预备好的食物,在向阳坡上开起野餐会。吃着吃着,阳光暖暖的使人燥热,景公脱了衣服晒日光浴,一阵温柔的睡意袭来,景公躺在绿茵毯上有节奏地打着轻鼾,嘴里还叼着"周村大烧饼"。宦官开始还撑着不敢睡,但眼前这景色太美好了,不睡都对不起这大好春光,渐渐地眼睛也睁不开了,山坡上歪歪斜斜地倒下去一片。山上的鸟雀鼠兔看这一伙生物嘴不尖牙不利,爪子也没有弯钩针,在山坡上追逐奔跑笨笨的,其中一个胖大的家伙退了毛皮,白白胖胖,好肥的肉啊。老虎、狮子一定喜欢,不过这里没有老虎、狮子,小动物们仔细研究景公肥硕的身体,终于明白人类全是这般模样,他们的"毛皮"就是一层花花绿绿的布。现在正是春天,所以这胖老头儿就蜕皮,可是别的人类怎么没有蜕皮的迹象?不研究蜕皮问题了,胖老头儿嘴里的烧饼应该很好吃,大家你一口我一口地咬那烧饼,景公虽然睡着了,那烧饼却咬得紧,小动物们围在景公嘴的周围,熙熙攘攘。

忽然一声嚷："主上！"鼠兔鸟雀们惊慌四散，景公惊醒，睁开眼却看见晏婴，从童话世界一下子堕落到平凡人间，景公又恢复成道貌岸然的君主，一本正经地打起官腔。上班期间溜出来玩，被晏婴抓了现行，很没面子的事，那就先下手为强，抓主动权："晏婴！你怎么如此慌张？你看看，鞋帮开了裂，还用藤条绑着，衣服一条一缕的，这还是衣服吗？你说你这还是衣服吗？有身份的人，这么不注意仪表！"晏婴说："好赖我还穿着衣服……"景公忽然觉察到自己正（几乎）一丝不挂，慌忙喊道："转过去！转过去！"宦官们也早就醒了，七手八脚帮景公穿好衣服，大胖子又恢复成威仪棣棣的景公，重新教训晏婴："我说晏婴，这么惊慌，有什么要紧事吗？"晏婴禀奏："主上一连十七天不上朝，大家心急如焚，以为主公遭遇不测。"景公故作镇定："我不上朝，不上朝有不上朝的道理，齐国多大一点。朝廷那么多的人管理着，还用我事必躬亲。接待外宾有子羽，文艺演出有子游，侦查审判有子几，工资分配有巫贤，再有什么事，你们商量着做去，啥事都找我，你们想累死我吗？你知道这支歌吧：脑壳清爽，四肢坚强，办事漂亮！我呢，就是他们的脑壳，他们，就是我的四肢，我要做的事，他们全都替我做好了！"一阵疾风暴雨，轰击得晏婴像个孩子似的哇哇大哭，哭得景公倒是摸门不着，在晏婴哭的间隙问他："哭啥子？"说像个孩子，那就真的像个孩子，晏婴哭得抽抽搭搭："子羽呀，子游呀，子几呀，巫贤呀，你们死得好惨哪！"景公断喝道："侏儒！红口白牙，咒人死，不怕报应！"晏婴停止哭泣，正色道："那些个四肢，没有脑袋已经十七天，还能不死？"他还留下潜台词呢：主公的四肢没了，剩下一个光秃秃的脑袋加上一个光秃秃的胸腹腔，还能是活着的吗？景公思索有顷，吩咐道："起驾，回宫！"

齐桓公时，朝堂一派死寂，因为桓公深谋远虑，整天想心事，眉头皱起两三条深深的纹路，显得比实际年龄老了十几岁。管仲深思熟虑，整天琢磨着拿哪个小国开刀，以维持齐国的霸主地位，所以大家视上朝为畏途，每天磨磨蹭蹭不想来开会。景公时候，景公爱玩，晏婴爱讲笑话，笑话的主题永远是主上的胖，每次讲他的胖都有新内容，君臣熙熙而乐，朝堂一片和谐气氛。大臣们都喜欢上朝。逢节假日，大家失魂落魄，急切地盼望假期快点结束。那次之所以要找到景公，是因为景公不在朝，晏婴的段子没有目的物，就不可乐了。现在景公回来了，朝堂又恢复了往日的欢乐气氛。

景公爱玩是天性，压抑一阵子，心里又痒，谋划着离宫出走，而且已经成行。这次不但带着几个小宦官，还邀请后宫佳丽若干人，准备在旅游风景区草地上举行豪华午餐，还带着画家，让他把草地上的午餐画下来。一伙人避开晏婴那敏锐的眼睛，出了东门奔大路，马蹄嘚嘚，车轮滚滚，一路烟尘望不见了——这是景公的美梦，既是梦，就不会成真，再美的梦也终究是梦。他的车子刚刚出宫门，就被一个流浪汉拦住了。这个流浪汉叫刖跪，怎么叫这么个名字？因为他站不起来，只能跪着走路。为什么站不起来呢？原来他曾经犯了重罪，被处以"刖刑"。这刖跪握着一块大石头，扑到车子前，抱住马的一条腿猛砸。无辜的马儿被砸，大怒。一个后踹把刖跪踹出去几丈远。刖跪爬起来指着景公一阵暴风骤雨："你冶游成性，你玩物丧志，你荒废朝政，你……你不配当我的君上！"

出游计划泡汤，景公把自己关在后宫，一连几天不上朝，大家都很着急，推举晏婴进宫侦查情况。晏婴向后宫的一个老成宦官打探消息，宦官说如此这般——不上朝了。晏婴心里乐开了花，这下子君上的笑话素材就更丰富啦！进门看见景公围着大被窝，眼睛直勾勾盯着地面，垂头丧气，八成得了抑郁症。晏婴憋住笑，给君上问安，然后委婉地询问为什么这么多天不上朝，景公说："我活不起了，我没脸见人啦！我的马被刖跪追着打，刖跪还骂我当他的君主不够格。晏婴你说说，我好歹也是一国之主啊，被一个受过重刑的这么严重地折辱。上朝，我还上啥朝啊，我这正研究怎么自杀痛苦比较少些，烧炭还是抹脖子。"晏婴说："恭喜主公，贺喜主公！一个刑余之人都敢给主公提意见，您宽容，您圣明，主公您的形象高大光辉，天下人都要仰视您啊！走遍各国，哪个国君享受过这样至高无上的荣耀？"景公说："是吗？真的吗？那啥——走，上朝去！"不一会儿，朝堂上又传来欢快的笑声。

信陵君·窃符

魏国自魏斯正式为魏文侯，六世至安釐王。安釐王的弟弟魏无忌，封于信陵，人称"信陵君"。战国时期养士蔚为风气，信陵君魏无忌、平原君赵胜、孟尝君田文、春申君黄歇，号称养士四大公子，信陵君又为四大公子之首。

信陵君与哥哥安釐王下棋，忽然北方传来消息，赵国军队入寇，边境告急！魏王急忙传令，召集大臣们紧急开会，商议对策。信陵君安坐不动："别传令，不用开会，下棋吧。"魏王着急："我知道这局棋你略微占优，形势危急，就算你胜了，开会！"公子却不急："放心吧，那是赵国的军事演习。下棋！"魏王虽然坐下来，开会的指令也没发出去，可哪有心思下棋呢？局面被他走得乱七八糟。第二拨消息传来："不是赵军入寇，是赵王举行的军事演习。"魏王已经推枰认输，但心有不甘，公子的情报咋那么准确？"你怎么知道赵王军演习？"信陵君有点得意忘形，凡成功人士都有这个毛病："我在赵国内部安插了奸细，赵王有什么动静都会及时告诉我。赵王在我眼前，透明人！"魏王继续大惊，这回吃惊是为自己：弟弟这么厉害，我很危险哩！

其实哪有什么奸细，他所谓奸细就是他的姐姐。姐姐嫁到赵国，平原君是他姐夫，恰巧信陵君这几天没事，到姐姐家玩几天，闲聊时姐姐说赵王这几天要举办大规模军事演习。为什么说到这件事呢？姐姐当笑话说的。实战演习，森林里的野兽不够用，管事的花钱买家畜，放到森林里冒充野兽。姐姐嘲笑说，家畜能当野兽用吗？它不逃跑，见到人就亲亲热热地凑过来，这演习还有啥意义？

其实赵国用不着这么费劲地组织军演，实战还忙不过来呢。长平之战后，秦大军围邯郸，赵国兵力大部折损在战场，国家空虚。赵王扫全境，得十万人交给廉颇，让他保卫邯郸，保卫赵国。赵国形势，危如累卵。

赵王向魏国求救。最可能救赵国的，就是魏国。魏国距离最近，在当时实力最强，并且魏国与赵国关系密切，王族间又长期联姻，安釐王安能坐视姐姐遭难？发兵十万，大将晋鄙率领，昼夜兼程，解救邯郸之围。

秦王和秦军当然想到东方各国间的军事联盟，见招拆招，他要破坏这种联盟。秦王向各国，尤其是魏国发照会："你敢救赵，我灭赵后，下一个就是你！"姐姐重要，但是魏国和我更重要，安釐王派使团带着"虎符"，命令晋鄙立即停止进军，原地待命。晋鄙合符无误，驻军邺城，听任邯郸告急文书络绎于道路。

邯郸随时可能陷落，信陵君敦请魏王下令进军。安釐王惧怕秦军，不敢下令，宾客辩士喋喋不休，万般鼓励请求引诱都无效。安釐王说："我现在救赵，将来谁救我？"他认定这回赵国在劫难逃了。绝望的信陵君召集门下宾客能战斗的，连同自己的仆人、佃户等，拼凑了百辆战车投入邯郸战场。这点兵力约等于无，公子当然知道有去无回，他要和姐姐死在一块，证明自己没有抛弃同胞。

可怜巴巴的公子"军队"北上救赵，经过东门。东门看大门的侯生是公子的好朋友，公子向他诀别："我和我的这些人，都回不来了，最后再看你一眼吧。"侯生说："是吗？那太遗憾了，可惜我很老了，不能跟你一起去。"信陵君走出几里路，越想越不对劲，我对侯生没有失礼的地方吧？生离死别，他怎么这样冷淡？不行，得回去问问，不能死前还有难解之谜。

再见到侯生，侯生笑了："我知道你一定会回来的。就你这千把人，投入秦军这匹猛虎中，只是猛虎的开胃菜罢了。你想知道在这生死关头，我怎么如此冷漠？怎么可能！我都替你谋划好了，其实跟谋划没什么关系，都是你自己经营的结果。晋鄙停留在邺城，没有魏王的指令，绝对不会去救赵。魏王是什么，魏王就是一只简单的虎符，只要虎符在手，就等于魏王在发号施令。"信陵君若有所思："难道说，你要伪造一只虎符？"侯生又笑了："多亏公子高贵风雅，居然有这个想法，我是那种弄虚作假的人吗？我们要的一定是真的虎符。"信陵君想不出怎样才能搞到真的虎符，虎符一直藏在魏王的密室里，属于最高级别的国家秘密。侯生说："如姬，公子记得吧？"信陵君说："好像记得吧。她是哪国人？"信陵君帮助过的人实在太多，他记不得如姬其人。

原来，如姬是魏王的宠姬，她的父亲被仇家杀害，如姬请求魏王为她报仇，魏王开动国家机器寻觅，那仇家却人间蒸发了。如姬向公子哭诉这件憋屈事，公子慨然允诺。不久，公子的人提着如姬仇家的人头向公子交差。如姬一直在找机会答谢公子。现在，魏王的内室只有如姬能进，这样可以取得魏王的虎符了。侯生说："公子把自己的困境告诉如姬，如姬即使肝脑涂地，也会盗得虎符给公子。"果然，如姬如愿盗得虎符。信陵君手持虎符，心里有了底。侯生又说："还不行，得让朱亥随你一起去，晋鄙忠心耿耿，人又精明得可怕，突然看见公子带着虎符命令他解职回都城，肯定起疑。如果顺利交接果然好，如果晋鄙不服从，请朱亥当场砸死他，朱亥袖子里藏着四十斤的大铁锤，现在就跟着公子出发。约莫公子到晋鄙军中，夺得晋鄙的军权，我将在都城自杀，向魏王谢罪。

驰驱到晋鄙军中，公子向晋鄙宣布："奉大王命令，军队交予信陵君魏无忌。"晋鄙合符无误，正待交接，忽然道："不对，就凭你这一个人、一句话，我不能把军队交给你！"话音未落，朱亥一铁锤，晋鄙应声倒地，信陵君宣布："晋鄙勾结秦军，我奉王命诛杀，全军立刻开拔！"展示虎符，全军立刻归信陵君指挥，北上救赵。平原君也从楚国搬得十万救兵，魏楚联军打败秦军，邯郸解围。

此时，侯生在都城大梁自杀，向魏王谢罪。

信陵君·门客

公子与门客,是利益共同体,也是命运共同体。长平之战前,廉颇被解职,门客们纷纷离去,家里门可罗雀;长平战后,廉颇再度被赵王起用,门客们又全都回来了。廉颇怨愤不已,其中一个门客说:"心态放平和些嘛。我们做门客的,为的一口饭。你在位,我们就有饭;你不在位,我们就没饭。没饭了,我们还在你家,等着饿死吗?"但公子和门客也不乏道义之交,信陵君与侯生,就是这样的交情。

侯嬴七十岁,为了生计,还在大梁城东门听差。信陵君知道侯生不是一般人,重金聘请他做门客,侯生却说,我洁身自爱,不受尘埃几十年,接受了公子的钱财,与我的原则就冲突了。不受钱财,吃饭总可以吧,公子大宴宾客,亲自驾车去请侯生。侯生穿着破旧的工作服,大模大样地一屁股坐在车的左边,根本不谦让。车左,应该是尊贵者坐的。公子手握缰绳,恭恭敬敬地当起了侯生的车夫。走到半路,侯生又说,你驾车拐个弯吧,我的一个朋友在菜市场卖肉,我去看看他。公子七拐八拐,走到乱哄哄的菜市场,破烂菜市场突然闯进一辆超级豪华版的大轿车显得格格不入,引来众人围观。侯生下车找到朱亥,朱亥说:"啥事?""没事。""没事领这么个秧子货乱逛?"大梁人把那些衣着光鲜又无所事事的人称作秧子货,表示轻蔑。侯生说:"我考验考验他。我这把老骨头,也该有个合适的地方安排。"侯生这时候就坚定了捐躯的心志,但还不能确定为谁献上这把老骨头。

侯生有一搭没一搭地与朱亥闲聊,公子家的宾客们还在等公子开席。按常理,公子现在应该非常着急:不能让那么多尊贵的客人等一个看大门的更夫啊。可是公子脸上非常平静,人们只看见恭敬,一点也看不到焦躁和不耐烦。侯生的考验结束,再度上车,宴会终于可以开席啦!一派花团锦簇中,一位油渍麻花的"工作服"昂然为主宾,一座大惊。公子向大家介绍这位神秘的"主宾",大家知道他叫侯嬴,东门退休延聘的守门人。

侯生告诉公子,那位朱亥,是一位十分杰出的人士,隐居在市井,我可以引荐和公子认识。信陵君多次看望朱亥,送他礼物,朱亥收下礼物,但从来不道谢。

信陵君暴力夺晋鄙军,虽然不是谋反,情景类同谋反,所以不敢回国,指令一个将军,带着军队回去,自己定居在邯郸。赵王打算封给信陵君五座城,信陵君很得意。一位智者对他说:"君子,他人对我有恩,我时刻铭记;我对他人有恩,尽可能忘却。您杀将夺军救赵国,对赵国您有恩;对魏国,您却有过。因此接受赵国的封地,这与卖国求荣有什么区别呢?"信陵君醒悟,不受封地。魏安釐王念公子夺军出于救人心切,把他的封地还给他,仍然尊他为信陵君。

赵国有两位处士,毛公和薛公。一个"职业拳击手",一个开店卖酒的小本生意人。信陵君想见这两个人,请人预先打个招呼,两人都说:"跟他谈什么?我们说的他不懂,他说的我们不感兴趣!"藏起来不见。信陵君挨家挨户去找,终于找到了,毛公、薛公说:"天下豪杰,舍魏公子其谁!"

平原君获悉信陵君正在同毛公、薛公谈学问,一脸悲伤地对夫人说:"我以为信陵君英雄天下无双,没想到他跟那些赌棍酒徒混在一起,贵族身份呢?"夫人说:"毛公是'职业拳击手',哪里是赌徒?"平原君说:"有什么区别吗?"夫妻赌气闹别扭,不知怎的就传出来了。故事的主角一定最后知道自己的故事,信陵君命令手下:"收拾东西,回大梁!我以为平原君是当代豪杰,所以为了平原君，宁可伤害魏王。谁知平原君招揽士人都是装样子的。毛公、薛公两位处士，我在大梁就仰慕他们的名声，唯恐他们认为我资格不够，不屑于与我交游，平原君却说同他们交游损害了贵族的面子，这样的贵族，罢了，罢了！"信陵君带着自己的门客风风火火出邯郸奔大梁，平原君涕泗交流拉着马缰绳道歉。信陵君是留下了，平原君的门客却纷纷离开平原君投奔信陵君，邯郸信陵君的府邸成为天下士聚合的中心。

信陵君在赵十年，秦频繁出兵攻打魏国，魏王苦不堪言，知道只有信陵君可以抗击秦军，派使臣来赵国，说不追究杀晋鄙的事，快回来领军救魏国吧！信陵君不相信魏王的许诺，坚决不回国。魏王的使者徘徊在魏国与赵国之间，既不敢回魏国，又不敢来赵国。信陵君的门客不敢奉劝公子，聚集在大门外彷徨。毛公、薛公胸有成竹，来见信陵君："公子之所以在赵国要雨得雨，要风得风，诸侯仰慕，万众倾心，在于公子背后是强大的魏国。现在秦攻击魏国，形势急迫，公子却铁石心肠置之不理，如果秦军攻破大梁，魏祖先的宗庙坟墓被秦人捣毁，公子……"毛公、薛公话还没说完，公子腾地站起来，大叫："收拾东西，回大梁！"

魏安釐王见到信陵君，犹如苦难中见到了大救星，兄弟抱头痛哭，安釐王授公子上将军印，统领全军抗击秦军。信陵君派出使者遍告诸侯，诸侯得知信陵君就任魏国上将军，都向魏国派出援军。信陵君率五国联军大破秦军，乘胜追逐秦军至函谷关，压制秦兵不敢出关，信陵君威震天下。

秦王打不过信陵君，决定使阴招，重金寻求晋鄙的门客，让他们在魏王面前说信陵君的坏话，使离间计。晋鄙门客向魏王透露"消息"，说各国一致同意废黜魏王，改立信陵君。今天说明天说，说得安釐王疑心丛生，渐渐削夺信陵君的兵权，最后撤换了信陵君。信陵君从此不"上班"，每天花天酒地，与宾客作长夜饮，醉生梦死，不知朝夕。如是四年，信陵君死，士君子时代随之落幕。

商鞅·变法强秦

魏国的国相公叔痤病重，魏惠王来探视，一阵寒暄以后，惠王问："公叔先生万一有个好歹，咱们魏国，你看谁能主持这个领导班子？"公叔痤早就想提拔一个人，但是人事问题太敏感，一直没找到机会说，现在是最后一个机会了，赶快向国君推荐。这人姓公孙，名鞅，本是卫国国君的一个公子，大家习惯叫他卫鞅。卫鞅从小学习刑名法术，为人深谋远虑，极有心机的，但现在只是一个小官，太屈才。

听到惠王的询问，公叔痤说："公孙鞅。这个年轻人前途不可限量，他一只手可以举得起大魏国，大王千万别小瞧他，把国家大权交给他吧，魏国的复兴壮大就在此人。"见惠王不搭腔，公叔痤说："大王不用他也可以，必须把这小子宰掉，留着他早晚是个祸害。"惠王答道："杀一个公孙鞅，那还不容易？公孙先生放心吧，我一切按照你说的办。"

公叔痤打起精神，招来了卫鞅："小鞅啊，刚才大王要我推荐继承人，我说你。"公孙鞅倒身下拜："知我者，公叔先生也！""可是大王没言语。"公孙鞅又下拜："国君虽不用，公叔先生大恩不能忘。""我又说，如果魏国不用你，也不要让别的国王用，所以应该把你除掉。"公孙鞅第三次下拜："我的前途来自公叔先生，先生如何处置，鞅死而无憾。""这回国王很爽快地答应了，他说：'好。'你看，他说'好'了，你的处境很危险呢，快点逃命去吧，跑得慢了，非被国王的卫队抓住不可。你可别怪罪我，我是先为公，后为私，公私不能两全，我就得为了魏国牺牲你啦。"公叔痤的做法真怪，把自己先举荐后谋杀这一档子事，一股脑儿地展示给公孙鞅。听了老先生的话，公孙鞅应该登时跳上病榻，掐住那老东西的脖子："去死吧，不要让我再见到你！"先送他过奈何桥，然后收拾行装到韩国、赵国等避难。但公孙鞅不，公孙鞅服侍公叔痤躺得安稳，看老先生气喘得匀了，从容地说："您推荐我做丞相，大王不听；您建议把我宰掉，大王就听了？放心休息吧，公叔大人，好好睡一觉。俗话说，噩梦醒来是早晨啦。明天早晨，我肯定活着过来给您请安。"便叫："小的们，备车！"嘚嘚嘚，他也走了。

　　惠王告别公叔痤，回到王宫思绪联翩，惋惜公叔痤。想从前公叔先生何等贤明，现而今连起码的事理都糊里糊涂，叫我把这么大一个国家交给一个毛头小伙子，难道我是昏君吗？左右异口同声："您不昏，您是尧舜再世！"不昏不庸的惠王不用卫鞅，也不杀卫鞅。不久，公叔痤死。卫鞅在魏国失去靠山，他获知秦国正在招贤，于是远赴秦国应聘，很偶然的机会认识了朝廷的一位大臣景监，而景监恰是秦孝公的心腹。景监向秦孝公热情推荐卫鞅，孝公看景监的情面，说："我可以跟他谈谈。"

　　卫鞅见孝公，跟他谈最高深的玄学。他说玄学是人的终极学问，富有玄学修养的人，不但政治成就可与三皇五帝比肩，而且长寿，比如黄帝。黄帝政治纯粹，他本人还成仙升天了。卫鞅讲哲学显示自己有学问："一生二，二生三，三生万物，万物负阴而抱阳……"孝公瞌睡好一阵，醒来听卫鞅还在讲，接着又睡。好不容易会见结束，秦孝公叫来景监，大骂："你推荐的什么人啊！他说的是人话吗？"景监很没面子，转头责备卫鞅："行不行啊你？害得我好惨。"卫鞅说："初次见面，我总得像个学者吧。"五天后，卫鞅又来求景监引见，景监说："就这一次了啊，我为这事担多大的风险呢。"

　　秦孝公继位以来，对于国势颓败十分忧虑。山东各国变法革新，发展迅猛，对秦国虎视眈眈。尤其魏国李悝变法，国势强盛，对秦国步步紧逼，把河西地区全都夺走了。遥想穆公时期，山东各国谁敢这样张狂？他要学山东各国的变法，招揽人才。这位卫鞅虽然说话玄虚的成分不小，但两次接见，发现这人的思维非常缜密，言语坚定行事干练。第一次讲上古帝道，第二次讲王道，他肯定还有霸道要讲，我很想听听他讲霸道。几天后，孝公对景监说："你请来的那位客人，他叫卫鞅，是不是？还在吗？"景监大喜："还在，还在，大王是？"孝公说："你再安排一次见面，我对他讲霸道更感兴趣。"

又会面了，孝公听卫鞅讲话，不知不觉向卫鞅靠近，听得入迷，完全离开自己的座席还不知道。一连几天，孝公睁开眼睛就叫："请卫鞅来，我要听他讲道理！"景监问卫鞅："你都讲了些啥？讲得我们君上五迷三道的。"卫鞅说："我不讲帝道，不讲王道，也不讲霸道，我只讲让秦国几年内富强起来的强国之道。"

孝公任用卫鞅，在秦国实行全面的改革，改革方案极为简单，分户、开界、奖功、惩过四项而已，关键在实行。卫鞅命人在南门树立一根三丈长的木杆，公布：谁把这根杆子移至北门，奖励五十金。诱惑力实在太大，终于有人壮着胆子，如约移走木杆到北门，获得奖励金五十。马上，国家颁布法令，变法全面铺开。

有转移木杆这件事作为先例，民众对变法的内容完全信从，知道国家和主持变法的卫鞅言出法随，一切遵从法律法令。但是秦国的贵族散漫惯了，不能忍受这些严刑苛法，怨声载道。特别是太子，故意违反卫鞅的法令，挑战变法。卫鞅坚持古训："王子犯法，与庶民同罪。"冒着被孝公处死的危险，果断判处太子受刑。不过，未来的君主不可能亲自受刑，这项处罚由太子的师傅们承担，公子虔受杖责，公孙贾被刺面。几年后，太子又犯法，卫鞅再次处罚公子虔，施以更严重的劓刑。师傅受刑，等同于太子受刑，太子悲愤难抑，默默地等待报复的时机。

变法使秦国迅速强大起来，强大的秦国首选主攻目标是魏。卫鞅率军攻魏，收复了河西地区，并压迫魏国迁都大梁。魏惠王为当初没有听从公叔痤的建议而悔断肝肠。

卫鞅功绩卓著，秦君把商地封给他，共十五座邑，号为商君，世称商鞅。

商鞅·作法自毙

商鞅厉行严刑酷法，以户籍制度为纽带，责令居民互相监视检举，一家犯法，十家连坐。不告发犯罪人的，与犯罪人同罪；告发犯罪人的，奖励丰厚。男子成年，不管是否娶妻，必须分家另过。奖励生产和军功，惩罚打架斗殴和游手好闲。贵族也按照军功定级，没有建立功绩的，开除出贵族。新法推行十年，秦国路不拾遗，盗贼绝迹。取得如此成效，根本在于商鞅执法坚决，不留情面，不留死角。人人畏惧商君之法，说话做事都战战兢兢。最典型的例子：一些百姓赞扬商君之法，说它利国利民，造福众生，也赞扬商君的英明伟大。商鞅的态度极为粗暴："乱民！国家法令好与不好，是他们可以议论的吗？"下令剥夺这些人的财产，把他们驱逐到蛮夷地区。商鞅认为，百姓只有在法律之下活动的义务，没有议论法律的权利。实际上，商鞅取消了民众的一切权利，只剩下赤裸裸的义务。在商鞅法律统治下的秦国，经济欣欣向荣，军队威武雄壮，人民噤如寒蝉。

就在商君炙手可热的时候，赵良与商鞅有一次很深入的谈话。这番谈话的内容，司马迁的《史记》详细记录下来，司马迁认为可以做后世人君的良药。

商君说："我能见到您，是由于孟兰皋的介绍。孟兰皋先生的朋友，一定是高尚的人，希望我们也可以成为好朋友，我可以怎样为您效劳呢？"商鞅的意思，孟兰皋引见赵良是想给他谋个差事，赵良似乎不领情，东说孔子，西说孔子，然后说："我是来帮助您的。"商鞅自尊心很受伤，教导赵良说："在秦国，都是我帮人。听您的意思，好像不很喜欢我治理秦国的方式？我告诉您，我是怎么治理秦国的。当初，秦国的习俗和戎狄一样，男女老少同居一室。如今我改变了秦国的教化，使他们分居而住，礼仪教化，向东方精神文明看齐。改建扩建宫室殿堂，向东方物质文明看齐。您看我治理秦国，与五羖大夫比，我敢说，不遑多让！"赵良说："千人之诺诺，不如一士之谔谔。武王谔谔以昌，殷纣墨墨以亡。我希望您有武王的圣明和雅量，允许我把话说完，要治罪也等我说完再治，能答应我这个要求吗？"商鞅有点尴尬，赵良显然在讽刺他任意罗织人罪，但还是镇定地说："不好听的话一定是药，好听的话一定是毒。在下诚恳拜受唯恐不及，哪能对先生不恭敬？"

赵良说："刚才您说到五羖大夫是楚国的乡下人。听说秦穆公贤明，就想去拜见，没有路费就把自己卖给秦国人，没机会见到秦穆公，只好破衣烂衫地给人家养牛，当最低微的'打工族'。一年以后，秦穆公发现了他，直接提升他到朝廷任高官，迅速擢升为国相。他出任秦相的六七年，讨伐郑国，出兵救楚，先后三次拥立晋国的国君。在境内施行德化。四方蛮夷国家前来朝见。由余也舍弃西戎的高位主动投靠。秦任用由余，得以称霸西戎。

"五羖大夫出任秦的国相，不坐车，不打伞，徒步走遍全国。为了体察民情，没有仪仗队，没有前呼后拥的随从，这样深入国家的边边角角，国家什么事情能瞒得过他？他的功名载于史册，传于后世。死时，秦国不论男女都痛哭流涕，连小孩子都停止娱乐，他们是由衷地悲伤。这叫德化，五羖大夫原来是德行完备的君子。

"至于君侯，您得以见到秦君，是因秦君宠臣景监的推荐介绍。您的来路就不正派了吧？景监一个弄臣，境界卑下，君子不齿，却是您的恩人。五羖大夫职业低微，但人家不卑贱，您能和他相比吗？而且，您身为秦国国相，不为百姓造福，却大肆营建厅堂馆所、亭台楼阁。这些东西，只为了满足权力者的贪婪欲望，吸取百姓的血汗。跟五羖大夫摩顶放踵利天下的精神境界比起来，您不觉得惭愧吗？怎么自认为强过他？

"您写过一本书，人们尊它为《商君书》。请原谅我的坦率，这本书集丑陋和阴损之大成。以弱去强，以奸驭良，这明明就是流氓政治。所谓'一教'，就是言论思想控制，剥夺个人资产，让民众被迫依附国家。您的所有措施，都以辱民、贫民、弱民为指向。可是，民弱了，国再强也是幻影，经不起风吹草动，如果一夫揭竿，万民景从，我不知君侯将如何应对。

"用严刑酷法残害百姓，这是为社会积累怨愤，为自己积攒仇恨。对百姓，是教化还是命令，这可以研究讨论，但您干脆取消教化，凡事都以强制命令去推广执行。国家需要法律，需要强制权威，但国家也需要人性，需要建立和谐的社会关系。可您除了法律法令，再没有别的了。您这样把百姓变成泯灭理性和情感的劳动工具，这样的人与禽兽有什么区别？

"公子虔闭门不出已经八年了，他想的是什么您知道吗？我想您是知道的，所以您每次出门后边必定跟着几十辆车子，用身强力壮、全副武装的卫士做警卫，前有戈，后有矛，左有盾，右有牌。这些防卫缺少一样，您必定不敢出门。这样的生活，您还觉得很精彩吗？您的荣华富贵，就像早晨的露珠，转瞬之间就会消失在阳光下。

"所以，我就是来帮助您的。您及时奉劝秦君，重用隐居山林的贤才，全国赡养老人，抚育孤儿，尊崇有德之士，重拾人类的博爱之心，秦国才能进入彬彬有序的良性循环。您自己，最好的办法是把封地交还秦君，到偏僻荒远的乡下，播种五谷，浇园种菜，这样才可以确保平安，健康长寿。不然，一旦秦君不在了，秦国想要杀你的人，一下子就站起来成千上万。"

商君默默地听完了赵良的话，啥也没说，挥挥手，赵良走了。

五个月之后秦孝公去世，太子即位为秦惠王。公子虔等诬告商君谋反，商君逃跑到边境关口，想住旅店。旅店的主人跟他要身份证明，国家明文规定，住店必须有证件，否则店主将会被治罪。商君却没有身份证明，因为他是国相，用不到那东西，就是有那东西，他也不敢拿出来，他现在是通缉犯。可是店主坚持检查那东西。商君仰天长叹:"我商鞅,作法自毙啊!"逃到魏国,他因欺骗公子卬的事,已经伤透了魏国人的心,魏国人把商君送还秦国。商君在困兽之斗中战死,死后被秦惠王车裂,随后被族灭。

范雎·咸鱼翻身

魏国的国相魏齐派须贾大夫访问齐国,须贾带了自己的门客范雎壮门面。须贾忙着谈判,范雎也没闲着,他忙着吃请。范雎是大名士,齐国人又向来好客,他不但吃,还满载齐国的土特产而归。须贾看了嫉妒,心里酸得不行:我是访问团团长,啥待遇没有,他可倒好,凭什么——不用说,一定把国家机密出卖给了齐国人,才换得如此礼遇!光怀疑也还罢了,他竟把怀疑的东西当作真实发生的事件,"如实地"向国相魏齐汇报。魏齐也是一个不会动脑筋的家伙,一个门客能掌握多少国家机密?他大怒,便开宴会。这是他的习惯,每当要杀人,他就开宴会。

宴会的主题只有一个,审问范雎。范雎自然没啥可招认的,但魏齐脾气火暴,并不听范雎申辩,打得范雎一息也不存,老魏还不解气,把范雎扔到厕所里,指示与会人员每人往他身上撒一泡尿,羞辱他。然后大家再入席,边吃饭边讨论如何处置叛徒范雎的尸体,肢解呢还是喂狗,或者肢解了再喂狗。不料等他们再来时,那范雎却没了,一个死得透透的范雎,说没就没了?很蹊跷,但魏齐并不在意,因为这范雎已是一条死咸鱼,咸鱼扔到汪洋大海,也翻不了身。

没过多久,秦国便一步紧接着一步地压迫魏国,根据确切情报,秦国新宰相张禄对魏国特别仇恨,盯住魏国不放,攻势凌厉。张禄丞相是谁?没听说过，应该是个新人，这就好办事，魏齐决定使用最擅长的手段——私下勾兑。他派人到秦国求见国相张禄，送上厚礼，让张禄抬一抬手宽恕魏国。这次还是派须贾，须贾带着豪华礼品，径直送到秦国相府，张禄丞相根本不接见，一车礼品送不出去，须贾每天望着丞相府叹气。

须贾被困在咸阳，像丧家之犬一样在街上乱窜，可巧就碰见了范雎。看范雎衣衫褴褛、困顿不堪的模样，须贾有了同是天涯沦落人的感觉，又想到从前向魏齐打小报告，害得范雎差点死去，但如今看那狼狈样，跟死去也差不了许多。便招待他吃饭，还把自己的一件棉袍子送给范雎，让他御寒。谈话中范雎得知须贾为见丞相而不得的巨大烦恼，就说："不要紧，我现在的主人，跟张禄丞相很熟，我本人也碰巧见过丞相几回，算有点私交吧，我送你去丞相府吧。"须贾喜出望外，兴冲冲地随着范雎奔至丞相府，也没仔细想一想，范雎既然跟丞相那么熟悉，怎么混得连一件棉袄都穿不上？不过须贾正在兴奋的时候，没想那么多，何况这须贾原本智商就不很高，要不然怎么会无缘无故诬陷范雎？

老范进门通报，让须贾在门外等，等了七八顿饭的工夫，还不见声响，须贾便往最坏处想：一定是张丞相怪范雎多事，把他逮捕下狱，或者已经砍头了也说不定。老范，都是我连累了你啊！泪珠簌簌地落下来，便攒起胆子问门卫："范叔进去这许久，怎么还不出来？"门卫倒也和气："什么范叔？谁是范叔？""就是带我来的那个人啊，他是魏国人，在秦国打零工呢，名叫范雎，字叔。"门卫就变了脸："呀呸！掌嘴！那是我们尊敬的张丞相！"须贾听到"张丞相"三字，立刻瘫倒在大门口，就像庖丁解过的那头牛，骨头全没了。这时大门洞开，须贾却进不得，他站不起来，只得一步步跪爬进去。见范雎，即张禄，巍然高坐，目光如炬，刺得须贾缩成一团小刺猬，想打个招呼都开口不得。范雎却口若悬河，历数须贾和魏齐的罪行。须贾想，咸鱼翻身了，我的死期也就到了。既然免不了一死，便不再害怕，腿杆挺了挺，居然站了起来。不料范雎结束演讲后补充了一句："看你赠我一件棉袍子的分上，免你一死。你赶快回魏国，让魏王把魏齐的头送来，不然，我就血洗大梁！"须贾得了赦令，抱头而去。

范雎是魏国人，由于在国内受了委屈，逃到敌对国家，反过来带兵打魏国，这事做着可能挺解气，但听着别扭，琢磨着怎么都像"魏奸"的心肠。恨须贾、恨魏齐，必欲置之死地，也还有情可原，但声称要血洗自己国家的首都，因个人恩怨让全国人民来殉葬，这无论如何是太过分了。秦国灭亡山东六国有三个关键人物，先是商鞅使秦国自身富强，最后李斯使用暗杀手段制止六国的反抗，中间阶段的范雎制定"远交近攻"政策，逐步蚕食六国，是为"三杰"。范雎为什么对六国如此仇恨？不是为了实现周公、孔子的"大一统"，他仅仅为了报复魏国当初对他的不公正。但魏国对他不公正的也只有魏齐、须贾两个人，而须贾对他只是个人恩怨，魏齐只是一时受蒙蔽，无意的过失，范雎却要赶尽杀绝。

须贾回到大梁，向魏王和丞相魏齐汇报，魏王眼睛盯着魏齐，魏齐说："我还是走吧。"流亡到赵国，住在平原君家，秦发急兵攻赵，赵王发兵包围平原君府邸，要割下魏齐的头献秦免灾。平原君大怒："魏齐急难时投奔我，我们不能落井下石！"魏齐冲出包围，投奔赵相虞卿，虞卿也没什么好办法，于是二人一起逃了。二人在邯郸郊外茫然四顾，天下之大，没有魏齐的一处安身之地，战国时代的两位豪杰，在旷野中落泪四行。虞卿说去魏国吧，求信陵君收留。信陵君闻报，犹豫不决，收留秦国的通缉犯，会招来秦军的灭顶攻势，问门客："虞卿为人如何？"门客气愤，怒对信陵君之问："为人如何？虞卿舍下家业，跟随魏齐流亡，你说他为人如何？"信陵君大惭，大摆车驾，到郊外迎接魏齐和虞卿。魏齐久等信陵君不来，知道公子左右为难，决定以死保全国家，挥剑自刎。魏王向张禄，即范雎，献上魏齐的头，秦军撤退。

范雎入秦，向秦王献"远交近攻"四字方略。战略布局是这样：远方的国家燕、齐，与秦国距离远，与他们确立友好关系，他们自认为很安全，对合纵自然不感兴趣。周边的韩、赵、魏、楚，笼络较强的赵、魏、楚，集中攻韩、赵、魏、楚认为自身安全，救韩得罪秦，所以坐视韩亡而不救。同样的步骤，在其他国家再重复一遍，周边国家相继入秦成为郡县，最后再到边远的燕、齐。范雎之后，秦王嬴政和丞相李斯完全遵照范雎的战略，最后完成天下一统。

郑国·无心插柳

郑国不是国，他是一个人，水利专家，任职韩国水利"工程师"，专职水利设施建设。

韩昭侯号称精明，申不害为兄求职，被他一顿忽悠，说掌权者不可以利用权力谋私，他自己却滥用权力谋一己之利。昭侯二十五年（公元前314年），韩国大旱，饥荒严重，以致人相食，昭侯却想起来修建自己的大宫殿，还为自己建造许多别墅。韩国的强盛时期很短促，昭侯之后，韩国和燕国的国君互相尊称王，于是韩国有桓惠王。

桓惠王时，秦对六国的优势已经相当明显。六国中最恐慌的是韩国，因为韩最弱，又紧邻秦国，秦国要吞并六国，最先被灭的一定是韩国。桓惠王每天像热锅上的蚂蚁，绞尽脑汁想办法。一只蚂蚁的脑汁能有多少？况且蚂蚁有没有脑子都不好下结论。总之，桓惠王绞脑汁的结果出来了：拖住秦国，拖穷它，拖死它，叫它出不了函谷关！

似乎老天也青睐桓惠王，韩国的劲敌秦昭王死了，这是个好消息。秦昭王在位五十六年，可把人害苦了，六国人民切齿痛恨秦昭王，他这一死，各国都有了生机。韩国最高兴，桓惠王亲自来吊唁，穿上最高等级的丧服，痛哭于秦昭王的棺木前。嘴咧着，嗓子号着，眼泪流着，心里却狂喜。其他参加丧礼的各国代表，心情也都差不多，所以秦昭王的丧礼庄严隆重，还隐藏着热烈。

好事情接二连三，孝文王十月即位，结果三天后就死了。秦国连着死两个国王，这是上天要灭亡它的征兆啊。那时候要有鞭炮，山东六国的鞭炮一定会制造三月不息的大雾霾。庄襄王即位，六国人静悄悄地等着，等着啥？心照不宣，因为天下人都知道，庄襄王身体极其虚弱……第四年，好消息到底来了：秦庄襄王死了！五年死三王，天不灭秦都不好意思吧？韩国彻底放心了，这要有鞭炮……

六国的兴奋很快就被冷水浇灭。虽然秦国连丧，但对六国的攻势却没有减弱，庄襄王死，太子政即位。秦王政很年轻，但野心勃勃，更智慧超常，身边又有老谋深算的丞相吕不韦，秦国对东方的攻势反倒越发凌厉。看来上天完全没有亡秦的意思，桓惠王叹息一声，天靠不住，要自保，还得人谋啊。

韩桓惠王有智慧，而且是绕着弯弯的大智慧。他拖住秦国的谋略就是，游说秦国建设一项浩大的工程，这项工程一定是个无底洞，投多少钱下去都看不见，一旦开建就停不下来。这是什么工程？当然是水利工程了，他召来郑国，如此这般，计议一番。

秦王政即位不久，从韩国来了一位水利专家，叫郑国。他自称曾在韩国中央任职，因为韩国穷，离职来秦国，想发点小财。这种情况极平常，各国间人才流动频繁，哪里待遇好就奔哪里，秦国最富庶，所以各国才能之士来秦如过江之鲫。

秦王问郑国："先生能为我做点什么事情呢？"郑国说："开渠。"一听开渠，秦王眼睛一亮，秦国水旱严重，旱就旱死，涝就涝死，尤其泾河，水多时不见对岸，水少时一条细线。早就该变水害为水利，引泾河水浇灌渭北平原。渭北平原太高，渭水上不去，如果从泾河挖一条水渠，与渭水平行，等于在渭北平原顺势开挖无数的自流井，关中大地就旱涝保收。这个工程师来得太及时了，秦王问："在哪里开渠？"郑国道："在泾河自瓠口，开挖一条渠，北抵达洛水，与渭水平行，可使渭河谷地旱涝保收。"秦王心里一阵阵发抖，这是人吗？明明是活神仙啊，不但想的跟我一样，讲的话也跟我一样。于是哆哆嗦嗦地问:"瓠口开挖引水口,泾河枯水期无水可引,怎么解决?"他很担心郑国说出"拦水坝"这个词,如果郑国连这个都和他一致,他就把郑国打出去:魔鬼就堂堂正正地承认魔鬼嘛,冒充什么水利专家呢?秦王听见自己的心脏在突突突地跳,要没有衣服挡着,就跳出来在地上滚了。郑国郑重其事说了三个字:"拦水坝。"秦王带着自己的心脏——也许心脏带着他呢,搞不清了——从席子上跳起来,手指郑国:"你,你,你——"但他舍不得把这个"魔鬼"打出去,激动了一会儿,说:"你说得太好啦!"于是任用郑国为总设计师和总工程师,修筑拦水坝,同时开挖引水渠。水渠修成,就以"郑国"命名,等于为这个水利专家竖立一座记功碑。

现在郑国的心情很矛盾了。一方面,他是韩国的间谍,专职来破坏秦国的国民经济,以拖垮秦国为最后目标;另一方面,他是秦国的水利工程师,以完成一项工程为最高目标。"最后"和"最高"两个小人,在郑国的头脑里不断地打架,把郑国打得焦头烂额。就说拦水坝吧,郑国设计大坝长一百丈,这没问题,但他设计宽三十丈,就太夸张。助手说,不要这么宽吧,太浪费,十五丈足够了。郑国斩钉截铁:"夏季洪水,泾河两岸,不辨牛马,十五丈,泥捏的一样!"大坝的坝心黏土,就近取的不行,必须到几十里外的山上取五彩黏土,那种土黏性更大,不含微生物,而且有一种特殊的味道,老鼠害怕这种味道,碰见就躲,不会在它旁边打洞,大坝永不会出现"管涌"。大坝护坡加固的石料,郑国要求长、宽、高统一规格,每一面都精雕细刻,每一块都是精美的工艺品。

郑国这些反常的举动终于引起秦王的注意。大坝护坡的石块,只起辅助作用,保护泥土不散不被冲刷,统一规格还在上面雕花纹,有必要吗?更玄的是六面都雕花纹,正面花纹还可以说是为了美观,其他五面的花纹,你怎么解释?郑国说:"我不解释。"不解释,就是承认,间谍大罪,处决是当然的了。郑国说:"工程进行到一多半,我要死了,没人能完成,太可惜,让我完成它吧。"

郑国说的是实话，他不怕死，他来时就没打算活着回韩国，所以才明目张胆、肆无忌惮地消耗秦国的人力物力。但手里的工程没完，就像生孩子生到一半，突然不让生了，这是工程师独有的痛苦，秦王体会不到。但秦王知道利害关系，处死郑国，留下这个超级大烂尾？郑国继续当他的"总设计师"和"总工程师"。这回郑国只有一个身份，头脑里再没有两个小人打架，一心一意修他的"郑国渠"。

十年后，郑国渠工程告竣，水渠总长三百里，灌溉农田一百余万亩，关中平原顿成沃野，从此无凶年。"疲秦"的工程产生了"强秦"的结果，这是韩桓惠王、秦王和郑国都没有预料到的。

李斯·鼠世界

楚国上蔡地方的一个居民小区,一个细细幺幺的孩子叫李斯,他太细了,一个指头都能戳翻,小区的大人都嘱咐自己的孩子:"别跟李斯玩啊,他被风吹走了咱们可找不回来,沾包。"李斯没有伙伴,只好跟猫啊狗啊套近乎,可是狗见了李斯只一声"汪",表示不屑;猫见了李斯只一声"喵",拉开距离。等而下之,李斯只得与老鼠结盟。老鼠鬼头鬼脑,每次出门都抬起两只小手算账兼算卦,抖抖索索地算计半天,算定这个小孩子没有危险。老鼠算卦不算未知,只算已知,比如它们能算出猫曾经来过这里,算不出猫会不会还来这里。说没有危险,是因为它算出李斯被猫拒绝过。猫鼠是仇敌,被猫拒绝的,就是鼠的好朋友,于是少年李斯和老鼠成了莫逆。他两个讨论了很严肃的社会学问题,老鼠给李斯以深刻的启发。多年以后,人们问李斯与老鼠交谈的事是否属实,李斯喟然而叹:"成年人的思想和眼界,完全不能理解儿童世界的广阔伟大和不可思议!"等于默认了与老鼠的这段交情。

李斯和一位仓鼠过从甚密,无话不谈。这位仓先生皮毛光亮,体格壮健,没事就梳理毛发,涂油打蜡,忙活个没完。见面时李斯习惯性地问候仓先生:"吃饭了没?"仓先生前两次还礼貌地答应着,"吃过了""没吃呢",到第三次就忍无可忍了:"我们整天都在吃饭,你得用进行时态问我,不能用过去时态,你应该这样说:'吃着呢?'明白了吗?"被仓鼠抢白一顿,李斯很没面子,听仓鼠说整天都在吃饭,就由不满转成羡慕:仓鼠就是好啊,不为吃饭发愁。

仓先生说:"既然说到吃饭,我就跟你说说吃饭。我们吃饭,饮食品种丰富,花色齐全,美味佳肴,随要随到,身边就是大仓库,取之不竭呢。"李斯说:"再多,也不过豆麦稻粱,能吃出什么花样?"仓先生也是个吃货,说到吃就分外兴奋:"豆分十几个部位,分割了上席。豆瓣是辅餐,助消化的;豆壳每次嚼一点点,帮助肠胃蠕动;豆胚芽是最好的下酒菜,一盘胚芽很贵的呢,原料不要钱,主要是费工夫。稻麦做主餐,麦皮最好吃,味道好极啦,从麦粒上把它们整下来很不容易。麦粒前段吃了发胖,后段吃了减肥,中段吃了不发胖也不见瘦,大家都爱吃中段,但总有鼠身体变轻变重,所以整个麦粒都不会浪费。我们吃饭的餐桌,虽然是流水席,却总干干净净的。仓库的主人一点看不出来。""看出来,你们就倒霉了,是吧?""绝对不是,仓库主人知道我们一家,还给我们每个鼠取了名字。"李斯觉得很奇怪,有这样的人鼠和谐的事?仓先生的话使他相信这是真的:"人们为什么恨老鼠?不是我们吃饭太讲究了,让他们嫉妒,而是老鼠随便拉屎撒尿,把整仓的粮食都污染了,对吧?如果我们有固定的厕所,人们还在乎老鼠分吃他们几粒米吗?""固定厕所?你们有厕所?"仓先生得意扬扬:"彩陶的,分男厕女厕。仓库主人每天来清洗打扫,还熏香呢。"

说到厕所,李斯有点内急,急忙找厕所。跨进门,一只老鼠慌忙逃窜,门被李斯挡着,老鼠急得爬墙,爬几下掉下来,才发现来人是李斯,仍然气喘吁吁,累得加上吓得:"可吓死我了,这一阵有好几伙人来如厕,一顿饭也吃不消停。"李斯听它说吃饭,在厕所里,胃里一阵恶心,看这只厕鼠,毛稀疏灰暗,几处皮肤裸露,四肢细弱,不停地发抖,躲闪畏葸,语音飘忽,目光游移不定,李斯说话的兴致一点也无:"哦,厕先生,您请便。"

得到老鼠的启示后,李斯便收拾行李,远赴赵国,投到荀卿门下,成了荀子的门生。他远远来赵国读书,就是要解决老鼠问题:同样是老鼠,差距为什么如此之大。不仅仅是待遇，鼠的着装、体态、语言、表情，几乎两个鼠世界。鼠如此，人的生存何尝不是这样？人的基础素质，其实差不多，同学少年，到后来天差地远，原因就在于占住的地方。仓鼠占住仓库，厕鼠委身厕所，如果仓鼠厕鼠换一下位置，不用几天，它们的一切也都会随之彻底改变。老鼠问题就是李斯自己的问题，他要找到自己占住的位置，跟仓鼠一样豪华尊贵，避免沦落为厕鼠。仓鼠厕鼠，谁规定？谁分配？李斯认为，没有谁规定和分配，完全是老鼠自己努力，我李斯，就是要当一只令人羡慕的仓鼠！

李斯以自己的"鼠视角"俯瞰天下，发现山东六国都是没有前途的"厕"，只有关中的秦国才是"仓"。打点行装西入秦，得到吕不韦的赏识，为客卿，向秦王献计"先灭韩，以恐他国"。行贿、离间六国联盟，暗杀对秦强硬派。秦得以统一天下，是三个人一百年的合力：商鞅变法强秦为基础，范雎远交近攻的策略为布局，李斯的阴谋为手段。始皇帝即位，李斯先为廷尉，跃升为丞相，位极人臣，李斯的仓鼠理论成功。

秦帝国建立，帝国的政策设计主要出于李斯。书同文，车同轨，统一货币、度量衡，建设连接天下的驰道，都是李斯的大局观、仓鼠理论的细化。为了使自己的仓鼠地位更稳固，李斯向始皇帝建议先坑儒，再焚书，为一己而空乏天下人，殊不知"坑灰未冷山东乱，刘项原来不读书"，陈涉不但不读书，他甚至不知文字为何物。仓鼠再精明，也还是鼠目寸光。

始皇帝在求仙人赐予长生术的途中，崩于沙丘。李斯认为，长子扶苏继位为"二世皇帝"将对他不利，于是与宦官赵高合谋，矫诏杀扶苏，立公子胡亥为帝。

在胡亥二世皇帝的治下，李斯的日子并不好过，胡亥对李斯十分戒备，担心他在后边搞鬼。李斯为讨好二世皇帝，上《行督责书》。《行督责书》是李斯著作中最为不堪的一部，他说皇帝工作太辛苦，应该督责全部臣民，互相监督，互相激励，供皇帝一人享乐。督责的方法是：斩断仁义之路，堵住游说之口，困厄烈士的死节行为，闭目塞听，任凭自己独断专行。行督责的效果，李斯用一串过渡句，归结到督责可使天下太平：真正实行了督责，臣下才能没有离异之心，天下才能安定，天下安定才能有君主的尊严，君主有了尊严才能使督责严格执行，督责严格执行后君主的欲望才能得到满足，满足之后国家才能富强，国家富强了君主才能享受更多。所以督责之术一确立，君主的任何欲望就都能满足了。群臣百姓想补救自己的过失都来不及，哪里还敢图谋造反？阿谀逢迎，畏葸怯懦。原来，李斯只是一只厕鼠！

智慧列传

老子·高端学术

李耳字聃,号"老子",也叫"老聃"。"老子"一词的来历,传说李耳娘怀孕八十一年生李耳,这孩子出生就长胡子,所以叫"老子"。这个说法很笨拙,编的人和相信并传播的人都有点不正经。不说八十一岁的婴儿会多么奇怪,单是老子母亲,让她老人家一百多岁还生孩子,这也不是正经人所能琢磨出来的主意。关于老子的称号,一些权威学者论证说,上古时候李、老同音,所以老子本来叫李子。但既然李老同音,为什么舍弃习见的李姓,而取用不是常用姓的老,没啥道理。

老子之所以叫"老子",因为他的学问。有学问的人,大家叫他某某先生。这个某某,就是他的姓加名,如机器猫先生、灰太狼先生、林黛玉先生。学问很高,在很大的范围内称孤道寡,大家叫他某先生。这个某,就是他的姓,名就避讳掉了,表示对这人的尊敬,如孔先生、孟先生、墨先生、杨先生。中国人其实很少这么称呼,只在极端严肃的场合,比如唐雎要刺杀秦王,秦王惶急之时说:"先生息怒,先生坐。"一般情况,先生用"子"代表,如孔子、孟子、墨子、杨子。东周时期,天下学问最高深的,当数李耳李先生,按照习惯叫法,该是"李子",因为李子的名望实在太高,人们认为称呼他的姓,都是不严肃的,也就连"李"也避讳起来,直接叫他"老子"——"老先生"。

老先生在"中央图书馆"当馆长。名为"图书馆",其实也没有几部书,老先生早就滚瓜烂熟,倒背如流。翻来覆去背诵那几堆竹简,终究有背诵完了又都忘记的时候。这是老子的奇思妙想,他很想把它们忘掉再重新背诵一回,又不可能办到。但这思路启发了老先生,老子要研究极高深的问题,进入纯思辨的形而上的思考。现代人的学问做得肤浅,不是因为现代人浅薄浮躁,重要原因在于现代人发表意见太方便、太随便,突然灵光闪烁,立刻写下来,发出去,一点沉淀的机会也没有,这样草率要是能成就学问,那纯属偶然。老子时代要发表一点意见很不容易,也很不方便,他们那些理论学说不知道在肚里转了几千个轮回,这才写成几千字。

老子研究有和无,有和无的相互关系叫"道",道先于"存在"而存在,所以道兼有物质和精神两种属性。道的本质是有和无的总和,它的可感知的部分叫作"德",不可感知的部分叫作"无"。可感知部分和不可知部分在道的层面怎样分配,也就是德和无各占多大比例。老子说:"不知道。"所以老子是一位不可知论者。老子之后,有人根据他的这通学说绘制了一幅图画——《太极图》,俗称"阴阳鱼"。这个图把"道"图示为"一",用一个圆表示,这是可以的。但是把可知部分和不可知部分区别为阴和阳完全相等的两个部分,两者规则地平滑地此消彼长,就不符合老子的意思。老子说:"道可道,非常道;名可名,非常名。"任何真理以及对它们的陈述,都不能穷尽它们的本质内涵,人对客观世界的了解认知,永远只是片段。可知世界的"德",只有片段可知,而不可知世界,只能用虚或无来笼统称说,而"无"终极不可称说。

研究到这里,老子决定不再研究这门学问了,不研究由于他害怕。老子是无神论者,他坚信不存在主宰这个世界的所谓"绝对理念",不承认有某种精神力量设计安排世界,但研究哲学到他这个层次,眼前总飘忽着一个似是而非似非而是的影子,它叫"上天"。说世界从无中产生,还要回到无,哲学其实就解释这个问题。但是在这个世界之外又该有什么?又能有什么?究竟什么力量完成这些有和无的存在和运行?似乎非得找到一个无所不能无所不在的力量才行。这个问题把哲学的思考引入不可知论的梦魇。老子决定摆脱这一系列的魔鬼梦魇，回归社会研究社会学和伦理学。

俗话说，没有不开张的油盐店。老子在洛阳开讲社会学和伦理学，消息不胫而走。有鲁国孔丘千里跋涉，来"图书馆"求教。孔丘在鲁国是学问大家，已经上升到"子"的层次。孔丘虽然已经是"子"，但跟老子比起来还那么年轻，于是执弟子礼献上一捆牛肉干，请老子指点迷津："老先生您知道的，这么多年，我一直在宣传人道主义，几乎走遍了除秦国以外的所有国家。但我遇到一个很尖锐的问题：人道主义有没有边界。有人问我一个很终极的问题，他说，人道主义的核心是爱人，我所爱的人，包括伤害过我的人吗？对伤害过我的人的爱，与一直爱我的人的爱，应该怎样安排？是不是要爱爱我的人多一些，爱伤害过我的人少一些？如果这样区别，是不是爱就分了等级和层次，不再是纯粹的爱了？换一个说法，有人打了我，我还爱他吗？如果爱他，是不是在他打了我的左脸之后，把右脸也伸过去请他打，让我的脸左右一起肿避免失衡，也让对方不至于看见我的脸左右不对称而心理失衡？这个问题困扰我很久了，请老先生开示。"

老子沉吟须臾，说："和大怨，必有余怨；报怨以德，安可以为善？人道主义是一种理论，不是实践。年轻人，理论形而上，实践形而下，两者相隔一座昆仑山。试图把人道主义这个理论完全实践化的人，不是疯子就是傻子，或者兼而有之的半吊子。至于你说的左脸右脸，那不是受虐狂，就是孱头懦夫。不敢跟人家对打，就找借口说仁者爱人！"

孔子回答："敬受教！"辞别老子，登上马车隆隆而去。"以直报怨，以德报德"的儒家人道主义从此诞生。

庄子·化蝶与悟道

说到"化蝶",首先想到的是梁祝。少男少女化作一对翩翩的蝴蝶,在百花丛中飞啊飞。但庄子一个半大老头子,化作蝴蝶在树林子里拄着木棍磕磕绊绊地寻觅,还长着胡子,谁见过长胡子的蝴蝶?庄周可能也考虑到了群众的容忍度,他不说"化蝶",他说"梦蝶"。

庄周先生做了一个梦,梦见自己变成了一只蝴蝶。庄氏蝴蝶自由地飞翔,无知无识无烦恼,有吃的就吃一口,没吃的也不觉饿,仍旧兴致盎然地舞蹈。生了孩子也不管,喂养啊,教育啊,统统不需要,小庄氏蝴蝶自然会飞,会找食,会谈恋爱。不知过了多长时间,庄氏家庭已经繁荣到了第×代,蝴蝶庄周已经是老太爷,这一阵子瞌睡上来,趴在芭蕉叶上小睡一会儿。蝴蝶老太爷的睡极深沉,还做了梦,梦见自己变成了个庞大的"人"。这人名叫庄周,宋国蒙地方一个漆园的管理员,业余时间研究哲学。宋国是个穷地方,蒙地尤其穷,庄周的穷又是蒙城之尤。薪酬低,家口却多,偏偏这么多人每天都要张口吃饭,哪个兔崽子欠一口饭没吃饱,就哭闹着不肯上床睡觉。所以庄周自己总是饥肠辘辘,鞋透了底,裤子露了膝盖。老婆每天都数落庄周一顿:"倒霉啊,嫁了你这个没出息的园丁!"庄周想:不要紧,我是蝴蝶,我是蝴蝶,蝴蝶在做梦,一会儿梦醒了,什么庄周和他凶恶的太太,以及讨厌的兔崽子,统统都会不见。为了让自己快点醒转,蝴蝶庄周掐自己大腿,抠自己眼珠子,但庄周还是庄周。忙忙碌碌的庄周，没恢复成自由自在的蝴蝶，清清楚楚地听到老婆又在吼："老不死的！来数一数米还有几粒，柴还有几根。"幺娃子也在叫："老爸，我饿！"弄不清自己究竟是蝴蝶还是庄周的"庄周"只得停止掐大腿抠眼珠子，出门研究米和柴。

庄周在是庄周不是蝴蝶的时候，就宇宙终极问题持续攻关，得出了惊世骇俗的结论。他说，人生如梦。这话人们常说，庄子说的绝不同于"常说"，他说的"如梦"，是人生与梦互为"梦"，焉知你现在度过的每一天，其实不是在做梦？焉知不是梦中的某人又做梦，你的一生只是他的梦中之梦？梦中梦醒了，人还在梦中，做梦的人什么时候醒？这个问题没有结论。所以，庄周终究不能辨明是庄周做梦变成了蝴蝶呢，还是蝴蝶在梦中变成了庄周，于是向世人发问：你们大家，有谁从几重梦中挣脱出来吗？

虽然是在梦中做学问，庄子仍然勤奋，他没有研究来米和柴，只弄来一堆树叶子、白菜根之类，让老婆孩子啃着，犹如喂兔子，自己躲在漆园，倚在漆树下悟道。他悟出了三宗道理。

第一宗，万物无差别。"人"自诩为万物的领袖，很瞧不起癞蛤蟆、土鳖、蟑螂虫之类。其实天地是一个大熔炉，上天就是一位"炉前工"，材料都是那个材料，无差别。炉前工这么一团弄呢，人；那么一团弄呢，癞蛤蟆；手法略有改变，芦蒿草之类。看起来这些东西差别很大，但是最后他们统统都要"回炉"，恢复他们"材料"的本性。下次炉前工又工作，谁知道，他们将成为什么，很可能人里面有癞蛤蟆，土鳖里面掺和着芦苇。当下，你我他是"人"，这完全是偶然，既不值得喜，也不值得悲，更没有什么值得骄傲的。

第二宗，人不能与自然对立，不可以试图改变自然。中央帝名叫混沌，没有七窍，南海帝和北海帝想让中央帝也能视听食息，每天在混沌的头上开凿一窍，凿了七天，七窍完成，混沌却死了。这就是"改造自然"的结果。人总是被利益驱使着，互相攀比，共同对自然疯狂掠夺，凿混沌。一个农夫宁可抱着大瓮，一瓮一瓮地取水灌溉，也不肯使用科学的现代化的水车，因为一旦使用了水车，投机取巧、向自然掠夺的欲望就不能停止，天地自然就被凿了七窍，走向死亡。

第三宗，自由只是虚拟的东西。并非事物越大越自由，几千里长的大鱼和几千里长的大鸟，应该很自由，没有谁可以限制它们。如果没有水，鱼游不走，没有风，鸟飞不起，它们越是巨大，对外力的依赖就越是严重。而小麻雀，一鼓作气就飞上房檐，你能说大鹏的自由大于麻雀，还是麻雀的自由大于大鹏吗？

蝴蝶梦里的庄子发表如此奇思妙想，叫人灰心丧气，这不是叫人啥也不干，就等着上天这位炉前工下意识、无意识地随机安排吗？不过，这是蝴蝶做梦时的遐想，自由的思绪飞翔，或者，蝴蝶梦搅和着庄周梦，不免混乱。所以，世人仍然追逐名利，继续开凿混沌，掠夺大自然。

惠施在魏国做国相，庄子到魏国看望惠施。因为谣传魏王聘请他当国相，所以招致魏国相惠施的嫉恨打击。惠施在全国展开大搜捕。庄子亲自来见惠施，说："一只猫头鹰，手里攥着一只死老鼠，凤凰飞过，猫头鹰冲着凤凰大叫：'滚开啊，不要抢我的死老鼠！'惠施先生，你跟这只猫头鹰，是不是很像啊？"他讽刺惠施，认为丞相、令尹，只不过是一只死老鼠。既然大彻大悟，猫头鹰、死老鼠、凤凰，有差别吗？

庄子在漆树下悟道，由于漆树黏糊糊的，蝴蝶又飞来飞去地捣乱，他那"道"就悟得失去了伦次。早几年，乔达摩·悉达多在菩提树下悟道，一下子就把自己悟成了释迦牟尼，因为他倚着的是菩提树，且没有蝴蝶飞来飞去。

孔子·好老头儿

学生毕业了，校长兼老师的孔子却不歇着，他要给学生找工作。带着学生四处求职发推荐信，鲁国跑完了，跑宋、卫、蔡、齐等等。找个工作有这么难吗？一般人要找个事做确实不难，孔子就不一样了，他的学生都是社会精英中的精英，小地方怎么安放得下？

孔子的学生个个能言善辩，讲起仁义道德口若悬河。可国君知道，当前的急务是富国强兵。道德建设，那得等到天下稳定、战争远去。孔子到一个国家，国君热情接待，孔子说我的学生言偃愿意在您的朝廷供职，国君顾左右而言他。孔子就此打住，礼貌告辞。

在宋国，也是这样的遭遇。孔子和弟子心情沮丧，商量下一步应该去哪里，忽然看见宋国管司法的桓魋带着一伙人气势汹汹地砍树，孔子觉得很奇怪，问弟子这是为何。子贡说，向夫子示威呢。孔子问，向我示威，为什么砍树？子贡告诉孔子，刚才我们在树下乘凉的。孔子很奇怪，都说爱屋及乌，没听说恨人及树。弟子有胆小的说："树砍完了，会不会来砍人呢？"孔子倒很自信："天生德于予，桓魋其如予何！"

卫灵公的夫人南子见孔子来访很兴奋，跟老公说："我想我们俩陪孔子逛逛街，让他看看伟大卫国的市容。孔子，多好的广告！"卫灵公说："没空！"南子就等着这句话呢！"我自己陪孔子去吧？""随便！"南子和孔子坐在卫灵公豪华马车上，南子风姿绰约，风情万种，孔子手抓车轼，目不斜视。街上观者如堵："南子又有'新男友'了，拉出来显摆！"女人逛街，不到天黑不散场，孔子回到客馆，子路说："夫子出门在外，生活作风得讲究。"孔子有点急："我陪南子逛街一下午，要有别的想法，今晚上天就把我收了去！"心想，若不是为了给你们找工作，我至于陪一个女人闲逛大街百货店？这卫国的"市政建设"实在不咋样，路面坑坑洼洼，肠胃颠得要错位，老骨头都散架了。"仲由，去给我熬一碗暖胃的姜汤。"

卫灵公不喜欢孔子，因为他心里惧怕有学问的人，孔子带来那么一大帮学问深厚的人，压力太大。不但卫灵公，各国国君的态度都差不多，他们对孔子和他的弟子们总有一种说不出的抗拒。孔门弟子个个人中龙凤，摆在朝廷哪个地方都闪耀光芒，不但大臣，国君的光辉也暗淡下去了。

孔子和他的弟子的求职演说，主题就是"仁"。由仁生发德、义、礼、信等等。孔子的仁，就是换位思考，己所不欲勿施于人。仁表现为善，发自内心的善是善，不然就是伪，刻意为他人"做好事"，看似行善，其实作伪。有人落水，冒着生命危险入水救人，这是善；扶老太太过马路，这是伪，因为"老太太"还不很老。即使很老的老太太，也不愿意被人扶着走路，那显得自己已经很没用。就仁说仁，父母瘫痪在床，儿女想象自己也瘫痪，该有什么需求，是什么心情，据此行孝，这是仁；小孩子忽然在某件事上违拗父母，父母首先以小孩子所在年龄段的心智、立场推测，他为什么这样，不是上来就一顿棍棒，这是仁。克己复礼是政治的仁；换位思考设身处地，是家庭关系、伦理关系、人际关系的仁。

孔子时代，礼崩乐坏，不但发自内心的至善不易见到，装模作样的伪善也稀缺，除非为了某一天的政治宣传，不然没人扶老太太过马路。至于老太太在马路上跌倒，特别需要扶的时候，大抵见不到有人向前的，大家都怕沾包，而且真的会沾包，还因此形成一个职业：碰瓷。人与人之间，不但"仁"不在了，"人"也不在了，孔子这样真善美的理想没有落脚处，他和他的弟子找不到赞助人。

求职碰壁，孔子还能坚持，有的学生却打算放弃了。樊迟建议，当农民种庄稼也是一个选项。孔子不高兴，说："种地，我不会，我只会教书，我不如老农。"樊迟也有一股轴劲："那就种菜，收益还高些。"孔子脸上都能滴下水来，那是气的："种菜我更不行，你去找种菜的专家吧！"要把樊迟开除学籍的意思。

孔子的求职路漫漫无尽头，弟子们不免心灰意冷，大家在草地上休息，孔子振作精神，召集弟子们谈理想。子路、冉有、公西华先后发言，孔子逐个点评，曾皙正有一搭没一搭地拨弄琴，孔子点名："曾点，你也说说。"曾皙放下琴，直起身子恭敬回答老师的提问："我的理想是春暖花开的时节，和几个好朋友，踏青，唱歌，吹吹暖风。"孔子心中五味杂陈，曾皙的"理想"，也正是他的理想，可是他不忍心看着周公创建的理想泯灭于人间，他要尽一己之力，匡扶"仁"这座理想大厦。冉求在鲁国的季孙氏府中就业，孔子内心反对，但也不好阻拦："怎么能上私企呢？"他的意思，即使不上周天子的国企，至少也得上诸侯的大集体企业，季孙氏欺凌公室与民争利，这算什么？

樊迟问了一圈种地种菜，讪讪地离开教室，孔子背后说樊迟的坏话："耕也，馁在其中矣；学也，禄在其中矣。樊迟真是个没出息的小人！"原壤这个愚蠢老人觉得自己很有智慧，每天向人宣传养生秘诀，给人灌四六不着的心灵鸡汤，还作四六不靠的诗。孔子在路上遇到原壤，举起手杖就敲他的小腿，批评道："小时候就犯浑，一辈子没干一件好事，到老，该死不死，你还算个人吗？"

孔子坚持自己的理想，也是周公的理想，各国把孔子当作现实世界的神，"敬而远之"，其实诸侯们误解了孔子，孔子不但不是神，还是一个有许多小毛病的坏脾气老头儿。但是本质上，他谦让随和、博学好礼又充满着信念。所以孔子原来是一个坏脾气的好老头儿。

孟子·开心锁

齐宣王最近苦恼着一件事情，便请孟子来开心锁。孟子是一位开"锁"大师，专会对人进行心理治疗，善于把死人说活，但也善于把活人说死，在论文中布下陷阱叫人往里跳。宣王的苦恼源自一头将奉献全部鲜血给新铸成大钟的牛。

他正在殿上读文件，左来右去地搬竹简，见一头牛被人牵着，穿过正殿往后殿去。"后殿"其实是厨房，进了厨房的牛羊，下场可想而知。后世人们读到《孟子》这一节，总要发问：后边厨房前边朝堂，杀鸡宰牛都要穿过正殿，国王太没品位了吧？试想，康熙皇帝正在审问吴三桂，厨师从外头买一条鱼回来："主子，一条童子鱼，一斤六两，三两银子，您看行吗？"康熙说："这么贵，也没跟他讲讲价？"厨子说："讲了，可那人特死性，一个子儿也不落。"康熙说："那就这样吧，小心别把苦胆弄破了。"厨子穿过大殿奔后堂。你说这吴三桂还怎么审？康熙皇帝时的确不这么寒酸，但倒退许多年，帝与王们确实这么寒酸。直到汉文帝时候，他的"未央宫"还是茅草苫顶，门帘也是用碎布头拼成的。再往古，帝王简直就是受罪。尧是一个王，但活儿干得比别人多，饭吃得比别人少，累得他人比黄花瘦，实在撑不住了，求许由来替。许由说："我去洗洗耳朵。"这一洗就不再回来。又去找巢父，巢父连话都没说，就到树上做窝。实在没辙了，才抓了舜这个老实疙瘩。但老实人也不好欺负，作为交换条件，尧把女儿嫁给舜，嫁一个不行，得娥皇、女英一块儿嫁。

那头牛也看见了齐宣王，它觉得这个头上戴着几大串琥珀珠子的家伙好面熟，见了熟人就伤心，眼泪便哗啦啦滴下来，越哭越伤心，全身跟着发抖——它知道这是上刑场。宣王看到老牛又流泪又颤抖，觉得蹊跷，问："干什么？"答："用它的血涂钟。"说："多可怜，放了它。"问："不涂钟了吗？"原来齐国刚铸成一口大钟，按传统新钟必须用动物鲜血刷一遍，才有灵气。宣王原是一个极聪明伶俐的人，立刻就有了主意："换成羊。"于是，那头牛活下来，羊替它受死。

但宣王的苦恼来了：这事传遍了全国，说宣王不杀牛的理由，是买一匹牛涂钟花钱太多，牛多贵啊，快赶上一口钟的造价了，所以卖了牛买羊，羊便宜——原来宣王是个吝啬鬼。

流言这东西可恨，它把你打得丢盔卸甲，你却找不到进攻者。宣王此时就有这感觉，所以向孟子讨教兼诉苦："我齐国虽然狭窄，寡人虽然小气而且穷，但一头牛的钱我出得起，哪能舍不得？人们这么传闲话，我太委屈了。"孟子说："我知道，大王是大仁大义之人，不忍心看着牛哞哞嗦嗦地走上刑场，所以就放了它。其实，君子都有这种仁义之心，所以君子远庖厨。为什么远庖厨？因为厨房总有宰杀，好好的活物活蹦乱跳，一转眼就血淋淋的，再一转眼就煮在锅里咕嘟嘟的，又一转眼已端上餐桌热腾腾的。您想，君子能忍心伸筷子吗？"听孟子一席话，宣王的心锁咔嗒一声打开了："他人有心，予忖度之，这就是说的孟先生啊，确是这么回事，我是不忍心，这真是，这真是……"两手一顿猛搓，不知说什么好，眉飞色舞，就要请孟子吃个饭。孟子说："且慢。牛在大王面前走过，它全身颤抖可怜巴巴，大王动了恻隐之心，把它从死亡线上拯救下来换成羊。但是，大王您想过没有呢，牛可怜，羊就该死吗？它临死时不打哞嗦吗？"一声棒喝，宣王头脑里金星乱窜，他说："这，这……"

宣王瞠目结舌没话说，因为他和孟子讨论的是文明的困境问题。直到现在，人类还没有从这一困境中解放出来，而且近期也没有获得解放的迹象。既要涂钟，就得杀牛或羊，到底杀牛还是杀羊，宣王的选择是杀没看见的那一个，于是羊代替牛被送上了刑场。对牛人道了，但对羊却不人道，而且加倍地不人道，因为本来没有羊什么事，只因宣王行人道，才把无辜的羊牵连进来。如果那只羊也闯进大殿，在宣王面前哆嗦一阵，宣王肯定又要改变主意杀驴或狗，驴或狗也来哀求，那就没完没了啦。把所有动物折腾一遍，宣王仍然面临着两难选择：或者狠心杀掉其中一个，抛弃人道主义；或者把自己杀掉，舍生实践人道主义。宣王不会杀自己，因为那时候还没有佛教，但佛教的舍身喂虎未必就能把自己从困境中解放出来：天下饿虎正多，他喂其中一只，对其他将死的虎同样不人道。因此宣王只能采取前者。绕了一个大圈，他仍然只是远庖厨的伪君子。相比较而言，他还不如不向孟子申辩，承受"吝啬鬼"的名号，反倒真实自在些。

孟子说齐宣王的这个故事，当然不是为了牛羊，他在借牛羊说人事。文明社会以来，人们就面临着这艰难的抉择：假使必须伤害一个人，他伤害谁？人们最一般的选择是伤害自己不认识的人，强盗不杀本地人，兔子不吃窝边草，叫作"盗亦有道"。但本强盗不杀，彼强盗也要来杀；本兔子不吃，彼兔子也要来吃。陌生的强盗和兔子，所以杀得吃得心安理得。古代贫苦百姓灾荒年月把孩子互换着吃；发生交通事故，人都希望死的人里面没有自己的亲人。人道主义逃不出这一条悖论。飞机失事，自己的亲人不在飞机上就高兴，那么别人就该死吗？但人们从来不做进一步的追究，仍然是"君子远庖厨"的心思。

所以，所谓人道主义，从某种意义上说，要么就是虚伪，要么就是荒诞。战国时候，杨朱主张"为我"，是个人主义；墨子讲究"兼爱"，是人道主义；孟子一律把他们叫作"禽兽"，因为兼爱则无父，为我则无君。

墨子·兼爱

　　墨子的教学方针很超前，按照今天的学科分类，教学科目是这样的：文科：文学、哲学、逻辑学；理科：物理学、化学、光学、数学；工科：机械力学、土木工程学、设计原理学；实践科：兵学、农学、园艺学；通识科：社会学、伦理学。其中通识科是"通科"，只要在校就一直学习，培养道德情操，哪能三天打鱼两天晒网。

　　根据墨子的教学计划，他的学校毕业的学生一律是高尚的人，纯粹的人，有道德的人，脱离了低级趣味的人，统统的道德新人，总之，完美的人。完美人的重要标志，是他们毫不利己，专门利人，向世界捧上一颗无私奉献的心。孟子说："摩顶放踵以利天下，为之。"这个"为之"的，就是墨子和他的学生们。

　　墨子穿着长衫，戴着"近视眼镜"，怀里抱着一堆竹简来上公开课。"近视眼镜"很突兀，那是他根据光学原理，模仿人眼睛的结构制作的矫正视力的工具。根据这个原理，墨子制作一架"留影机"，"留影机"留下的人像与真人完全一样。墨子善于搞怪，他的农场有"自动播种机""自动插秧机""自动收割机"，他的农具差不多全都自动，这个设计启发了东洋人，千年后他们的机器命名仍然在模仿墨子：自动车、自转车、自动秤、自鸣钟。

　　墨子这次公开课准备得相当充分，他讲自己最擅长的逻辑学，一种以概念为工具的思辨逻辑。他给出的论题是"牛马论"："牛不二，马不二，而牛马二。则牛不非牛，马不非马，而牛马非牛非马。"他要引导学生区分几组概念：牛、马、牛马、非牛、非马、非牛非马。牛、马，分概念；牛马，合概念，合概念的"牛马"与分概念的"牛、马"不是相等关系，牛、马组合，不再是一牛一马，牛马概念的内涵已经完全改变，它可能是一个以牛和马为基础元素，但与牛和马是完全不同的东西。墨子从他的住室往讲课的大礼堂缓慢步行，这段路有点长，正好再理一遍思路，牛和马的概念，想说得清楚，学生又能完全理解，不容易。

这段路有一家烧烤摊，卖烤牛肉和马肉，烧烤摊生意火爆，顾客盈门，制作烤肉的姑娘是北方胡人，兼卖酒。大概来这里不久，年龄在十五六岁的样子，模样乖巧伶俐，中原话说得不很熟练，听来很好笑。墨子站在烧烤摊前，琢磨牛马和牛肉马肉，这两组概念交集得猝不及防，活泼的牛马转化为肥硕的牛肉马肉，这在逻辑上该如何解说？

"胡姑娘，来陪我喝酒！"一大桌客人，八九个，有男有女，其中一个穿绿上衣的男子，粗暴招呼卖酒的胡人女子。女子自顾卖酒，不理会那个绿衫男，这伙人看装束，是城里某家权贵的奴才，气焰十分嚣张。卖酒女子显然知道这伙人的底细，惹不起只好装作没听见。绿衫男见没有反应，十分恼怒，大叫："听见没有啊，叫你呢！卖酒的姑娘！聋啦！"

姑娘说："滚！"

就这一声"滚"，犹如平地一声惊雷，不是姑娘的声音响亮，而是绿衫男的反应。他从座位上暴起，冲到姑娘面前，揪住她的头发，就是一场拳打脚踢。姑娘抱住头，不喊不叫也不骂，她大概还没学会如何求救和叫骂，只能以沉默对抗暴力。周围人一哄而散，没人肯上前救助女子。

同桌的七八个人，也上来殴打女子，十几双拳脚，疾风暴雨般袭击胡女。

墨子是学者更是武士，他身体非常强健，不用武器，可以同时挑战七八个勇士，这一堆奴才，还有几个女人，在墨子眼中都是青菜。这些人平时作威作福惯了，没遇到对手就以为天下无敌。

墨子扔掉书简，冲向那一堆"青菜"，从发狂的菜堆里拉过胡女，护在自己身后，然后一套眼花缭乱的动作，把那一堆男男女女挡在自己的武力扇面之外，他身后是被打的胡人姑娘，现在姑娘与"青菜"之间已经有一丈左右的距离。墨子对姑娘说："快进屋，关上门，别出来！"然后，墨子面对那一群嚣张的奴才，喝道："来吧！"

刚才四散开去的人们重新聚拢，听见墨子山中虎啸般的喝叫，再看看与他对阵的男女，一虎对群狼，有好戏看。刚才绿衫男行凶，人们虽然不敢上前干预，但心里都同情胡女，现在有人挺身而出，人们都希望这只虎大获全胜，卸掉绿衫男的胳膊腿。

墨子在喊出惊天动地的"来吧"之后，再也没有声息，只有拳脚击打在人体上沉闷的声音，人们听得心痛。直到远方传来凄厉的哨音，巡逻队快步跑过来，那一伙男女才匆忙逃窜。

巡逻队扶起墨子，关切地询问："怎么样，伤哪里了？"墨子摆摆手说："没事的，谢谢你们。"弯腰捡那些竹简，他伤得不轻，弯腰困难，旁边人帮他捡起来，墨子抱着竹简，回头对巡逻队说："我没受伤，不用追问那几个人，这事到此为止。"

孔子说，人的本质是爱人，只有爱人，才是仁者。但是孔子的爱有选择，他爱君子，不爱小人。不但不爱，他对小人有强烈的仇恨，世上本来君子少，小人多，所以孔子恨多爱少，本来一个慈祥的老头儿，给人的感觉却是一个恨世者。孔子如此，大众何尝不如此！人们除了爱自己的亲人，父母、子女、兄弟、姐妹，不会真正爱别人。爱，随着亲疏关系近与远，依次递减。所以爱是一个一个的同心圆，每个圆的交集会有冲突，冲突严重就是恨，世上就是由这样的爱恨交织的大网，这张网爱的部分只是一个个的点，恨却密集得铺天盖地。真正的爱无差别，广泛，普世，就是无差别的爱，叫作"兼爱"。

那几个人，明知绿衫男调戏胡女是流氓行为，却去帮助他打人，对绿衫男是爱，但他们对胡女却是恨。墨子轻松可以把他们打倒，可是这样的话，恨与恨交叉重叠，人世间一片混乱，世道凶恶，皆因如此。人不爱我，我爱人；人恨我，我不恨人。由点及面，天下才会走向大同。

门开了，墨子抱着竹简站在门口，他衣衫破碎，鼻青脸肿，满身的血渍。他说："同学诸君，我爱你们！"

杨子·"一毛不拔"的道理

杨子的哥哥大杨子一大早匆匆忙忙出门,去赶一个饭局。为什么赶早晨的饭局,不把饭局移到晚上,或者中午也好啊。请吃饭的人认为早晨吃饭是早点,省钱;中午或晚上就是正餐,费钱。价格差距巨大。"也是个小心眼的家伙。"大杨子想,"一顿饭,还这么算计,真没劲!"早上出门还有点冷,吃完早点回来,太阳两三竿子高,暖洋洋的晒得人懒洋洋,大杨子就把羊皮袄翻过来穿,露出白白的羊毛,整个大杨子肉肉的仿佛一个球球。刚进门,家里的"旺财"朝他直扑过来,汪汪汪叫个不停,本来要咬他的大腿的,但扑到身边,忽然觉得这人的气味这么熟悉,是谁呢?有点蒙,改成汪汪叫,表示自己忠于职守,至于这个家伙是敌是友,主人快点出来啊,由他去决定。

大杨子被"旺财"一顿狂吠整得心情焦躁,抄起一根木棍痛打"旺财","旺财"一下子明白了:这个不明物体就是主人啊!可是,它仍然不明白的是,早上主人出门,黑黑瘦瘦的样子,这半上午的,怎么就变成白白胖胖的了?

杨子听见哥哥院子里的狗杀猪似的叫,急急跑过来看看究竟,看见哥哥正在疯狂地殴打"旺财","旺财"求救似的看着杨子,杨子拦住哥哥说:"为什么跟狗较劲?"哥哥怒气不息:"这狗东西,竟然冲我叫,还要咬我!"杨子看着哥哥的皮袄忽然明白了:"都是你皮袄反穿的毛病,假设说,你家'旺财'早上出去是黑的，回来时候成了白'旺财'，你还能认它吗？"

这是杨子的思想，他处处为他人着想，而且善于反向思维、发散思维，把一件事情方方面面考虑分析到位，得出最切实际的结论。他接着狗的话题开导哥哥："很久以前，一个农家下地干活儿，把小孩子交给狗来照管。下晚回家，狗远远地迎过来，嘴上满是血很恐怖，他张望院子，孩子躺在血泊中死了。这人怒不可遏，挥起镢头朝狗的脑门砸过去，狗一声没吭，腿抖了几下死了。主人奔向院子，看见一匹狼，倒在地上，喉咙已被咬断，再抱起孩子查看，只受了轻伤。原来狗拼命与狼搏斗，而且战胜了狼，保护了孩子。一只狗的战斗力远远不如一匹狼，这只狗用了多么大的毅力，才打败狼的？可是主人一念之差，害了功臣。狗冲你叫，肯定有它叫的原因，等到一切搞清楚了，你可能发现，事情的本来面目与你原先猜想的完全不同。世人往往凭事物的表面现象贸然下结论，根据这样的结论采取行动，结果到处是冤案，人人都委屈。所以说话做事，一定要换位思考，从他方的角度想同一个问题。有人说我们不是鱼，不可能知道鱼的思想，但我们必须就是鱼，一定要理解鱼的思想，理解它们的喜怒哀乐。"

大杨子被弟弟教训了一顿，弟弟的话虽然在理，可是作为哥哥，怎么好就这样俯首帖耳，听从弟弟的传道授业？他决定以攻为守，让这个讨厌的弟弟快点闭嘴："你也就跟我夸夸其谈，你知道外面人说你什么吗？说你自私、没人性，灶坑打井，房顶开门，早晚得把自己憋死。禽滑厘说拔你一根头发，用它拯救天下苍生，使天下人和平安乐，你都不同意。还反问人家：天下人得利，为什么浪费我一根毛？不行！有这事吧？还好意思教训我！"杨子有点生气，但是也不真的生气，为别人的议论自己生气，伤的是自己的肝和肺。他生气是因为哥哥居然曲解了他的话，亲哥哥都曲解，世上人就应该没有不曲解的了。

他说："我是这样说的吗？拿书给你看看——哦，我没写书。我不写书，因为我不想跟墨翟似的，整天瞪着大眼珠子，看别人有没有什么困难啊，有没有老太太过马路啊。我写书，费笔、费墨、费竹片，一个词一个词地冥思苦想，他们看书不费吹灰之力就拿走了我几十年辛勤研究的成果。我是说古人有这样的话：损害一根毫毛去为天下谋利益，我不肯给。但紧跟着还有一句：把天下的财物都用来奉养我的身体，我也不想要。人们刚听得第一句，以为这话真刺激，就像得到宝贝似的跑掉了，就不听我说第二句。这与那个打死保护孩子狗的家伙，一路货色。第一句，是比喻句；第二句，才是本体句。这么多年，人们像发现新大陆似的传说我这半句话，我也懒得解释：他们家祖坟冒青烟了？现在你也这么说，我才告诉你这些，因为你是我哥哥。可是我现在也有点后悔，你是我哥哥，毕竟不是我，我说这么多，利他了不是？拔了这么多的毛给你，亏大发了。"

大杨子有些恼怒："不忠不悌的家伙，跟我算细账，哪天我死了，我这几个孩子，你就不管了吗？他们是你的亲侄子！"杨子无奈地笑笑："你看看，你看看，生什么气啊，太没有哲学头脑，总把家长里短跟逻辑推理混到一块儿，跟你讨论这些形而上的问题真是费劲。你死了，孩子们都归我养，行了吧！"大杨子这才心里有底，跟着弟弟"形而上"。

杨子继续说："墨翟一门心思为他人服务做事，可是他人真的需要墨翟吗？他人有需求，说出来一定有文饰，墨翟替他想出来，一定有缺失，都是二手货，再经过墨翟去实现他们的需求，是对模仿的模仿的模仿。如果需求者自己为自己想，不假他人之手，就没有这个问题。所以，利他者给这个世界无缘无故地增加了许多中间行为，而中间行为不会产生任何效益，只浪费社会资源。我不利他人，他人也不利我，天下减省一半的活动，减省一半的资源消耗。墨翟的说法看起来很美，人人为我，我为人人，结果会人人结怨。你想，我为人人了，肯定希望人人为我，而到了需要人人为我的时候，人人却不见了，我就很有挫败感，找不到怨恨的对象，就会把怨气撒向整个社会，无端地造成社会矛盾。"

大杨子似懂非懂，"旺财"眨巴着眼睛，四腿分开趴在地上看着杨子，它是热的，借地气消暑。大杨子又不高兴了："喜欢就喜欢，至于吗？还五体投地！杨朱，这狗我不要了，让它跟你去！"杨子说："一席话讲来一条狗，举一狗以奉弟弟，杨朱不取。"大杨子说："什么奉！你得管它吃饭，花销不小呢。"杨子说："那就是养一狗以利哥哥，杨朱不为。"

杨子起身回家，后面颠颠地跟着"旺财"。

韩非子·暗黑理论

荀卿在赵国的山中有一片很上规模的土地，他的学生开垦出来的。这是一座农场，除了种稻、粱、粟等庄稼，还有饲养场、榨油厂、酿酒厂等，他和学生们的生活必需品，都来自这片土地，自给自足。衣服和农具，用农产品与外界交换。荀卿在这片土地上建设了一个完美的"公社"，"公社"的社员就是他的学生，他们半工半读：白天工作，夜晚读书。白天工作不领工资，夜晚上课不收学费。

韩非历经艰辛来到荀子的农场，十分惊喜，上古淳厚之风洋溢，这里无剥削，无压迫，无私财，人人乐于劳动，成果各取所需，孔子的"大同世界"竟然在赵国实现了，韩非很激动，他一直以为大同只是一种构思，没想到它就在眼前！

荀卿的农场经营得非常好，四季的田野，春天毛茸茸，夏天绿油油，秋天金灿灿，冬天白茫茫，那是下大雪。下雪的日子，学生也不闲着，碾米、榨油、制作猪饲料，饲养场的猪个个肥嘟嘟，农场与外界的物资交换，都以"猪"为单位：一头猪换一匹布，换两口锅，换三张犁，换十把镰刀。外界觉得"猪"这个计量单位很有内涵，说着有底气，听着也大气，看看手里的铜钱，也仿佛是猪的模样，把它们也叫zhu，不过写出来是"铢"，农场一"猪"可以换外界一千"铢"。

可是，韩非的愉快心情很快就被打击得七零八落，其实进入荀卿"公社"的当天晚上，韩非就经历了一生中最暗黑的时刻：荀卿在暗夜中给学生讲课。

为了节省灯油，荀卿的学校一律不照明，教室很大，荀卿高坐讲坛，坐席千余人，大教室只有荀卿一个人的声音，在暗夜中向大教室扩散，场面有点阴森，略显恐怖。

白天的荀卿是温文尔雅的儒家大师，态度平和，言语中庸，亲自带领学生劳作，指令前一定加"请"："韩非同学，请端起簸箕来，播种去。"但是夜晚的大课堂，荀卿突变为法家讲师，讲课内容完全复制商鞅，冷峻、严酷。他说：

"同学诸君，你们来到我的农场，不是来打工干活的，你们要学习驭民之术，为君主所用，商君有驭民五术，他这样说……"

《商君书》是秘书、禁书，人们听过《商君书》，但谁也没见过这部书，至于内容，更无从谈起。荀卿在暗夜中背诵《商君书》的关键章节，详细讲解商君的驭民五术，原来商鞅有如此阴毒的想法，如此冷酷的权术，听得大家脊背发凉。

"驭民五术可能阴毒，但是有效，君王任用很有能力的大臣，实行这五术，四两拨千斤，至于民众的想法，民众芸芸，想法如丛林，君主是管理，不是听取。君权之下，万民一心，万法一条，天下大治！

"诸君，你们，就是君主任用的有能力的大臣，我这里，就是君王股肱的预备学校。君主明，股肱良，庶事康！"荀卿暗黑的理论，在公社暗黑的教室里，刻印在学生的记忆深处。

在暗黑中摸索回到更为暗黑的宿舍，上床睡觉，等候天明。农场的宿舍很简陋，每间住七八个人，韩非宿舍有楚国上蔡青年李斯，两人一见如故。学生们上床但不睡觉，照例每天晚上要"卧谈"几许。李斯忽然说："老师留的思考题，'人的本性是善是恶'，听听韩公子高见？"

韩非口吃，公开场合极少说话，但与熟人说话就好得多，与熟人在暗黑中演讲，韩非的口才与文采完全匹配，暗夜农场的双层铺，是最适合韩非的演说场。

"一个村民很穷，为了吃饭，他就偷了别人家的一头羊，偷活羊，是重罪，要判死刑的。他的儿子向官府举报父亲，于是父亲被处死，儿子免于连坐。父亲偷羊，法律上他是坏人，归于恶类，儿子举报他，使他陷于法网，儿子忤逆不孝，更是重罪，恶人之上的大恶人。父亲偷羊，是为了活命，或者活得更好，在生存威胁面前，人作恶的本性战胜为善的愿望。儿子为避免连坐，举报父亲，自己的生存本能战胜至亲之情。在困难面前，人性之恶暴露无遗。某人贩运柑橘到北方去卖，路上马受惊车翻，柑橘全部抛撒在路上，村民都来哄抢柑橘，就在这几个橘子面前，人性之恶依然淋漓尽致。所以，我说，人性本恶！

"回头再说父子案。如果他不举报父亲，维持了亲情，可是国家法律受到伤害，对于父亲来说，儿子是忤逆不孝，对于公众来说，儿子形同禽兽，但对于国家来说。儿子的行为是大义灭亲，但是我看，儿子的立场在君国社稷，父亲和大众的立场在某一个人，两相比较，我们取大取小？

"孔子的意见是，父为子隐，子为父隐，父子的血缘亲情最大，亲亲相隐，就是儒家的基本信条之一。可是推论一下，世上人全都亲亲相隐，官府的工作将无从开展，法理和亲情纠缠不休，国家秩序将陷入混乱。孔子把父子相隐称为'直'，正直，耿直，如果这叫直，法律就会变得弯曲，明显的是非颠倒。举报父亲，父亲恶，儿子非恶，隐瞒不报，父子都是恶人。

"为政也如此。前提是知道并且肯定民众都有作恶之心，目前不作恶，可能是他没找到作恶的机会，没有作恶的条件，如果把民众当作善良，同情怜悯民众，就可能违背君王的意愿，因为君王们都读过《商君书》，知道民众的本质。大臣不能为个体舍弃整体，不能为怜悯民众而轻慢君王。

"人性恶，为政的宗旨，就是遏制人性之恶，至于向善，制度、法律、公序良俗，都是遏制恶，没有强制他们向善的功能。道德制度法律限制约束有五种现象行为，合称"五蠹"，五种害人虫……"

八张床，六张床鼾声渐起，只有李斯，静静地听韩非的分析，折服于韩非的深谋远虑，远见卓识，他明白，韩非才是人主的最佳辅佐，我的"鼠论"，与韩非相比，只有惭愧了。

离开荀卿的"公社"，李斯、韩非都到秦国任客卿。李斯先到，心里藏着"鼠论"，用韩非的"性恶论"晋见秦王，李斯受秦王重用。韩非到秦国，申说亲亲不相隐的"性恶论"，秦王兴致索然。

李斯知道韩非绝非只有这一个故事，刑名法术四科，韩非每科都精通，如果再次约谈，秦王的态度一定大转变，李斯的地位将不保。

李斯毒死韩非。

将帅列传

赵奢·从税吏到将军

赵奢坐在办公室，为收租税的事发愁。抗税抗租的人太多了，完不成收税的任务，他这个钱粮官就得破家填补空缺，毁家是小事，国家收不上税那就得破国。他仔细研究收税的账目单，发现抗税频发的根源：赵国最大的纳税大户平原君，几年来居然一两粮食也没交！

赵奢带着税收执法队，瞄准平原君不在，就向平原君家挺进。说"挺进"是因为平原君养士太多，号称门客三千。其中不少以武士自居，自动担负起保护平原君财产的义务，前几次上门的税吏，都被这些武士打跑了。平原君跟门客们说："要不咱也交点儿？看赵奢是我同宗，彼此面子上也好看些。"武士大叫："堂堂平原君家，被人上门收税，叫我们的面子往哪搁？"其实平原君家很有钱，别看他养着三千门客，门客越多他越有钱，因为这些门客多数属于"自带干粮"的，奉献公子一些钱财，自己家族的生命财产就安全了。武士们抗租抗税，平原君也不反对，由他们折腾去。

赵奢来收税，门客们早得到消息，呼啦啦铺天盖地涌出公子府，一百多个武士，赤膊，刺青，成一个大方阵，舞弄一套花式组合拳，向执法队冲过来，这边赵奢发布命令："上——，开——，放——！"十几个武士，花式拳还没展示完整，就胸口带着一支箭，到地下向阎王爷炫耀去了。

赵惠文王说，抗拒执法，杀得好！平原君听赵王这么表态，也说："这些半吊子拳师，我早看他们不顺眼了，赵奢替我处分了他们。"经过这场收税风波，赵惠文王看赵奢是个人才，他的地位也像坐了火箭，蹿升得几乎无边际。

战国七雄，秦赵为首，秦起步虽然早，但赵进步神速，而且更接近胡风，民风剽悍，不惧战斗。秦对赵很忌惮，互相摩擦不断地试探。几年后，试探结束，秦军采取主动出击，包围了赵的军事重地阏与。赵惠文王问廉颇怎么办，廉颇说阏与距离邯郸太远，山路崎岖行军不便，不等救援的军队抵达，可能就被秦军攻下来了，主张放弃。又问乐乘，乐乘也是这个意思。问赵奢，赵奢说："阏与当然要救，放弃阏与就等于国境西边被撕开一个口子，这个口子将久久不能痊愈，甚至酿成心腹之患。至于道路艰险，对双方一样，狭路相逢坚韧者胜！"赵王任命赵奢为统帅，往救阏与。

赵奢的大军在邯郸誓师出发，威武雄壮，一路凯歌向阏与。当晚宿营在武安，第二天四更造饭，五更……五更后天就亮了，全军自动集合，将士们斗志旺盛，急得哇哇叫，就等着上战场杀敌立功，封官进爵。主将迟迟不发布开拔的命令，大家等啊等，终于等到赵奢出来了，赵奢的命令却是：下马，拿起铁锹，筑营垒，挖战壕！赵奢手拿地图，指指画画，这里开沟那里起墙，不像将军，倒像个工程师。赵奢还指挥将士，环绕邯郸成大弧形，开挖一条四十里长的阻断式壕沟，挖出的土在邯郸一侧垒成城墙，以保卫邯郸。他还指派水利专家，论证引滏河水进壕沟的可行性。

保卫邯郸，还用誓师出征吗？全军将士都在骂赵奢，所有难听的词都奉献给这位"胆小如鼠"的将军：本来是一个软皮鹌鹑蛋，却硬充化石恐龙蛋，在赵王面前说大话，把赵王忽悠得失去理智，任命他做了主帅。赵奢知道全军的议论，果断发布命令："谁敢主张出战救阏与，斩！"果然就有一个不怕死的勇士做了赵奢的刀下鬼，从此上下噤声。

秦军统帅胡阳，一代名将。知道赵王派赵奢率军来救阏与，还知道赵奢在出邯郸三十里处的武安驻扎不动，正在深沟高垒做防御准备，似乎把战略重点放在保卫邯郸上，已经放弃了阏与。胡阳不信，这不是赵奢的性格，不可能！

派出间谍侦察敌情。间谍伪装成阏与的信使，向赵奢求救。"信使"衣衫褴褛，面黄肌瘦，走路摇摇晃晃，进门就哭："赵将军啊，阏与将士大旱望云霓，东南方向望了二十八天了，将军什么时候到前线啊？"赵奢忍住笑，嘴里说："阏与的将士们受苦了。可我的实力有限，只能保邯郸。国王给我这点儿兵，别说打仗了，有百十个人能支持走到阏与要塞就是奇迹。"使者说："那我们怎么办哪？"赵奢说："你回去告诉你家将军，你们各自出逃吧，能逃出几个，就算赚的了。"信使出门，号啕大哭，赵奢赞不绝口："演得真是好啊，我差不多就要相信他是真的啦！"

"信使"间谍禀告胡阳，胡阳大喜："阏与，再也不姓赵了！"心情放松，放松就意味着糊涂，胡阳一糊涂，就把北山上负责阻击援军的精锐部队撤下来，参与攻击，想尽早夺下阏与。

赵奢命令全军偃旗息鼓，卷甲而进，占领阏与北山，居高临下，形成俯冲敌军之势。围攻阏与的秦军突然与赵军相遇，惊慌失措，自相践踏者不计其数，阏与之围彻底瓦解。

阏与之战改变了秦赵的相互关系，秦军的进攻态势被迫停滞了，多年不敢进攻赵国，赵国却能持续发动对燕、齐的战争，赵国的综合国力重新跃居各国之首。赵奢因功绩卓著，被封为"马服君"。

这一时期，在赵国的军事家很多，赵奢、赵括、田单、乐毅、廉颇、李牧，都有自己的军事理论。赵奢与田单同时代，讨论阏与之战。田单认为投入的兵力太多了，优秀的将领带领三五万就能成就大事业，赵奢则认为非二十万不可。他说，军事政治都要与时俱进。古代天下方国，城围长不过三百丈，人口多不过三千家，用三万兵足以攻或守，当前列国纷争，千丈之城、万家之邑不可胜数，三万兵杯水车薪。于是田单深感自己不及赵奢。

廉颇·不老神话

廉颇出身贵族，有万夫不当之勇，以及贵族与生俱来的傲慢。他在伐齐的战争中崭露头角，在朝廷位居上卿。蔺相如绝顶聪明，两次出席"联合国"大会，面折秦王，有万士不当之辩，在朝廷也位居上卿。廉颇，武上卿，为将；蔺相如，文上卿，为相。蔺相如位在廉颇之右，地位高于廉颇。这一下子就点燃了廉颇这根大炮仗。他咆哮道："蔺相如，一个混饭吃的门客，还是宦官缪贤家的门客，跟他在一个朝堂，不用说看见他这个鄙贱之人，就是接触他呼出的空气，我都厌恶。现在居然排在我的前头！他敢站在我的前头试试！"蔺相如不说"试试就试试"，他不但不说话，每次上朝都请假，有事找人另说，从不在朝堂露面。廉颇想找碴儿，也没机会。机会终于来了，前边那不是蔺相如的车子吗？冲过去！但蔺相如的车子却早早地绕开了，廉颇憋着一肚子的怨愤无处发泄。

蔺相如的门客收拾包裹来告辞："我们走了。"蔺相如当然要问一句："为啥呢？"考虑到蔺相如嘴皮子特别溜，他一定还说了一大堆话："吃得不好吗？住得不好吗？你们怎么不像冯谖那样弹铗而歌呢？"门客们说："我们跟着相公，是找个靠山，可现在相公躲在家里不敢上班，路上遇到那个二杆子掉转头就跑。原来你这个靠山稀松平常，我们得找个靠得住的，我们投靠那个二杆子去。"蔺相如说："我躲开他，跟你们没关系，你们照样领'工资'。"门客们泪流满面:"咋没关系呀!我们出门,他的门客拦住我们说:'跪下,叫爷。不叫,见一次,打一次!'我们还能活吗?""你们叫了没有呢?""没叫。""那不就完了吗?""被揍了一顿。"

蔺相如招呼门客们坐下来,展开他能言善辩之舌。他说:"你们看秦王和廉将军,谁厉害?""廉颇,一只猛虎,跟秦王一比,一只猫啦!""这么比不合适,廉将军英雄盖世。""廉颇再英雄,还正经算个人,他横行霸道也只是蛮不讲理。秦王,那就是一只野兽,说不定什么时候就吃人!""这只吃人的野兽,在秦王朝廷,我当面斥责他,羞辱他的大臣,他灰溜溜哑口无言。野兽秦王都奈何不得我,我还会畏惧廉将军吗?你们要知道这个道理:将相同心,才能强大赵国,抵抗虎狼之秦。"

廉颇辗转听到这番话,痛悔非常,自己脱去上衣,背后绑了荆条,带着曾经侮辱蔺相如门客的一群小版二杆子,到蔺相如门前请罪:"丞相,我一粗野村夫,不识大体,听凭丞相责罚!"将相从此结下生死交。

长平之战,撤换廉颇导致惨败。长平战后,赵孝成王决定重新起用廉颇。因为局面已经非常紧张,秦军侵入赵国,自上党逼近赵国腹地,邯郸被秦军包围。赵国兵力大部分折损于长平,扫全国丁壮,可参军入伍的仅十万人,廉颇率领这十万军,对抗秦军铁甲三十万。邯郸城全民皆兵,平原君为了救赎自己在长平的决策失误,散尽家财招募丁壮,妻妾也编入军卒行伍。赵国人上下齐心协力,保卫邯郸,保卫赵国。平原君亲自长途奔走楚国求救,毛遂以三寸舌说服了楚王,出兵十万救赵。魏国在信陵君的策动下,也出兵十万赴邯郸。

被包围的邯郸城中粮尽,陷落应在朝夕之间,但邯郸始终傲然屹立。秦昭襄王想复制长平之战,用武安君白起代替王龁,但白起称病不出。楚、魏联军将至,秦军形势危急,秦王大怒,迫令白起自杀。魏、楚两国军队进击秦军,赵国守军配合出城反击,秦军大败,损失惨重。王龁率残部逃回汾城,郑安平所部二万余人被联军包围,降赵,邯郸解围。魏、楚联军乘胜进至河东,再战,秦军又败。韩国也加入合纵,赵、魏、楚、韩先后收复魏国的河东郡和安阳，赵国的太原郡以及皮牢、武安，韩国的上党郡和汝南。战线回到长平战之前，秦军的战果全部归零。廉颇在危亡之际挽救了赵国。

几年后，燕国丞相栗腹以给赵王祝寿的名义侦察赵国虚实，回来报告燕王喜："赵国战士大部分死于长平，剩下的小孩子还没长大。"主张伐赵。燕王召乐间咨询。乐间说："赵国人，打仗是家常菜，咱们不行，别碰它。"燕王说："我人多兵多，二打一。"乐间说："三打一也打不过。"燕王不死心："那我五打一！"乐间说话更气人："六打一也白搭！"燕王大怒，发兵六十万，不用乐间，使栗腹和卿秦各领一军击赵。大夫将渠劝燕王说："订了盟约，吃人家的酒，还送人家礼，回来却商量乘人之危攻打它，什么人这是！道义失败，这仗打不赢！"燕王不听，自任偏将军，策应主力。将渠紧紧拉住燕王的马缰绳，说："大王，千万不要去啊，危险！"燕王在马上把他踹倒，一路绝尘而去。廉颇迎战，击溃栗腹军，斩栗腹；乐乘也大败卿秦。廉颇追赶燕兵深入境内五百里，包围燕都。燕国割地给赵国，廉颇撤军。

赵孝成王死，悼襄王受权臣郭开的蛊惑，解除廉颇的军职，派乐乘代替廉颇。廉颇因受排挤而发怒，于是攻打乐乘，乐乘逃走，而廉颇则投奔魏国。时间久了，廉颇又想回国效力，赵悼襄王也觉得廉颇是个宝，永远不会老，想重新起用他抵抗强秦，就派宦官唐玖到魏国大梁，看看廉颇的英雄气还有几分。郭开重金贿赂唐玖，唐玖回来说："廉将军虽然很老，饭量却很大。"赵悼襄王大喜："怎么样，英雄不减当年吧？"唐玖说："但是……"这一但是，也就没有下文了。原来，廉颇知道唐玖来考察面试，为了显示豪爽，吃了斗米的饭，十斤肉，披挂上马，俨然廉大将军。但是，这顿饭吃得也实在太多了……唐玖绝对没有编造谎言，他如实汇报："……但是，廉将军与我坐着聊天一小会儿，就三次起身上厕所。"

面试失败，廉颇抑郁不已，出走楚国，死于寿春。廉颇死后二十余年，赵亡。

赵括·沙盘演兵

赵武灵王推行胡服骑射，主要精力在对付北方的游牧民族，成了外战内行的大英雄。在他驰骋于太行山脉展望天下时，西边的秦国也很忙。秦国自孝公任用商鞅以来，综合国力提升迅速，民众勇于公战而怯于私斗。赵国和秦国走两条不同的发展道路，赵国通过全面夷狄化，以文化强种；秦国通过变法，以政治强国。赵国要做老大，秦国要当大佬，两国的决战不可避免。

秦国的丞相范雎，为秦昭王制定了"远交近攻"的国策。秦有四个邻国，赵、魏、韩、楚，其中韩最弱，秦决定先击韩，蚕食上党与本土的过渡地带。秦大军压向上党，上党守军五万被隔断，危在旦夕。韩知道自己不敌秦国，决定献出上党给秦国，以换取秦罢战息兵。

但上党太守冯亭没有遵从韩王的指令，把上党割让给秦国，而是与赵国联络，将上党献给赵国。赵国被这突如其来的巨大利益砸得有点晕，赵孝成王召开紧急会议，商讨对策，接受不接受冯亭的献地。平阳君赵豹说："秦发数十万军攻韩，一寸土地未得，即将到手的上党郡突然归赵国所有，您如果是秦王，您能受得了这口气吗？冯亭这是嫁祸于赵国，引诱秦赵交战，韩国巧妙避开战端。"平原君赵胜不同意："国家发百万兵征战，往往一两年不能得一城，现在凭空获得十七个县，即使毒药也是甜蜜的毒药，吃下去再说！"平原君认为上党归属于赵国既成事实，秦国也无可奈何。赵王指令平原君往上党接受土地，封冯亭万户侯。上党正式归入赵国。

局势没有按照平原君的思路发展，秦昭王得知赵国已得上党，大怒，发兵直接攻赵，廉颇初战不利，退入长平营寨堡垒，转入防守。秦志在必得，而上党已入赵喉，断无吐出之理，双方陆续增兵，总数逾百万，大战一触即发，但双方都在坚持，比拼实力，也比拼意志力。这时，事件的主角赵括出场了。

赵括是马服君赵奢的儿子，军人世家，袭父爵成第二代马服君，人称"马服子"。赵括自幼熟读兵书，演练兵法战阵。战争理论和战役进程预设，连赵奢都争论不过他。他说父亲治军严明，但是短于谋划，不会遭遇大败，但也不会建立大功，小胜而已。赵奢不服气，批判他说："我知道，阏与之战，你指挥的。"赵括对父亲的讥讽不以为然："要我指挥阏与之战，不用在武安停留二十八天。八天，足够迷惑秦人。老大人求稳，有点过。"赵奢只好不说话，表示对不知天高地厚小孩子之言的蔑视，但赵奢心里确实也在想，我停留二十八天的确有点长，而且不能保证在这期间阏与不会被攻破，如果阏与已破，我贪生怕死的罪名可就世世代代传下去了。

赵括的实战成绩也很值得骄傲，赵齐麦丘之战，城里的居民掘鼠为食，赵括指挥士兵用投石机——将麦子往城里投放。这是个信号，证明攻城的赵军很仁义，投降赵军有馍吃。守城的齐军识破了赵军的"阴谋诡计"，把麦子送还赵括，还传达首长的话："有本事就攻城，别再搞这些小孩子的游戏！"赵括不理会，继续投放麦子，终于，城里的士兵和居民哗变，杀死守城将领投降，赵奢对儿子刮目相看，这小子还真不是"沙盘演兵"的空头理论家！

廉颇与秦军在长平做实力大比拼，廉颇胸有成竹：耗死你们这些关中蛮子！秦军主帅王龁肚子里也有一根棍儿：拖死你们这些关东佬！对攻战转入阵地战和消耗战。

赵军依仗山势固守，只要保持粮道畅通，不怕消耗战；秦军虽然远道来攻，但关中粮草充足，沿黄河运输供给畅通，所以秦国也不怕消耗战，现在两军比拼耐力。但赵孝成王首先熬不住了，频繁催促廉颇出击秦军，实施决战。

廉颇不为所动，坚守营寨壁垒。赵孝成王决定罢免廉颇，赵国的上层几乎一致同意撤换廉颇，这时秦国的反间计适逢其时，罢免廉颇已成定局。秦国的反间计核心内容是任用马服子为主帅，其实不用这么麻烦，当时能担任此项重任的，除了马服子赵括，再无他人。

赵括到军，首先整顿军纪，撤换将领，这项措施导致了人心涣散。廉颇治军一向松散，赵括整顿也在情理之中，但大敌当前的这一整顿，不但军纪不见起色，军心也整散了。这件事说明赵括仍然是沙盘演兵的空头理论家。

秦国得知马服子到任，悄悄地让武安君白起代替王龁做主帅。白起诱敌深入，断绝赵军的粮道，赵军四十余万被孤悬在长平的丹水峡谷，以致杀食军中老弱。被围四十六天后，赵括知道救援无望，打通粮道已无可能，便通令全军打破建制，做死亡突围。

这次突围极为悲壮，每个赵国将士都知道不可能生还赵国，现在是他们在人世上的最后一战。饥饿的赵国战士强力爆发，以武士的血性而作最后一战，这血性既有爱惜荣誉的民族根基，也有胡服骑射培养的尚武精神。主帅赵括开战不久就已阵亡，赵国士兵实际是各自为战，拖着长期饥饿煎熬的身躯，与给养充足的秦国战士拼杀，结果秦军战死者居然过半，可见赵国将士最后战斗的酷烈程度。

战斗结束，赵军完败，秦军惨胜。如何处置被俘的数十万赵国士兵，秦军主帅很伤脑筋。这些士兵不能编入秦军，因为他们对秦人有刻骨仇恨；也不能释放，经过惨烈的长平之战，这些人已将生死置之度外，每个人都将是一头老虎。统帅白起最终将这些俘虏全部坑杀，赵军前后牺牲的军士四十五万人。

长平之战，改变了战国时期各国的军事态势，从秦赵双雄变为秦一家独大，虽然后来赵军还有几次辉煌的战绩，但是已不能改变根本的军事态势了。

李牧·最后的屏障

赵国与秦国争雄,战斗如火如荼,北方边境却风平浪静。北方胡人一向没事找事,时常入寇,现在为什么老实了?原来有李牧在。

李牧镇守雁门地区任郡守,郡守是军政合一的地方最高长官。他在驻地设置官职,收取赋税,收的赋税也不上交,全部进入自己的幕府,进入幕府也不留着,每天杀牛宰羊,犒劳战士,战士们养得膀大腰圆,一个个像座黑铁塔——等一等,刚才说"战士",战士在哪儿?谁看见了?这样说话的是赵王,他得到无数的情报,说李牧截留虚耗国家赋税,每天带着当兵的大吃大喝,几年没打过仗。赵王说,你那情报用词不准确,是"战士",不是"当兵的"。情报人员振振有词,从来不打仗,以后也不准备打仗,还能叫战士吗?赵王开头还很高兴:"没打过仗,那还不好吗。能守住边界,就是好将军。"情报人员继续说,每当匈奴入寇,李牧都拉响警报,命令当兵的赶紧隐蔽起来,同时把好东西也藏好,不要被匈奴抢去了。李牧的边疆守卫条例规定得很仔细,大致意思就是对入寇的敌人坚决不抵抗,任由他们上树爬墙,牵牛赶羊。赵王大怒:"叫他回家抱孩子去!"胆小鬼李牧被撤职,雁门人唱起了欢乐的歌。

新任的雁门太守勇气爆棚自信满满,废除了李牧那些丢人的条例,严阵以待匈奴入寇。一时间狼烟滚滚,战云密布,战场上损兵折将,匈奴的入寇越发频繁，形势吃紧。赵王终于知道李牧的做法是一种策略，撤掉他实属错误，于是请李牧再度出任雁门太守。李牧托病不出，赵王当然知道他没病，就说："谈谈条件吧。"果然，李牧有条件："我出任的话，还跟以前一样。"赵王说："只要你守住北边，吃穷了赵国也随便你！"

李牧再次来到边境做主将，副将问，将军有什么吩咐，李牧斩钉截铁："照老章程！""匈奴入寇？""躲！""粮食、衣物、艺术品？""藏！"匈奴人眼神普遍不大好，到赵国境内往往一无所获，心里很疑惑，赵国人怎么忽然这么穷？边境的官兵待遇优厚，却无所事事。赵国人天生好斗，这么憋屈哪受得了，盼望着打一仗。于是李牧就准备了战车一千三百辆，精选战马一万三千匹，精选勇士五万人，善射的士兵十万人。然后，满山遍野放牧牛羊，牛羊快赶上天上的白云多了。家家炫富，户户显摆。匈奴单于说："嗯？赵国人怎么突然富起来了？"好东西怎能不抢？不对，李牧虽然胆小，这么明目张胆地炫富，怕是诱饵，派出小股部队试探性进攻。李牧安排一千多牧民准备被匈奴俘虏，许诺几天后救他们回来，一个扮演俘虏的说："为什么是我？"李牧说："不是你，就是你三叔或二大爷，你说吧。"赵国人尚武，尚武的人都仗义："那还是我当吧！"扮演者想想不对劲，回来找李牧理论："太守您说得不对，我有三叔，就不可能有二大爷，有二大爷，就不可能有三叔，其中有一个肯定应该是我爸。"李牧挥手驱赶："去、去，啥时候了，还跟我抬杠！"

匈奴入寇，收获颇丰，单于手痒痒，亲自率领主力入侵雁门。李牧的十几万人分布隐藏在各个隘口，雁门地区整个一大口袋，装进单于往死里打。匈奴大败，十多万人马被消灭，匈奴主力丧失殆尽。李牧以后又打败了东胡，收降了林胡。单于逃跑，此后十多年，匈奴不敢接近赵国边境。

秦大将桓齮攻入赵国，率军东出上党，越太行山自北路深入赵国后方。南方形势吃紧，赵王迁调李牧抵御秦军。这时，廉颇奔魏，蔺相如、乐毅、田单已死，李牧成为保卫赵国的坚强屏障。

李牧率边防军主力与邯郸派出的赵军在宜安会合。他筑垒固守，避免决战,伺机反攻。秦军远道奔袭,不利持久。桓齮率主力进攻肥下,诱使李牧救援,企图歼灭脱离营垒的赵军。赵葱建议救援肥下,李牧说:"我为什么被他牵着鼻子走?来个反向思维嘛!"秦军主力去攻肥下,大营留守兵力薄弱。李牧一举袭占秦军大营,俘获全部留守、辎重。李牧判断桓齮必将回救,就部署一部兵力正面阻击敌人,将主力配置于两翼。当正面赵军与撤回秦军接触时,两翼赵军以钳形攻势掩杀。一切如李牧所料,赵军大破秦军。李牧创造的这个经典称为"反客为主",进入军事教典,李牧也因此被封为"武安君"。

秦王政不甘心失败,派军再次入侵,秦军兵分南北两路,南路由邺北上,准备渡漳水迫向邯郸;北路秦王政自率主力,由上党出井陉,企图将赵拦腰截断。李牧南守北攻,集中兵力,各个击破。他部署司马尚在邯郸南据守齐赵长城一线,自率主力北进,反击远程来犯的秦军,秦军大败。李牧随即回师邯郸,与司马尚合军攻击南路秦军。秦南路军知北路军已被击退,丧失斗志,一触即溃。

赵王迁四年(公元前232年),李牧到达自己人生事业的顶峰,但是也即将到达终点。

赵王迁七年(公元前229年),赵国由于连年战争,田地大面积荒芜,国力衰弱不堪。秦王政乘赵国危机,派大将王翦直下井陉,几十万大军围邯郸。赵王任命李牧为大将军,司马尚为副将,倾全军抵抗入侵的秦军。

秦王知道,李牧不除,赵国难取。王翦行反间计,派使者携带重金贿赂郭开。于是郭开散布谣言,说李牧、司马尚勾结秦军,准备投降,并计划反攻邯郸。为了真实,郭开还展示了间谍给他的李牧进攻邯郸的计划书副本,郭开说正本在秦王手里藏着,紧慢偷不出来。赵王迁大惊,委派赵葱和颜聚取代李牧和司马尚。解职后,李牧回邯郸途中被杀,这也是秦国对郭开的指令。三个月后,邯郸城破,赵王迁被俘,赵亡。

吴起·英雄不问出身

吴起，卫国人，一个极端矛盾型的人物，一方面极其残忍，一方面又极其和顺善良，直到他死，人们也不清楚吴起究竟是什么性格。

吴起家资豪富，他想，钱再多也是个土豪。土豪多难听，要改变身份，只有当官，当官才能成贵族，脱去土豪这层皮。他走各种门路，企图混进官场。一个没有名气的小青年，想当官哪有那么容易？但他有钱，请客送礼，有门缝就钻就送。很可惜，那门始终也没有打开一道稍宽一点的缝，可以让吴起钻进去，他的家财却渐渐不姓吴了。吴起为做官破家，在当地成为笑话，"吴起又被骗了"的新消息源源不断地流向市井，传遍四面八方，看见吴起垂头丧气地走过来，总有人上前奚落几句："吴公子，又要升任太守了吧？"吴起对这样的讽刺奚落一律不理。在一个毫无征兆的夜晚，吴起手持利刃，杀死三十多人，这些都是平时嘲讽过他的人。杀人就得逃难，老娘送他到城门口，吴起咬破自己的手臂发誓说："我吴起做不到卿相，绝不再回卫国。"逃到鲁国，投奔大学者曾申读书。

曾申是曾参的儿子，特别重孝道。吴起还没当上国家级干部，老娘却死了，吴起在学堂哭了一会儿，继续听曾申讲课。曾申哪受得了这样的人："你回家去吧，为令堂大人奔丧，尽为人子的义务。"吴起以曾经有过誓言做托词，不回国。曾申大怒：如此不孝，不能在我这里读书！开除了吴起的学籍。曾申这是误会吴起了，他不是不孝，他是不敢回卫国，他犯下的比特大还大的极大级别的杀人案，还没过诉讼时效。

吴起想当官，而且自己定位为"国家级干部"，并非痴人说梦，他有这个资本——他超人般的军事才能。这种才能很快在鲁国显露，鲁君居然很欣赏。恰巧齐国伐鲁，鲁君想任用吴起为将军，指挥对齐作战，可是有一件事叫他犹豫不能决断：吴起的妻子是齐国人，他自己是卫国人，都跟鲁国不沾边，他心里的天平会往哪边倾斜呢？吴起知道这层关系，说："这还不简单！"回到家二话不说，咔嚓一声，妻子身首异处了。吴起拎着妻子血淋淋的头，禀告鲁君："君上放心吧，我一心为鲁！"鲁君虽然被吴起的举动着实震惊了一下下，可是军情紧迫，便任命吴起即刻出征。吴起为将的鲁军，战斗力空前强劲，果然大胜，齐军落花流水春去也。

但鲁军胜利并没有给吴起带来实际的好处，鲁君身边的人在开导鲁君了："吴起杀妻求将，古今没有如此残忍的人。他在卫国犯了极大型的杀人罪，是个极端危险的杀人犯，卫国一直在通缉他。我们与卫国是兄弟之国，我们不但不引渡他回国，还重用他为将军，这会伤害我们两国关系。况且鲁国小国，战胜大国齐，会成为诸侯的眼中钉。"鲁君请来吴起，千般道谢，万般慰劳，最后说："我鲁国地狭人稀，吴将军英才盖世，小小鲁国实在委屈了吴将军，还请将军另谋高就，大展宏图！"

吴起站在鲁国曲阜城门口，徘徊容与，不知所之。但总得走人，鲁君的逐客令下得客气，可再客气，也还是逐客令。吴起向西打望，看见魏国上空祥云缭绕，决定投奔文侯去。

说"看见"，那是吴起游说魏文侯的话。他在鲁国，只能看见东山顶上一小块天，不过他知道，魏文侯招贤纳士却是真的。魏文侯问李悝："这吴起是怎样的人？我们能任用他吗？"李悝说："这吴起，三个'天下第一人'的称谓非他莫属。"文侯大喜："这么神奇，我们留下他吧！"李悝说："天下第一贪人，天下第一忍人，天下第一色鬼。"魏文侯咬文嚼字："鬼不是人。"李悝也挺认真："鬼生前也是人。"文侯说："如此，给他点路费，打发他走吧！"但李悝又说："吴起还有一个'天下第一'。"文侯不想听，这么一个劣迹斑斑的家伙，想一想就浑身不自在，反胃。但是李悝继续说："天下第一军事家。"文侯叫起来："你说啥玩意儿？军——事——家？"魏国现在最缺的，就是军事家，特别是像姜太公、孙武、司马穰苴那样的军事家。

魏文侯任命吴起为将军，向西用兵攻秦，首战告捷，打败秦军，夺得五座城。此后，吴起一直坚持在击秦第一线。吴起爱惜士卒，与士卒同甘共苦，与最下级的士兵同吃同住，他做这一切极其自然，绝对不是作秀给人看，或故意笼络士卒的心，他真心实意爱惜爱护士兵，越是地位低的士兵，他越亲近。军中艰苦，吴起与士卒们一样在野外的农田上睡觉，推开比较大的土坷垃，躺倒就打呼噜，为了防备露水打湿衣衫，身上盖一层树叶子。士卒有脚上生疮的，艰难不能走路，吴起一把拎起他的腿，张嘴对着他臭烘烘的大脚丫子，一阵猛吸，吸出脓血一大摊。士卒的母亲听到了，大哭。人们劝她说："你儿子一个小小的兵卒，将军亲自为他吮疮口，多么大的荣誉啊，感动还来不及，哭啥呢？"母亲说："你们哪里知道啊，此前孩子他爸也因为有疮，吴公为他吮吸，痊愈后为吴公打仗，命都不要。结果，死在战场上了。现在，吴公又在吸吮我的儿子了，我的儿子啊，他早晚也一定为吴公卖命而死啊！"

吴起为将，攻克秦国河西地区的临晋、元里，并筑城巩固。吴起第二次攻秦，一直打到郑县，攻克洛阴、郃阳，继续筑城防护。而秦国只能退守至洛水，沿河修建工事抵御吴起。加上此前被公子击占领的繁庞，魏国已经占领了秦国河西地区的全部，魏国在这里设立西河郡，经翟璜推荐，吴起担任西河郡太守。

吴起·光荣与梦想

吴起对魏国的军事制度进行大刀阔斧的改革,这样说似乎他的改革很紧张激烈。其实改革的内容非常简单,甚至连"内容"二字都谈不上,就是打破大锅饭,作战成绩与奖励挂钩。从前的战斗都是指挥官骑着大马,手举指挥刀,喊着口号带头冲向敌人的营阵,然后短兵相接厮杀。士兵们靠战前鼓动,一鼓作气打一仗,往往仗没打完,那股气就泄了。吴起久在军旅,深知宣传鼓动靠不住,要士兵甘心卖命,必须让他们看见实际的好处,于是,吴起的改革登场。

魏文侯之后是魏武侯,武侯采纳吴起的建议,举行盛大宴会,奖赏将士们。一个很大的宴会厅,分成三个区域:头一个区域,立上等功的入席,用上等酒席和餐具,猪、牛、羊三牲俱全;第二区,立二等功的人入席,酒席、餐具较为差些;第三区,没有任何战功的人入席,只有酒席,没有贵重餐具。第三区的人酒喝得憋屈,饭吃得窝囊,心里就憋着一团火。宴会结束,又在庙门外赏赐有功人员的父母妻子,也按功劳大小而分差列。有功人员的家属十分光鲜,领了钱,还领了荣誉。原来吴起在基层单位,建立了详细的军功记录表。士兵每次战斗的表现和战绩历历在表,分区设宴,谁也没话说。这样层层激励,军队的改革就完成了。

改革的成果,在一次抵抗秦军入侵的战斗中表现得淋漓尽致。秦惠公发兵五十万攻打阴晋，西河郡驻军士兵不等上级发布命令，就早早地披挂停当等候出征，倒不是希望得到奖励发家致富，主要是宴会坐在第三区，太丢人，一定要建立军功坐上第一区。万一战死了呢，也坐不上第一区了不是？也不要紧，吴起将军有规定，战死者的家属，抚恤金优厚。吴起在这些士兵中挑选了几万人，召集大家开誓师大会，训话："你们前后左右互相看看，你们大家都有一个共同的特点。"大家面面相觑，没看出有啥共同点。吴起说："你们大家都是没有立过军功的！这次出战就是特别给你们提供一次建立军功的机会，光宗耀祖的时候到了，勇士们，出发！"以后的某个时代，战前动员，指挥员一场演讲，战地记者写报道，说战士们"急得嗷嗷叫"，这明显得了吴起的真传。接战，秦惠公的五十万大军落荒而逃。

吴起在魏国取得辉煌的成功，但是他向老娘夸下海口，"国家级干部"的诺言还没有兑现。可巧魏国的国相职位空缺，吴起暗喜，以为非自己莫属，最终国相人选却是孟尝君田文。吴起一肚子不高兴，直接来找田文理论，说了一大套自己的优长之处，获奖证书一个又一个：全军统帅证书，最佳政府管理证书，秦兵放弃河西地协约，赵国、韩国推举魏国为首席执行官协定文本。多了，数不过来。"我有这么多的功劳，为什么你却当这个丞相？不害羞！"田文看着吴起，慢悠悠地问道："国君还年轻，国人心不稳，大臣不融洽，百姓缺诚信，这个时候，你说，君上是把国家托付给你呢，还是应当托付给我？"这话说得绵里藏针，吴起被扎得一跳一跳的：当国相，人品第一重要，你这样的贪人、忍人、色鬼，还想当国相？吴起沉思半晌，自己也觉得不够资格，收拾起一堆证书，狼狈而去。

几年后田文死，吴起仍然没当上国相，这个职位被公叔痤拿走了。吴起不但当不上国相，连西河太守都当不成了。公叔痤不喜欢吴起，想把他挤走，就和自己的妻子商量出一条妙计。公叔痤向魏武侯建议，我们魏国要留住吴起这样的人才，最好的办法是把公主嫁给他，武侯说"好"。然后公叔痤请吴起来家里做客："我们是好朋友啦，这是你嫂子，见过。"嫂夫人温柔敦厚地见过吴起，转过身就是一头老大母狮子:"滚一边去！没见我要和吴起兄弟好好聊聊吗？吴起兄弟，咱们安邑城里的'女演员'念奴，咋还不结婚？她是不是跟演赵襄子的那个小白脸拍拖了？我听说她跟朝廷的许多高官都关系暧昧……公叔痤，你是不是跟她也有一腿？"公叔痤低下头，小声地说:"哪里，哪里，都是谣言。"脸上的汗也流下来。吴起想:"哎呀，我的亲娘哎，娶公主就这下场啊！"

第二天，魏武侯请吴起吃饭，根据公叔痤的意见，很诚恳地对吴起说:"吴君对魏国贡献重大，我国土地狭窄，财物贫乏，无以报答吴君，我想把小女嫁给你，两家永结同心，你看可好？"吴起昨天在公叔痤家受到的惊吓，现在还没平复，魏王突然提起这件事，他慌乱中不知道怎么措辞，那意思武侯听出来了：他不同意。魏武侯满以为吴起会欢喜得手舞足蹈呢，没想到热脸贴了冷屁股，这一场尴尬啊。但武侯毕竟老练，知道给自己找个台阶，就说:"吴君也别忙回答我，婚姻大事，总要三思而后行，想好了主意再告诉我不迟。"吴起如获特赦，离开安邑奔河西，从此不见踪影。魏武侯心里忐忑，婚事不成不要紧，吴起如果心生嫌隙，举河西之地降秦，那就不是一般的糟糕了，于是事事谨慎小心，河西与本土的关系也越来越不顺。经过多年历练，也可能受魏国先进文化的感染熏陶，吴起现在俨然有了一点君子风，他想，君子绝交不出恶言，我和魏国，好合好散吧！

吴起离开自己长期驻守的西河郡，停车回望，泪落如雨。他对随从们说:"如果君侯信任我，让我充分施展才能，我肯定能帮助君侯成就大业。如今君侯不信任我了，我走之后，西河郡也保不住，魏国的光荣结束了！"吴起离开魏国之后南向奔楚。

吴起在魏国创造了光荣的业绩，但是到底没有实现他成为国相的梦想。

孙膑·桂陵之战

韩、赵、魏三家瓜分晋国公室，但三家的同盟关系很快瓦解，相互之间攻战频繁。赵成侯在平陆和齐威王、宋桓侯会晤，决定结盟。同时又和燕文公在阿会晤，两国间关系打得火热。赵与齐宋的结盟，与燕结盟，都声明盟约不针对第三国，但是谁信？东方大国只有一个魏。不针对魏，你们为啥结盟呢？魏国知道这是赵国觉得自身不安全，拉燕、齐等为自己壮胆。赵国胆子壮大，步伐也大起来，发动对卫国的战争，卫国被迫屈服，签订城下条约。卫国是魏国的盟国，一向依附于强大的魏国，打狗不看主人，赵国这是自寻死路！魏国声称为了保护卫国不遭受侵害，出兵包围了赵国邯郸，日夜攻击不止。

赵既然与齐有同盟关系，邯郸被围局势危急，自然向齐国求救。齐威王召集文武大臣开会讨论救不救赵，如何救赵。丞相邹忌说："为什么救赵？劳民伤财！"大将段干朋说："我们与赵国有协约的，应该守望相助。"邹忌说："协约条约，签订的多了，谁遵守了？"段干朋说："一旦失信于赵国，后患无穷。春秋乱世，皆因各国不讲信用造成，一次失信可获利，但这个利是用永久的财货支出预先购买的。各国谁都认识不到这一点，纷纷失信于天下，我真担心将来我们华夏人怎样跟天下人打交道！"邹忌说："将来的华夏人，跟我们有啥关系？我们认识他们吗？"邹忌故意犯浑，其实他不想掺和赵魏两家的事情。威王和解道："认识不认识，我们都要管他们的，我们辛辛苦苦挣下这份家业，说到底还是为了我们叫不出名字来的后代子孙。不过今天我们就事论事，段干朋你主张救赵，你说是怎么个救法呢？"段干朋认为，救赵是救赵，但最后还要有利于我大齐。所以，不是不救，也不是真救。邹忌讽刺道："虚伪！"段干朋却也不在意，他说："如果立即出兵前赴邯郸，邯郸围解了，魏军撤回，赵国安然无恙，我们倒赔上许多功夫，损兵折马。所以，最好让魏与赵相互削弱，最后我大齐出来收拾局面。邹忌，你知道吗，战场上出来打扫战场的，才是最后的胜利者。"

讽刺了邹忌，段干朋对这次救赵做出具体的规划：先派少量兵力南攻襄陵用以牵制魏国。等到魏军攻破邯郸，魏、赵双方都没有能力再战时，我军才开始正面的攻击。那时，魏军再无还手之力，赵军也得眼睁睁地看着我们打扫战场，收获胜利。邹忌听了段干朋的布置，虽然心里有点认可，但嘴上不服输，鄙夷地说："流氓！"段干朋知道自己的这番讲话得到了齐王的认可，便不同邹忌计较。

果然，齐威王采纳了段干朋的方略，以部分军队联合宋、卫，南攻襄陵，主力则按兵不动，静观事态发展，实际就是等着邯郸被攻下，那时候再打魏军一阵子太平拳。

效果比预想的还要好。魏国的扩张引起楚国的警觉，楚宣王乘魏国出兵攻赵后方空虚的有利时机，派大将景舍率领部队向魏国南部地区进攻。魏国西边的秦国也参与进来，发兵攻打魏国的少梁、安邑，魏国陷于三面作战的困难境地。中原大地打成一锅粥。不过这时的魏国实力十分雄厚，足以对付这些虚虚实实的进攻。

魏军的主将庞涓，这位战略家对当前局势分析非常准确。他判断齐、楚、秦三路攻魏，都是战术行为，不会发生实质性的缠斗。一旦邯郸城破，各地很快就能恢复正常，齐、楚、秦会不战而退，而赵国必须签署城下盟书，退出卫国，完全恢复卫国的主权。所以，庞涓坚持主攻目标不变，打下邯郸，迫使赵国投降。庞涓不受局势左右，排除一切干扰，坚持主攻邯郸，攻势凌厉。

赵魏两军相持一年有余。邯郸形势已经危在旦夕。魏军也非常疲惫，齐威王认为出兵与魏军决战的时机已经成熟，救赵的北路军正式出动，齐威王任命田忌为主将，孙膑为军师，统率齐军主力救援赵国。

田忌计划直奔邯郸，同魏军主力交战，以解救濒危的赵国。孙膑说："将军换一个思路试试看。出兵邯郸，我们被魏军牵着鼻子，我们能不能不被他牵着，反过来牵着他？"田忌信赖孙膑的智慧，问怎么才能牵着魏军的鼻子走，孙膑说："批亢捣虚。"孙膑详细解释"批亢捣虚"的意思："避开他的锋芒，直接冲击他的薄弱部位。要解开一团乱麻，不能硬拉硬扯，费力气还达不到目的；要制止别人的聚殴，自己不能也加入群殴。现在魏国庞涓的军队主力在围攻邯郸，还要抵御秦、楚的进攻，大梁一定空虚，我们现在就近奔袭大梁，打他一个措手不及。"魏大梁危急，魏军必然回师自救，齐军可以用巧劲解邯郸之围。

孙膑与庞涓本来是同窗，庞涓在魏国得意，也把孙膑引进魏国。人们不知道庞涓引进孙膑是否有预谋，总之孙膑在魏国遭逮捕，被判有罪，受黥刑和膑刑，被削去膝盖骨，不能站立了，后世人们记不起他叫什么名字，索性简单形象地叫他"孙膑"，意思是"孙瘸子"。古代这么称呼人不是贬义，与称呼他孙胡子、孙胖子、孙麻子一个意思。孙膑逃出大梁，回奔齐国。齐威王要任他为大将军，孙膑坚持说刑余之人不能出任这样重要的职位，有损国家形象，推荐田忌为将。

田忌采纳了孙膑的作战建议，统率齐军主力迅速向大梁挺进。庞涓果然丢掉辎重，以轻装急行军昼夜兼程回救大梁，齐军在桂陵迎击魏军。魏军由于长期攻赵，加以长途跋涉急行军，士卒疲惫不堪，面对以逸待劳的齐军，全面溃败，主帅庞涓被俘。

桂陵之战齐军完胜，但是段干朋的战略目标没有达到，齐军在桂陵截击魏军之后回国休整，并不北上救赵，邯郸之围依旧。相反，魏惠王结盟韩国，魏韩联军击败包围襄陵的齐、宋、卫联军，战争态势依然胶着。齐国请楚国大将景舍出面调停，各国休战，庞涓获释。桂陵发生的经典战例"围魏救赵"，则成为历代军事教科书的保留篇章。

孙膑·马陵之战

桂陵之战，魏军完败，但魏国仍然强大，魏军的基本建制仍在。魏军的统帅仍然是大名鼎鼎的庞涓，他虽然败于桂陵，但毕竟打下了邯郸，所以魏惠王依然对他完全信任。庞涓对"孙瘸子"恨之入骨，总想报桂陵一战之仇。"读书期间，孙某人的确比我强一点点，但也不至于打得我还手都不能够，在桂陵任凭他宰割！"

十三年后，魏国自认为可以再施展身手，这次把打击的目标定在韩国。韩国是魏国的兄弟之邦，都是周的血脉，但利益当前，顾不得许多。韩国不是魏的对手，危急中遣使向齐国求救。

现在的局面与十三年前一模一样：第一，对立国家的两个王，齐威王和魏惠王都长寿，都在位时间很久；第二，齐国这次"御前会议"参加者，除了段干朋已经过世，还是上次那些人；第三，会议仍然有两种意见；第四，坚持不救的仍然是那个夸夸其谈的邹忌。历史，十三年居然一步没往前走。主张救的段干朋不在，田忌承担了段干朋的角色："不救韩国，我们齐国只是个摆设吗？"齐威王征求孙膑的意见，孙膑的意见是既救又不救，但总的方向还是救。方略是：告诉韩国，我们一定去救你，你们一定要顶住！坚定韩国抗魏的决心。当韩国实在撑不住的时候，再真正发兵救援。邹忌讽刺道："虚伪，还是十三年前那一套！"田忌说："就这一套，十三年前打败了魏国。"邹忌不好再反对，因为齐威王说话了，威王说："就按孙膑的计策办！"邹忌不敢反对，但仍然不忘补上一句："流氓！"因为上次开会，他就说段干朋等人的计谋是流氓，既然历史重演，这次不能不说。况且这办法的确流氓，明明可以很快打退魏国的进攻，却磨磨蹭蹭不动弹，等着韩魏两败俱伤。同样的流氓手段，居然还不知羞耻地使用两回！

韩国得到齐国救援的允诺，拼尽力气抵抗魏军的进攻。大仗五场，小仗无数，但韩国毕竟太弱，五场战役一场没赢，齐国的救援仍然杳无音信，眼看着国家就要全境沦陷，国王卑辞向齐国告急。齐威王和田忌、孙膑等人商议，觉得时候到了，救韩大军誓师出征，田忌为主将，孙膑为军师，大军直奔大梁。

庞涓在远征军宿营地得到齐军奔袭大梁的情报，大怒。他很鄙视齐军统帅部的愚蠢，古语说，凡事当留余地，得意不可再往，上次齐国人占了便宜，这次如法炮制，同样的战局岂能再次上演？庞涓认为桂陵之战失利，是自己有点固执和轻敌，坚持先攻下赵国，导致军队征战的时间太长，士卒疲惫，结果回救大梁时被齐军拦击。这次，我要跟齐军正面决战，彻底击溃齐军，叫它几十年不敢兴风作浪。于是，庞涓放弃对韩国的攻击，全军撤回魏国境内重组，以迎击齐军。

魏惠王全力支持庞涓的战略部署，补充兵员和给养，命太子申为上将军，庞涓为将，率魏军主力十万人，扑向齐军。

两军在魏国境内相遇，刚一接战，齐军抵挡不住魏军的凌厉攻势，大幅度败退。齐军败退，是孙膑的战术，以迷惑魏军。但齐军这次撤退，提振了魏军的士气，魏军认为齐军一向战斗力不足，桂陵之战被齐军捡了大便宜，这次一定雪耻。魏军上下，自信心爆棚：齐军不堪一击，这次战斗，就是灭齐的开端！

看来，孙膑和庞涓，差距不仅仅"一点点"。

孙膑深知庞涓的性格，庞涓学习非常认真，对老师的教科书融会贯通，熟知老师的战术理论。孙子说"知彼知己，百战不殆"，孙膑清楚地记得庞涓对这个问题表现出浓厚的兴趣，他问老师："孙子的话当然有道理，可是怎么才算知彼知己呢？"老师对这个问题的解答使庞涓精神振奋，老师说："比如敌我交战，敌退我追，我凭什么得知敌军的情况？它增兵或减兵，你从敌军埋锅造饭的灶台数目，就可以推知他的兵员增减，而且是绝对的第一线情报。"孙膑看到庞涓当时的表情，他知道，庞涓已经把这个案例牢记在心，成为他追击敌军的一项情报侦察法宝。战场情形瞬息万变，但捉住蛛丝马迹，情报就在细节之中。

孙膑精心安排一个假情报，诱使魏军追击。假情报就是"减灶"。齐军第一天宿营，挖了十万人煮饭用的灶，第二天减少为五万灶，第三天又减少为三万灶。老师说，别的情报可以伪造，但士兵吃饭却是实打实的。如果庞涓没有与孙膑同过学，不会出现这项情报，人们想不到在这个问题上制造假情报。但是很不幸，庞涓听到的，孙膑也听到了。庞涓分析认为，三天败退，齐军已经由十万人减为三万人，显而易见，齐军存在严重的逃兵现象，实际上齐军已经溃散，斗志完全瓦解，我军必须在齐军彻底溃散之前全歼他们，叫他们无法逃回齐国。

庞涓要抢时间，尽快赶上齐军主力，找到孙膑和田忌。他丢下步兵和辎重，只带着一部分轻装精锐骑兵，昼夜兼程追赶齐军。

孙膑判断，庞涓率领前锋将于日落后抵达马陵。马陵一带地势险阻，道路狭窄，树木茂盛，适合打伏击战。庞涓的骑兵果真在日落时进入齐军设伏区域。进入伏击圈的庞涓突然猛醒，知道又被孙瘸子打败了，可是已经太迟，齐军万弩齐发，狭窄的道路上魏军回转不及，在箭雨中奔突逃命，可哪里逃得出去，将士全部战死，庞涓自杀。消灭这支前锋部队后，齐军乘胜追击，攻进魏军的大本营，前后歼敌十余万人，并俘虏了魏军主帅太子申。

马陵之战根本改变了齐魏间的军事态势，此消彼长，魏国一步步走下坡路，失去了中原的霸权。而齐国则挟战胜之威，力量迅速发展壮大，再度成为强国。

田单·火牛阵

燕王哙禅让子之,结果酿成燕国大乱,齐宣王趁乱出兵伐燕,令燕国几近灭国。后来赵武灵王将燕王哙送到外国当人质的庶子公子职,从韩国护送到燕国即位,是为燕昭王。燕昭王即位后筑黄金台,拜郭隗为师,励精图治,招揽人才,意图振兴燕国。在招来的人才中,最杰出的当数乐毅。有乐毅辅佐,燕国在燕昭王治下蒸蒸日上,同时齐国对内不恤民力,对外穷兵黩武。忍辱多年的燕昭王认为报仇雪耻的时机已到,遂指派乐毅举兵伐齐。

乐毅攻占齐国七十多座城池,只有莒城和即墨以及聊城还没攻下,齐国陷入大混乱。既然混乱,人们反倒心平气和起来,进攻的燕军、溃散的齐军、逃难的齐国百姓,挤挤挨挨地走在一条路上,互相还谦让"您先过"之类。这时人们的自我认知度很高,进攻的燕军负责打仗,溃散的齐军负责逃跑,逃难的百姓只管走路,所以绝对不会发生抢劫财物、伤害妇女之类的恶性事件。堂堂作战的武士,岂能做那种丧良心的事情?至于齐军,打了败仗,武士身份没有变,武士的尊严必须维持,宁可饿死,不能抢百姓的一粒米。

乐毅随着大军往即墨进发,目的是包围它。民众拖家带口往即墨城里钻,目的是找个落脚的地方。既然全国都沦陷了,即墨一座孤城,不奔即墨还能去哪儿?乐毅在逃难的人群中看到一个比较大的队伍,应该是个大家族。虽然在逃难中,衣着仍然保持整齐,一看就是有教养的一家。这不是重点,重点是乐毅看见这个家族的大车,一律光秃秃的,没有车轴!也不是真的没有车轴,是没有车轴的外延部分。古人用仿生学原理制作车辆,动物奔跑,尾巴用作平衡控制方向,奔跑的车辆那么快,也有维持平衡问题。就在车轴上下功夫,沿车轴的延长线加长轴体,于是战车看起来威武雄壮。可这家人的车轴居然没有延长部分,车轴在车轮外侧截断,光秃秃的,非常难看。他想起一句俗语,"虎豹之鞟,犹犬羊之鞟"。一只大老虎,剃了毛,跟一条狗没啥区别,乐毅刚想笑,忽然严肃起来,对这项不是设计的设计肃然起敬。在人马杂沓的大路上,车子根本跑不快,那伸出来的车轴就成了阻碍,既妨害了他人他车,纠缠在一起,自己的车也走不出来。

乐毅找到这家人的首领,打个招呼,问:"请教贵姓?"首领说:"姓田,田单。""王室贵族啊,失敬,失敬!""不敢妄称贵族,远支旁属,几代人不食王之俸禄了。""车子的轴,如何这般模样?"田单笑笑:"碍事,我叫人把它们全都锯短了。"匆匆而来,匆匆而去,简单几句话,乐毅发现这个人不简单,他进了即墨城,燕军围城攻略,将任重道远。但乐毅没有把田单捉住当场处决的道理,无论如何,现在的田单是平民,与交战的齐军毫无瓜葛,连控制他不让他进城都不行。打仗要讲规矩,不能胡乱扣留平民。

燕军包围即墨,即墨守城大夫率军出城迎敌,战死阵中。很自然地,军民共推田单任守城指挥官,全城人的生命安全,交付给这个外来户。

田单与乐毅照过面,知道这个人很难对付,他对即墨的围困将是长期的。这次围城战,也一定是持久战。为了持久,必须保证城里的食物供应,城里要尽可能开辟土地,把一切可能的地面全都利用了,种上庄稼和蔬菜,养牛养羊。田单还开辟几条秘密通道,从外边输送粮食、蔬菜甚至兵器进城。

即墨围城,一围就是六年。六年之中,即墨人不缺吃不缺喝,居然安居乐业,连娱乐业也不耽误,杂耍卖艺鼓吹大力丸的熙熙攘攘,完全不理会城外的燕军。似乎大家都在等待,但不知在等待什么。

等待中,燕昭王死了,原来大家等待的就是这个时刻。燕太子即位为惠王。惠王在太子时就觉得乐毅不可靠，当上王越发觉得乐毅不可靠，这情报对田单来说太重要了，他的情报人员潜入燕都，散布了许多惠王喜欢听的"好谣言"。主题是说，即墨人不怕乐毅，乐毅很快就要在齐国称王，所以对即墨人十分和气，围城的和被围的经常在一起开联欢会。"好谣言"还说，即墨人最害怕骑劫，这家伙杀人不眨眼，他主攻即墨，三天就打下来，哪能用六年？说它是"好谣言"，是因为惠王得到的情报与这些谣言吻合，乐毅围城六年即墨城的确生活正常，人们的确安居乐业，围城的和被围的的确相安无事，除了"联欢会"无法考证，全都证据确凿，那么即墨人恐惧骑劫，热爱乐毅，也应是真情报。惠王决定让乐毅回国休整，让骑劫代替乐毅为伐齐上将军。

田单派即墨城里的几个大富商，"潜入"燕军总指挥部，献上厚礼，向骑劫哀求："我们知道这城早晚得破，田单这货不知死活，还在硬扛。我们恳求大军在破城这一天，保留我家安全，我家感谢您的祖宗十八代。"骑劫虽然觉得这话听起来怪怪的，但看在银子的面上，也不方便发作。再者说，人家钻过封锁线，好不容易送礼，也说明人心所向，城里都这么想，即墨破城的日子不远了。骑劫得意，精神越发松懈，坐等成功。

田单搜罗全城，得到一千多头牛，他把这些牛集中起来当战士供养。尾巴上绑了浸透油脂的麻布、旧衣服等物，预备让它们组成火牛阵冲击敌军。还在牛的屁股上烙了号码，战后自家领回去。他的部下有疑问："火牛，点起火来认识谁是谁？反过来冲顶踩踏自家人也说不定。"田单说："一股牛劲往前冲，不会回头对自家人的，我做过实验。尾巴上的火把一会就灭掉，火灭了，战斗结束，各自回家。"

大半夜的，大批神火牛自天而降，神牛穿着光怪陆离的衣服，角上两把明晃晃的尖刀，瞪着愤怒的眼睛就冲过来了。燕军的营地一片狼藉，死伤无数。神牛后边紧随五千齐国战士，对惊慌恐惧又手无寸铁的燕军一阵砍杀，骑劫死于军中，燕军一溃千里。齐国各地得知消息，奋起抵抗燕国入侵者，燕军被迫撤出齐国全境，战争结束。

白起·人屠

范雎进献"远交近攻"的谋略，秦昭王大喜，确立为吞并天下的核心战略，依照这项战略，秦昭王把主攻目标定在韩国。韩国与秦国的接壤地区上党，突出于秦韩边境，战略价值最大，昭王决定从上党开始。攻上党，首先得选定将军，秦国能征善战的将军多如过江之鲫，但是这次战役非同寻常，一定要慎之又慎。查考将军们的"成绩单"，昭王被这份材料不可逆转地征服了，不看不知道，一看吓一跳。成绩单是武安君白起的：白起为左庶长时，发动新城战役，大胜；为左更时，攻韩、魏，会战于伊阙，大胜，斩首二十四万，俘虏敌将公孙喜，夺得五座城；白起为大良造时，再攻魏，大胜，夺取魏国六十一座城；发动垣城战役，大胜，夺得垣城；再攻赵，大胜，夺光狼城；攻楚，大胜，夺鄢、邓等五座城；再攻楚，大胜，破郢都，焚烧夷陵，占领楚国西部广大地区；再攻魏，大胜，接连攻取城池，斩首十三万；攻赵，大胜，将二万赵卒驱赶进黄河中淹死；又发动攻韩战役，大胜，夺得五座城，斩首敌军五万。白起发动的战役，有一个共同点：大胜。是"大"胜，不是中胜，更不是小胜。小胜，对武安君来说就等于不胜或者战败。秦昭王不用犹豫，指令白起布局对韩国的战事。

攻韩的外围战役是打野王，算白起试试刀。野王很快投降，下一场主攻战上党战役即将打响。野王投降，隔绝了上党与韩国的通道。上党成了一块飞地，孤悬在赵国和秦国之间。此时太守冯亭下出一着棋，根本改变了战争的格局——他把上党献给赵国了！

接不接受献地？赵国朝廷紧急开会，讨论这个问题。情况就是这么个情况，事情就是这么个事情，反正接受上党就得跟秦国翻脸打仗。不接受呢，却心里窝囊，国际形象也一落千丈。多数大臣选择安全，形象什么的以后再说。但平原君力排众议："战争动员，倾全国之力死亡枕藉，往往连一座城也得不到，现在不出一兵一卒，凭空收获一个郡，为什么不要？"反对派大臣说："现在不出一兵一卒，但打起仗来谁知道要死伤几多兵卒？"平原君说："现在不是还没打仗吗？虚构一个残酷的战争出来，然后用这个'战争'恐吓自己，我看大家患了恐秦症！"平原君在赵国一言九鼎，既然说到这个程度，大臣们也不好再坚持。上党并入赵国，冯亭献地有功，封万户。冯亭闭门不接受封爵，他说："主上让我守上党，我守不住。主上让我把上党交给秦国，我却私自献给赵国，这是背叛韩国才取得的尊荣，这尊荣不要也罢！"

秦军果然气急败坏，疯狂反扑。廉颇进驻上党，与秦军展开"磨战"。廉颇之磨，磨到最后连他的队友都盼着他快点输掉吧，实在折磨人的意志。廉颇在长平对秦军的磨战，就是如此。阵地对攻，赵弱秦强，深沟高垒，则实力相当。廉颇一磨就是两年，这期间，廉氏游击战使秦军死伤惨重，但赵军毕竟单薄，付出的代价也堪称惨痛，秦赵陷入长期的消耗战，长平成了一架战争绞肉机。讨论会上大臣不幸言中，现在死伤的士兵已经不计其数。双方都在煎熬中坚持，平原君也有些后悔，接受上党的代价竟然如此之大，秦赵两国都被战争拖得筋疲力尽，谁也不敢松懈，极度相持状态，谁放松一刹那都会如大山崩塌。

秦国人熬不住了，劳师袭远，旷日持久，且并无必胜的把握，这是兵家大忌，白起的参谋本部决定出"奇兵"：间谍战。悄无声息的间谍战持续一段时间之后，赵国得出这样的结论：摆脱这样把国家拖入绝境的唯一办法，是撤换赵军统帅廉颇上将军，任用马服子赵括。这个问题终于提交到赵国紧急军事会议，参加会议的除了蔺相如等少数人，绝大多数赞同由赵括取代廉颇。大家被廉颇折磨得快要疯掉了，其中有不少人甚至这样想：赵括要战败，也来个痛快的，再也不想跟秦国人这么磨下去了！

赵括走马上任，秦国方面，悄悄地由白起直接出任远征野战军总指挥。

赵括改变"磨王"战术，与秦军展开对攻。很快，赵括连同赵军全部被围困在几座山头上，局势霎时明朗：赵军即将全军覆没。

赵括的军队被白起围困，赵国的给养通道被秦军切断，军队断粮四十六天，以致人相食。在最后的绝望时刻，赵括决定打破建制各自突围，所谓各自突围，就是逃出一个是一个。可这些饿得拿不起刀剑的赵国将士，无法从层层包围中逃脱，更无力与给养充足的秦兵对打，结果除了少数战死的，绝大多数都做了秦军的俘虏。白起对这么庞大的俘虏军产生了强烈的恐惧：赵国人向来能征善战，这么多人如果释放回国，短暂休整之后，赵国又是一个兵员充足的军事大国。白起恶念由是一动，投降赵军士兵被活埋。一时间，赵国几乎家家有死人，户户挂丧幡。

长平歼灭战的第二年，秦军一鼓作气攻赵，进逼邯郸，赵国举国震恐。赵孝成王紧急起用廉颇，扫境内十万兵，交付廉颇抗秦，形势比长平战前凶险数倍。可是，这时白起的心思发生微妙的变化。他向昭王建议，不能围邯郸，他不想再屠城，几次拒绝出任远征军总司令。原来一代战神白起，厌战了。

邯郸局面在发生逆转，春申君和信陵君率军救赵，昭王再召白起，白起仍然托病不出，昭王大怒，迫令白起自杀。白起叹息道："我一生征战，死于我手的敌军将士不下百万，我以一死，向你们道歉了！"

白起以杀人著称，世称"人屠"。战场杀人，虽然不人道，但双方你死我活，所谓"拼杀"，机会对等。但长平之战，敌人已经放下武器投降之后，再行杀戮，就是虐杀，为人情天理所不容。白起以自杀绝命，命运对他已经极度宽容了。

王翦·五国死神

战神兼死神白起死后，秦国再度崛起一位战场英雄，他是王翦。司马迁对王翦的评价比较负面，认为他本可以教导秦始皇学习点仁义道德，结果他只是在始皇帝跟前讨好献媚，总之，能力高强，品格低下。

这是司马迁站在后世的立场苛求王翦，以秦始皇睥睨天下的气概，王翦就是想规劝，也无从开口。而且，王翦是一位军事家，人们对他的评价更应该从军事的角度出发，而从军事看王翦，他与白起功绩相当，在秦国图霸天下的功劳簿上，王翦和白起并列，所以启蒙教材《千字文》说："起翦颇牧，用军最精。宣威沙漠，驰誉丹青。"王翦的功绩是：攻破马服君赵奢千辛万苦才守住的赵国阀与要塞，打开灭赵的窗口，一年后灭赵，俘虏赵王。攻燕，燕王弃地远遁辽东。王翦与儿子王贲攻打魏国，魏王投降。山东六国，韩、赵、魏、燕四国，都灭在王翦的手里。

之后灭在王翦手里的还有楚。韩、赵、魏及燕相继灭亡，楚军完全取守势。秦灭楚，秦国上下都认为理所当然，不需讨论的，就看是谁去领这个头功，因为楚国实在是太大了，国土面积比北方六国的总和还要多，灭楚之功当然煊赫。少壮将军李信看着这项唾手可得的巨功，垂涎欲滴，他知道这项功绩十有八九要归王翦，年少气盛的李信偏要虎口夺食。李信的资本也不弱，他曾经率领几千人，远赴辽东，长途追逐燕军，终于在衍水右岸获得燕王喜送来的太子丹的人头，秦王十分欣赏李信的勇武豪迈。在破楚的"招标会"上，李信爆出自己标书的底价："主上，您投资二十万人，就可以坐等分红利！"秦王问王翦："王将军，您呢？别翻标书，我猜猜——十万？"王翦不说话，面无表情地翻开底牌："灭超级大国荆，非征发六十万军队不可！"秦王政笑道："王将军果然老了，锐气消磨净尽，消灭一个屡战屡败的荆国，至于那么夸张？李将军气势壮盛，堪为国家栋梁！"意思是王翦不再是国家栋梁。一个要六十万，一个只要二十万，秦王当然选标价低的那个，于是指定李信率军伐荆。王翦既然不再是国家栋梁，只好以生病为由，退休回家。秦王政的父亲名子楚，秦国避讳，称楚国为荆国。

豪迈的李信指挥二十万军队南征楚国，初战大捷，再战大捷，跟预想的一样，楚国各城池纷纷陷落，楚国发生塌方式兵败。李信愈加兴奋："这有什么呀，这有什么呀！"但就在李信得意忘形准备大干第三场时，已经被楚国人悄悄地咬住了尾巴，而且一咬住就不放口。经过三天三夜不停顿地混战，七个方面军司令被杀，李信的主力部队被冲击得七零八落，根本收拾不起来，残余军队败退回国。

秦王慌乱得不知所措，当前不是灭不灭楚的问题，楚国的军队正向秦国反扑过来，秦国陷入生死存亡的严峻时刻了。秦王慌慌张张来到频阳王翦的老家，面见王翦，进门就大哭："王将军，快救救我吧，看在秦国的几千万父老乡亲的面子上，救救我吧！"两条腿抖抖的就要跪下来，王翦急忙拉住。倒不是王将军福分薄，经不起这一跪，秦王是什么人，王翦太知道了，今天这一跪下去，危机过后，等待王家的，一定是灭族——让王遭受恁大的屈辱！君臣坐定，秦王一把鼻涕一把眼泪，控诉李信："李信嘴上没毛，办事太不牢，给秦国招致如此奇耻大辱！辱没国威还是小事，国家已经在危亡中了，恐怕以后反思这场屈辱的机会都没有了！"王翦不为所动："老臣又老又懒又病，还糊涂，说话做事乱七八糟极没谱，跟荆国作战这档子事，还希望大王另寻高明。"秦王挺尴尬："将军不要再计较，我以前说的那些话，就当从来没说过，王将军也不要再提了。现在你提条件吧,我全都答应。"王翦说:"大王如果没有别的人选,我就算临时替补上位的,但我的条件不变,要我收服荆国,非六十万人不可。"秦王说:"你说多少万,就是多少万!"王翦带兵六十万,威武雄壮南征荆蛮,秦王亲自送行,一送送到灞桥,这是王送行将军的最高待遇了。后来人们送行,也都仿效秦王,结果灞桥柳被折得精光。

王翦同意出任伐楚军总司令,除了要六十万军队,还向秦王提出很多附加条件,全都关于自己的待遇:咸阳城里某家大宅子,某家名驰全国的大园子,城北富户的连片膏腴田,渭河河湾的养鱼塘,都要。每提出一处,秦王的脸上就多一层阴云,觉得这王翦也太贪了,这么苛刻的要求,我得花多少钱向土地宅院的主人购买?那时候财产绝对私有,神和国家都不能侵犯,国家要征收土地、院落等,必须出高价,地主、房主趁机会勒索国家被认为理所应当,再后来国家权力大了,要剥夺国民的财产一句话的事。秦王已经说了大话,要啥给啥,总不能说了不算吧,狠下心打开国库赎买人家的不动产,那些人家也都是有头有脸的,怎能说卖就卖?还得请求劝说,轮番动员,无非什么以国家大计为重啦,国家给你们更多的补偿啦,等等。已经抵达前线,王翦还派自己的特使回咸阳,向秦王再要求加价,而且有五次之多。有人说:"你也太过分了,不就带个兵吗?要价那么高!最过分的,已经成交了,你还加价!不怕大王一怒,下狱治你的罪?"王翦说:"你们观察不仔细,每次我向大王要田地,大王脸上什么表情?你们看到的阴云密布,我却看到阴云后边的阳光灿烂呢!我带着这六十万兵是秦国的全部武装力量,秦王能放心吗?我不断索要不动产,大王才能安心睡觉。"

楚王得知王翦代替李信再度入侵,征发全国军队抗秦,挟前次大胜秦军的威势,楚军气势汹汹,看那态势不但保卫自己的国家免受欺凌,还要顺势恢复三晋,楚国做纵约长,再度叩关攻秦。楚国有这个义务,现在更有这个能力了。但王翦坚守营垒不出战,楚军频繁挑战,秦军不理。久而成习惯,楚军渐渐松懈,秦军突然打开壁垒,全军冲向楚军,战斗很快结束,楚军溃逃,再不可收拾,从此失去对抗秦军的能力。一年以后,王翦俘虏楚王负刍,楚亡。

刺客列传

曹沫·从将军到刺客

鲁国与齐国开战，鲁国的"总司令"是曹沫。齐国国相管仲内阁的战争专家数不胜数，随便拎出一个，就可以打败曹沫。所以，这场战争还没有开始，胜负就已经定了。三次战役下来，曹沫三战三败，丧师丧地。

曹沫非常羞愧，主动向鲁庄公请罪，想要辞去将军一职。但鲁庄公却安慰曹沫说战败的责任并不在他，只是鲁国和齐国之间的实力差距实在悬殊，并且继续让曹沫做统兵大将。

话虽这么说，但是鲁庄公也确实被齐国打怕了，只好向齐国割地求和。战胜国国君齐桓公出席受降仪式，受降仪式叫盟会，齐国为此专门在柯地筑一座结盟台。桓公傲气冲天，战败的鲁庄公则弯腰曲背，一脸晦气色，畏畏缩缩地站在台下。代表团成员也个个垂头丧气，其中有司令官曹沫。齐桓公在自己文臣武将们的欢呼声中抓起笔，饱蘸了黄山松烟高级墨，酣畅淋漓地就要落笔签名——"姜小白"三个字在自己的头脑中已经龙飞凤舞了好几年了，只等吉时良辰。

突然，从鲁国的阵营里跳出一个人，以迅雷不及掩耳之势，冲上盟台。在就要与桓公亲密接触的一刹那收住脚步，两副身体的距离十五厘米，正好一把匕首的长度。也正是一把匕首隔开了这两个人。这么近的距离，桓公看对方的眼睛，觉得它们过于庞大，以至认不出那是谁的眼睛。其实，对方的感觉也好不到哪里去,因为桓公发现,那家伙主动地将脑袋撤回了几厘米,这一撤,桓公认出来人是鲁国的司令官曹沫。曹沫紧握匕首,抵住桓公的胸口,作势要刺。桓公喝道:"阿沫!你要干什么?"曹沫说:"我要你签字!"桓公丢了笔,骂道:"神经病啊你,我这不正要签字吗?"曹沫推开桌案上摆的那份文件,从自己怀里掏出一捆竹简,展开:"签这个!"桓公却已经镇定下来:"怎么说,我也是一国之主啊,你叫我签我就签,那我的名誉不是全完了?"曹沫便发狠:"你要不签,连你的性命也要全完了!"

权衡了名誉和生命之后,桓公决定保命。一国之主保命的同时也不想放弃名誉,他说:"签名大事,得进行全民公决!"曹沫也痛快:"齐国文武官员听着,齐侯这字,签还是不签?"桓公虽然带来那么多文臣武将,但是事变突然,国君被劫为人质,文武们百般莫救,现在只希望国君保住性命,脱离危险,然后收拾那个绑匪。于是一起呼应:"签——"那真是响彻云霄,原来鲁国的官员也在跟着喊呢。桓公得到了国民代表的授权,便毅然决然地在那份文件上签下了"姜小白"三个篆文花体字。

签了字,桓公才仔细地阅读那份文件,文件说,齐国军队必须全部撤出被占的鲁国领土,不要求鲁国进行对齐国的战败赔偿。就是说,这三场仗白打了。

在紧急时刻,齐国的大臣和随行人员都赞成桓公签下那份文件。可是危险解除,大臣们说,那份合约是在被逼迫的形势下签的,不作数。这还不算,齐国大臣一致声讨曹沫的恐怖行为,脾气火暴的大臣说:"合约作废,代表扣留,杀曹沫,发兵灭鲁!"桓公也准备毁约。管仲说:"就算不平等条约吧,我们已经签了字,我泱泱大国,诚信为本,我们不学他们。撤军!"

曹沫用他的忠诚勇敢和三寸不烂之舌,既要回了土地,又保全了性命,可以说是大获成功。

专诸·一场事先张扬的暗杀

苏州城的街市一直很热闹,最近尤其热火朝天,人们在争论一个话题:公子光会不会行刺吴王僚。

老吴王看重小儿子季札,修改了王位继承法,实行兄终弟及制。老大死,传位二弟,二弟死,传位三弟,三弟死,传位给季札。老大按照规定传给老二,老二按照规定传给老三,老三却传不下去了,季札要学巢父、许由,死活不肯接盘,跑到鲁国当了一个专业文学评论家。季札不当国王,老三的儿子僚当国王。可是老大的儿子公子光这时候说话了:"如果兄弟传位,就该四叔季札当王;如果父子继承,先当王的是我老爸,那么现在当王的应该是我,无论如何都轮不上他阿僚!"苏州城的人们为这件事分为两派,是派和否派。他们的分歧不在于该谁当国王,而在于公子光会不会行刺吴王僚。是派认为公子会,否派则否。是否双方面红耳赤地争论得久了,矛盾就不免升级,先是相骂,继而相打,到后来居然刀枪棍棒轰轰烈烈地文攻武卫起来,人命也出了若干,紧急事务处理车忙着往城外运送尸体,火灾急救车筛着铜锣,在大街小巷呼啸乱窜。武斗在苏州城正进行得如火如荼。

吴王僚烦死了这场辩论和武斗,说:"切!"他认为辩论双方的理论水平实在太低,没有一点过硬的论据,在那里大言炎炎,简直无耻。人难免无耻,但是不能无耻到"无极"这种地步。公子光刺不刺吴王僚,最有发言权的是公子光和吴王僚，我们两位不说话，你们这些家伙胡说八道个什么劲儿呢？

公子光也不高兴，说："哼！"公子光的意思也很明白：那些隔靴搔痒的大辩论太无聊了，人难免无聊，但不能无聊到开"夜宴"这种地步。论辩双方只顾自己打架，为什么不来询问事主的意见？只要派个代表，到王府或者公子家问一问，结论就出来了，哪至于就搞这种人间浩劫式的大辩论呢？一声"切"，一声"哼"，交响曲回荡在苏州城的上空，正忙于武斗的吴国人如醍醐灌顶。"是派"涌到公子家，公子隆重接见，却不说话，伸出两个指头。大家都明白："一山不容二虎，要干，要革命，舍得一身剐，敢把国王拉下马！"当然，干和革命，都由公子光自己去完成，苏州人才不关心谁当王不当王，他们只关心革命是否发生。"否派"涌到王宫广场，吴王隆重接见，也不说话，伸出一个指头。大家也明白："吴国之大，唯我独尊，谁敢杀我！"

春天过去了，谋杀没有发生；夏天和秋天也过去了，谋杀还没有发生。这里有个万能公式："关于谋杀问题，无非两种可能，一种是会发生，一种是不会发生。"但人们内心隐秘处还是希望有点儿什么事情发生。有人分别再问吴王僚和公子光，两人都很恍惚："什么谋杀？"原来他们的指头宣言只是学术研究，纯学术的东西，没有和现实联系起来的打算。这一问，倒分别提醒了吴王和公子光。吴王忙着制造"黄金锁子甲"，还来个釜底抽薪，把全国的刺客和可能的刺客集中到虎丘，名为培训实为看管。公子光延请到从楚国叛逃出来的伍子胥，伍子胥经过实际考察，从流浪汉的队伍里发现了专诸。专诸身材瘦弱，怎么看都不像个刺客，也不像有发展为刺客的潜力，所以没有被收容在郊区度假村的资格，专诸还曾为自己被刺客队伍边缘化懊恼了好一阵子。

流浪汉的生活最简约，专诸每天在集市就要散的时候，拎一条破麻袋，把菜贩子们丢下的发黄芹菜、空心萝卜、烂了一多半的白菜帮子搂进麻袋，回家仔细整理，下锅煮，早午晚三餐合并为一顿。人们看他过得凄惶，劝他找点正经营生做，他仰天长叹道："你们哪能理解我的雄心壮志啊！"伍子胥找到了专诸，问他："你想不想过好日子？"专诸恨恨地说："你这不是说的废话！有谁不想呢！"伍子胥却不计较："你跟我来。"兜兜转转来到了公子光的府邸，从此，针对专诸的专职培训紧锣密鼓地进行。

公子光办家宴，正式请吴王僚来家里吃饭。从王府到公子光家，有十里的距离，送请帖的家臣快马如飞，络绎于道路。全城人都知道公子光邀请国王吃饭，当然，也都急切地期待着与吃饭无关的事情发生，给大辩论一个结果。国王的扈从队伍更壮观，从王府排列开去，密密麻麻的，直抵公子光家。这顿饭无疑会吃得地动山摇。酒无好酒，菜无好菜，吴王为什么还要赴宴？因为他自信。他认为，全国刺客都已经被关了禁闭，公子光就是想行刺，也没有合适的人选。何况，吴王身体强壮，一身的蛮力，就算公子光找到一个半个漏网的刺客，也奈何他不得，更何况，他还穿了精工打造的"黄金锁子甲"。

宴会的气氛热烈而友好。公子光说："你我孔怀兄弟，同气连枝。你当国王，我是千千万万个拥护！我想对你高呼万岁万万岁，你不介意吧？"吴王说："啥也别说了，都在酒里头了，大哥啊，别整那千年王八万年龟，整酒吧！"老哥俩说得投机，公子光叫道："专诸！上醋鱼！"

专诸就上醋鱼。专诸端着二尺直径的大盘子，盘子里装着二尺长热气腾腾香气四溢的西湖大醋鱼。那是为了这次宴会，特地到越国从钱塘江渔场现买来的。吴王看见醋鱼，眼睛闪闪地发出毫光，也就没有留意上菜厨师眼睛里毫光的浓密。专诸放下盛鱼的盘子，却不退下，拨开吴王叉过来的筷子，下手抓鱼，吴王大怒："你这一抓，这鱼还怎么吃？"话还没有说出口却愣住了，他看见专诸的手里分明是一把匕首！

数千士兵，救不得吴王，一场事先张扬的谋杀，完成了。

要离·为行刺而行刺

要离家住苏州山塘路,繁华地界,歌曲是这么唱的:"杭州西湖苏州么有山塘,哎呀,两处好地方,两处好风光。"山塘好风光,寸土寸金,要离当然不能浪费这资源,就在自己家门口开了一个小饭铺,专门经营盖浇饭,烧茄子、鱼香肉丝、酸辣西葫芦之类,还有最大众的奥灶面。来山塘的都是外地人,中午逮到什么就吃什么,也不管地道不地道、正宗不正宗,再说了,一个盖浇饭,还讲究什么正宗啊,所以要离的生意还挺好。一天下来,两口子在柜台上数钱,其乐陶陶。儿子不大,却已经懂事,时常给要离后背抓个痒,小手一抓一抓,毫不起作用,要离的后背越发痒了,可是心里甜滋滋——有儿子继承香火,生活有奔头。

忽然街上一阵喧哗,国家剧团巡回演出,在街上搭台唱戏。戏台上一个衣服花花绿绿的,那是王,对面一个衣着朴素的家伙,两手分开一条鱼,抽出一把匕首——这是表演专诸刺杀吴王僚。公子光借助专诸当了吴王,十分感激专诸,亲自写剧本,让国家剧团搬演伟大刺客专诸的故事。"刺僚"演出成功,三教九流流氓无赖都纷纷表示,感谢专诸拯救了吴国。

更感动的却是要离。专诸那家伙凭借一次成功的刺杀建立了如此辉煌业绩,被王题词歌颂,多么光荣幸福啊!于是要离决定当刺客,为保卫阖闾土而牺牲,目标选定庆忌。

庆忌是吴王僚的儿子，父亲被害，他逃到扬州招兵买马，准备反攻苏州，夺回王位。庆忌高大威猛，膂力强健，仪表堂堂，天然一副英雄派头。

要离求见阖闾，也就是之前的公子光，把计划如此这般说了一遍，阖闾大喜："行，行刺成功，我专门给你写一部连续剧！"要离却不走："请大王先把我老婆杀了，我再离开苏州。""却是为何？"问完了阖闾就后悔了：这还用问吗？要离讨厌老婆，要离婚却总也离不成，忽然明白他的名字为什么叫"要离"。要离这是跟国王谈交换条件呢，他替国王杀庆忌，国王帮他杀老婆。阖闾笑嘻嘻道："明白，明白，放心去吧！"要离还是不走："还请大王把我儿子也杀了。"阖闾被彻底搞混沌了："却是为何？""要取得庆忌的信任，就得做出牺牲。"阖闾脸上一阵红一阵白，惭愧得要死，他误读了要离那颗高尚正直的心。

要离对老婆说："今天不营业了，我给你们娘儿俩做一顿盖浇饭。"儿子兴高采烈地吃完盖浇饭，又给老爸抓了一会儿痒，门外的士兵早就等候得不耐烦了，冲进来抓起娘儿俩就走。老婆喊道："孩儿他爹，为啥呀？"儿子喊道："爸爸，你不要我了？"要离不说也不动，眼睛直视前方，一副圣徒的模样。半个小时后，要离揣起妻子的一缕头发和儿子的小手，坚定地向扬州进发。

庆忌将要反攻苏州，大军未动，情报先行。在苏州布置了大量谍报人员，安置坐探，收买眼线，情报源源不断地输往扬州大本营。这天忽然收到这样一条情报："拟侏儒山塘街要离，被阖闾灭族，只身逃离。各高速路口设卡未获，已联网通缉，研判认为将往扬州。"庆忌得此情报大喜："要离被阖闾迫害，要投奔我们，我要委任他做远征军总参谋长！"

要离果然来到扬州求见庆忌。庆忌看到要离很失望：他也太矮小了，确实是"拟侏儒"，目测不到一米半。可是他转而一想，又高兴起来。据他的情报，古来英雄大智慧者有两个特点，或者左撇子，或者身材矮小。商汤，左撇子；周武王，左撇子；秦穆公、晋文公、楚成王，都是左撇子！我庆忌——拿筷子来！他抄起筷子夹回锅肉……果然，也是左撇子！伊尹，矮个子；姜尚，矮个子；先轸、栾枝、褒蛮子，统统矮个子！且住！你们看啊，所有的大王、领袖都是左撇子，所有的豪杰、智者都是矮个子，我左撇子庆忌和矮个子要离……于是，要离被推举为"讨逆军"总参谋长。大军浩浩荡荡，顺流而下，沿长江向苏州进发。

风和日丽，江面如洗，庆忌歌兴大发，军中无乐，击缶而歌，要离说："大王，您歌声响亮，请您站在船头，高歌一曲，振奋士气！"庆忌不知有诈，挺立船头唱《牺牲歌》："下定决心，排除万难，取得胜利！"全军跟着大合唱，江中鲤鱼争先恐后跃浪跳波，纷纷张口，吐出"胜利"俩字，又潜入水中，江岸芦花也瑟瑟地激动起来，仿佛奏出"胜利、胜利"的音符。

庆忌的歌声戛然而止！一柄长矛，穿透庆忌那宽阔的胸，要离还在紧紧地抓着长毛的木柄——时间静止了。

庆忌说："你过来。"要离却不怕，知道庆忌已经失去战斗力，就放下矛，走向庆忌。庆忌一只手把着船舷，一只手握住要离的小细腰，慢慢地将其浸入江水中。要离被憋得要死，庆忌便提出他，看看脸色，再浸入，涮羊肉似的提出浸入七八回，要离差不多没气了。庆忌坐下来，把要离横放膝头，继续歌唱："海难枯，情难灭，与君既相逢，何忍轻离别。问天何时老？问情何时绝？我心深深处，纵有千千结！意绵绵，情切切，柔肠几万缕，化作同心结！"

卫兵看庆忌唱得也差不多了，歌声已经软绵绵的没了力气，就要把要离就地正法。庆忌说："别，放了他，我是英雄，他是智者，哪能一天之内全死？"这是庆忌的临终遗言。

庆忌的卫士们遵照遗命准备放走要离，但是要离自认为从此不能容于世，于是举身投水自杀，却又被卫士们捞了上来。后来吴王阖闾要重赏要离，要离不愿接受封赏，说："我杀庆忌，不是为了做官发财，而是为了吴国百姓的安宁。"说完，要离拔剑自刎。

豫让·一个人的战争

最近赵襄子很怕上厕所,因为他一进厕所就会见到豫让。豫让专门在厕所里候着他,眼睛斜斜地看他站着或是蹲着方便。就算是同性别吧,在如此庄严的时刻,他在那里目不转睛地盯着,这叫什么事?不过豫让不搞断袖断背,赵襄子不会有被性骚扰的危险,可是赵襄子很快就面临着更大的危险:豫让的手里分明攥着一把小刀!刀虽然小,却也寒光闪闪,刀锋上闪烁着阴谋。其实也算不得阴谋,豫让的意思很"阳谋":杀赵襄子。问题的严重还在于,他的刀子还不止一把,每次都是一把新的,有长有短,奇形怪状的,叫人眼花缭乱。

总在厕所遇到豫让,免不了要打招呼:"你好,早来了?""谢谢,你今天来得太晚了,我还以为你不来了呢。"一来二去的,也就熟悉了,赵襄子终于搞明白豫让在厕所里等他的原因。豫让原本不是刺客,他原在主持晋国国政的中行氏家里做客卿,待遇虽不很好,也还过得去。不幸韩、赵、魏、智四家大臣合伙消灭了中行氏,豫让有了就业危机。所幸智伯没有使这一危机发生,他请豫让到他家里工作,还把他提拔到业务主管的高位,失业者豫让一下子成了白领人士。时光如水,日月如梭,这四家又发生了分裂,韩、赵、魏三家发动了对智伯的战争,带头大哥就是赵家的赵襄子。三家消灭了智伯家,瓜分了原属于智伯的土地和财富,赵襄子最恨智伯,把智伯的头颅切割打磨,镶上金边,当酒碗用。豫让要为智伯报仇,杀掉老赵,把带头大哥老赵的头颅也制成酒碗。所以，他每天在厕所里等赵襄子，寻找下手的时机。

赵襄子问道："兄弟有一事不明，敢请指示一二？"豫让也客气："但问无妨。""阁下原是中行氏的家臣，我们和智伯一起灭了你的主人家，你不提报仇的事，反而跟随了智伯。现在我们灭了智伯，你怎么揪住我不放呢？"豫让觉得这问题很严肃，三言两语说不清楚，索性也蹲下来，与赵襄子隔着卫生间的隔断，阐明他为什么只报效智伯不理会中行氏的道理。他说："中行氏对我，他是我的'老板'，我是他的'打工仔'，我吃他的饭，给他干活，他出钱，我出力，两不相欠。我没有为他报仇的义务。智伯就不同了，他从没有把我当作打工仔，而把我当作人才看待，有杰出贡献的人才。人生一世，知音难得啊，智伯就是我的知音！"

"所以，你要刺杀我。理解，理解。智伯有你这样一位知己，九泉之下，也该满意了。可是豫让先生，你想过自己吗？我的警卫员很厉害呢，你替智伯报了仇，自己恐怕也……""我知道。君子要为知己献出生命，如同女子为喜欢自己的人修饰容貌。""士为知己者死，女为悦己者容。咱们是古人，得说古代汉语。""我知道这成语，这句话专门说我的，怕你听不明白，临时改成后现代汉语。"听了豫让的叙述，赵襄子感动得热泪盈眶：真是大义士，我能为他做点什么呢？现在，他觉得自己已经是这位刺客推心置腹的好朋友了。

既然是好朋友，老赵觉得应该为豫让的行刺出点好主意，于是，他们进行了很深入的谈话。老赵的意思，归纳起来是两点。第一，要行刺，应该换个高雅点的地方，钟楼前、御桥下、护城河边，至少也应该花前月下，月上柳梢头，人约黄昏后。在厕所行刺，既损害一国之主赵襄子的声望，也损害堂堂刺客的名誉。不管成功不成功，都两败俱伤。豫让对这条建议唯唯称是："多承你的教导，小弟肚肠嫩，还真的没有想这么深刻。"第二，豫让得化装行刺，因为赵襄子对他已经很熟悉，原版的豫让来行刺，老早就会被发现，根本近不得身的，赵襄子的护卫那么多，一声"抓刺客"，计划全泡汤。豫让更感激了："小弟实在是肚肠嫩，若不是你的教导，我的行刺计划绝对不会成功。成功之后，我要好好地感谢你！"聊得如此投机，豫让谦恭地扶起赵襄子，相跟着走出厕所。蹲得太久，老赵的腿麻木得厉害，若不是豫让扶着，他还真是走着困难，可是话说回来，若不为指导豫让，哪至于蹲得这么久？

豫让遵循赵襄子的教导，从此离开厕所，正大光明地在钟楼御桥一带转悠。同时，豫让用许多稀奇古怪的办法，把自己搞得面目全非。看见妻子走过来，便凑过去，扯一扯她的衣襟，结果妻子大叫："非礼呀，抓流氓！""警察"紧急动员抓流氓，豫让的身手，岂是普通"警察"抓得到的？早就飞檐走壁没了消息。豫夫人在街上大哭："豫让你个杀千刀的，跑得没影不顾家，连个要饭的都敢欺负我！"豫让大喜，计划圆满成功，保证赵襄子再认不出。下一步，根据赵襄子的指示，到一个高雅的地方拦截赵襄子。

赵襄子上班，高车大马过御桥，四匹马走得好好的，忽然一起惊恐起来，好像商量好了似的，骨碌碌地滚过大桥。赵襄子说："是豫让，搜桥下！"护卫从桥下抓住了奇形怪状的豫让，还攥着一把小刀，赵襄子很熟悉的那把。

豫让大吵大叫："老赵，你骗我，我都按照你的布置做的，怎么就不成功？"老赵微微一笑："上天佑我，不佑你。你还有什么心愿，说吧，我帮助你实现。"豫让说："我的愿望？那就是杀你，替智伯报仇。既然不成，我就砍几下你的袍子吧，也算杀了你。"赵襄子回顾自己的部下和随从："你们是不是应该向豫让先生学习？作为刺客，就应该这样，忠于主人，九死不悔！"属下列队，高喊口号："向豫让学习！向豫让致敬……"喊着口号，齐齐地向豫让行注目礼。赵襄子脱下皮袍子递给豫让，豫让拼出全身力气，把皮袍子砍得零零碎碎，最后一刀劈向自己。赵襄子说："别喊了。"学习、致敬的呼声戛然而止，赵襄子跨上车，四匹马早安静下来，拉着赵襄子，信心百倍地向王宫前进。

聂政·给个理由先！

聂政是韩国轵县城里一个无业青年。青年而又无业，时间久了难免与人有些摩擦，闹出点大大小小的新闻，不过这一回，聂政把事情闹大了：他杀了一个人。杀人偿命，古今一理，但聂政不想偿命——请不要误会，以为他不是好汉，做事不敢自己承当。他很想偿命的，可是他母亲年老，姐姐还没出嫁，男子汉可以不要命，却不可以不顾家。于是，聂政领着母亲和姐姐，从韩国济源逃到齐国。韩国和齐国没有签订刑事犯罪的引渡条约，韩国的通缉令不会追到齐国，所以聂政现在很安全。

为了生计，聂政在濮阳谋了一份职业：杀狗。由杀人改为杀狗，聂政也算是弃恶从善。当然，他如果彻底脱离了"杀"字，最好不过，可他这么多年下来，除了"杀"，好像也不会干别的事。从前，聂政打打杀杀，属于"灰社会"人物，现在肯定不灰了，已经有了许多的白色，比如他现在更加孝敬老娘，街坊四邻都夸他是大孝子。说他孝敬，绝不是奉承，聂政杀狗的劳务费很微薄，但是狗头和狗内脏——心肝、肚子、肺之类，照例要归屠夫所有，聂政每天拎着狗血淋淋的内外部件回家，样子虽然不很雅观，但他和姐姐洗洗涮涮，居然煮出一锅香喷喷的狗杂汤，老娘吃得兴高采烈。聂政还根据老娘的牙齿状况，制作了一种特殊的蒸饼：将狗头肉煮得软烂，掺和多种蔬菜，做成直径一尺半厚三寸的大饼，蒸得软熟，切成八块，老娘和姐姐各吃两块，他吃四块。这种饼,老娘吃了健康,聂政吃了强壮,姐姐吃了苗条,聂政叫它"壮馍",全城人都来学样。

韩国一位权豪势要叫严遂,因为与丞相侠累有隙,逃在濮阳政治避难。这天高车大马来看望聂政,进门亲亲热热地叫兄弟。既然聂政是兄弟,高堂太夫人就是老干妈了,严遂叫干妈,叫干妈之后献上百金,祝干妈健康长寿,祝健康长寿之后,指示兄弟聂政:"咱们国家的丞相侠累,跟哥哥我是死敌,兄弟你把他给我宰了!"聂政早就被感动得眼泪鼻涕纵横驰骋:"哥啊,你哪里是俺的哥哥呢,分明就是俺的亲爹!就算是亲爹吧,也不会把这么重要的事情交给俺来做!你就请好吧,哥哥!"严遂大喜,问聂政几时启程,聂政忽然想起一件事:"哥啊,兄弟这次去韩国,是不是就回不到这里来了?"他从前是灰社会的人物,了解当刺客的风险。严遂说:"大概或者也许是,不过我们说不准,可是本人总以为,恐怕仿佛不见得。"聂政不得要领,但根据他本人在灰社会的经验,大概也许是回不来的。就把百金还给严遂:"哥啊,这事再说。"严遂想,"再说"就是不干的意思,便毫不犹豫地收回了一百金。严遂实在不是个大气的人。

若干年之后,聂政来见严遂,一身短打扮,俨然刺客。严遂已经不很认识他:"我有什么可以为先生效劳的吗?"聂政说:"咱娘……"严遂更迷茫:"什么话?"聂政继续说:"咱娘殁了,姐姐已经出嫁,嫁了个好人家。兄弟现在一身轻松,替你杀了侠累那个老家伙!"严遂这才想起来他是聂政,心里好生惭愧,不该收回那一百金,便又把那一包金子捧出来。聂政笑笑:"咱娘已过世,这钱还有什么用处吗?"严遂更红了脸,兄弟兄弟叫得甜蜜蜜。

侠累老家伙也不是吃素的,他在齐国布置了奸细,随时可以获得关于死对头严遂的活动情况。情报说,严遂去找聂政了,侠累大惊:"注意,防恐警报上升到橙色级!"随后又有报告:严遂从聂政家里出来,骂了一句"胆小鬼"。侠累说:"小的们,警报解除!"侠累很自信:我和聂政无冤无仇,他为什么杀我?况且他人命案在身,我不到国外缉捕他,格外开恩呢,他反来杀我?是那

刺客列传　聂政・给个理由先!　　277

些情报人员怕自己被冷落了，故意制造紧张气氛。几年，平安无事。忽然收到聂政去见严遂的最新情报，侠累大怒："什么狗屁情报！情报专业培养的学生就是善于虚张声势！为了一个小混混，害得我把警报提了好几级。他来行刺我，他会吗？他敢吗？先给一个杀我的理由！"侠累认为他布置在濮阳的情报人员太可恶，一律解职，罚他们下岗，到警事大学接受魔鬼培训。

韩国的重镇阳翟，侠累主持内阁会议，做报告。侠累演讲，守卫都昏沉沉的，一阵风刮过，侠累的报告就没了声音。守卫觉察有些不对劲，这才清醒过来。这一醒就看到了最恐怖的一幕：侠累丞相被刺死在主席台！鲜血正汩汩地从胸前的刀口往外流淌。

刺客就是聂政，但人们都不认识他。卫士振作精神，围住刺客搏斗。聂政此时非常艰难，他要一人抵挡数十个武士的进攻。艰难在于他必须自己死，不能被武士们砍死，简单地说吧，他必须自杀，而不能"被自杀"。但要完成自杀，就必须阻止众武士飞舞的刀枪剑戟，因为他的自杀不是一般自杀——一刀致命，他要在最短的时间内，把自己切成碎块！这个场面过于恐怖，明显的少儿不宜，不叙述为好。总之，聂政做到了。韩国国王发布命令，悬赏认出刺客为谁人，结果谁也认不出：刺客把自己整得零零碎碎不成片段。聂政的姐姐听说这件事，大惊。"一定是聂政！"前来认尸，一看果然。

聂政毁容灭迹，意思是不给严遂留下后患。聂政做出如此轰动的事情，濮阳人很不以为然，认为他是上了严遂的当。但聂政发明的壮馍，却成了濮阳市的名牌美食。为了纪念聂政，濮阳人把这种馍叫"政馍"，后来谐音叫"壮馍"。外地人来访，濮阳人就下死力往客人胃里塞壮馍，临走还必须背起几张，热热的，上路回家。

荆轲·非专业刺客

豫州人尚武。辉县城里三个一群，五个一伙，说得热闹，他们在讨论剑术。什么事情，一旦到了需要讨论的时候，就可能蹈了玄虚。辉县大街上那些永远开不完的剑术研讨会，就玄虚得十分精彩。武士甲说，我有轻功，站在翠竹的尖尖上和人拼剑。武士乙说，我以剑锋轻点水面，借水表面张力的反弹做七八个前滚翻。武士丙说，那有什么用呢？我的剑在天上飞，想飞到哪里就飞到哪里，想取谁的首级就取谁的首级！我的剑不是一般的剑，是"导剑"！一个佩剑青年听得着迷，说："我……"三武士齐按剑："你是谁？有'武士证书'吗？""在下荆轲。'武士证书'？当然有！""那就掏出来看看哪！"荆轲狠命掏出那破棉袄，到底不见证书，红了脸："会有的，会有的，将来会有的。"三武士一起出剑："滚！"荆轲顺着黄河的华北冲积扇平原，一滚就滚到燕都。

燕都特别善于包装人物。田光发现荆轲很有潜力，值得包装，专门为他开了一个"新闻发布会"，宣称荆轲是来自河南的天下第一武士，因为在河南没有对手，到燕都琉璃河来发展。现场举办武术观摩大赛，十几条东北大汉与荆轲对决，那些大汉被荆轲一把剑横扫，如秋风中的落叶。荆轲为自己的剑术如此了得惊讶不已：是他们特别不经打，还是自己大有长进了？他很希望是后者。

田光热烈恭喜他："到这种地步，壮士的剑术已经不是剑术了，手上无剑，心中也无剑！壮士无往不胜！"荆轲想：可不是？在河南的时候，我根本就不敢和武士交手，现在横扫千军如卷席。田光说："壮士的神术还不止于此。"荆轲大喜："还有更厉害的吗？""这么说吧，你想的事情，全部都能实现！只要你敢想。只有你想不到的，没有你做不到的。人有多大胆，天赏多大脸。""我想叫太阳往回走。""那就请你坐到这把椅子上，闭眼睛——好了，睁开眼睛吧！""哎呀呀，刚才太阳烤着我右边腮帮子，现在烤到我的左边了！我，我通神啦！"观众一迭声地叫嚷："改天换地的大神仙！万岁荆轲！"其实，这些观众与比武的东北大汉一样，都是田光花钱雇来的。以后，荆轲还陆续地"想"了许多离奇古怪的事情，旱地行船、隔山打牛之类，田光稍做准备，都使他的想法实现了，于是荆轲相信自己已经神乎其神。

田光老头子要搞这样的怪，也是形势所迫。秦国的丞相李斯，要帮助秦王嬴政灭山东六国。有那个实力，想灭就灭好了，可他不按规矩出牌，搞什么"准恐怖主义"。恐怖主义的针对目标没有限制，逮着军人宰军人，遇到乞丐杀乞丐。军人不好对付，成年男性也不很好杀，还是杀掉那些女人、小孩子最方便，所以最典型的恐怖主义很热衷于杀妇女和小孩，顺便也恐怖几个士兵或者小干部。李斯的恐怖目标有限制，而且很固定，只"恐怖"六国的大干部，所以叫准恐怖主义。燕国的大干部已经被李斯的恐怖袭击定点清除搞掉了不少，主张抗战的高级领导人很快就要变成少数派。主持国家政务的太子丹就和田光商量："李斯这么阴险，我们以其人之道还治其人之身！"田光说："擒贼先擒王，我们先搞掉秦王！"田光在燕都大街上拉住人就哀求："请你到咸阳杀秦王，国家给你大大的好处。"大大的好处很诱人，可秦王一个恐怖袭击的行家里手，是那么好宰掉的？所以无人敢怀揣小刀进咸阳。无奈之下，田光出此"上策"：荆轲一个外国人，不了解燕国国情，更不了解六国形势，把他捧迷糊了再说。

荆轲既然已经是神，刺杀秦王区区小事，何须商量？在北方深秋的一个早晨，荆轲在易水的岸边与太子丹等人告别。因为是恐怖活动，不能做广告，所以来送行的人不很多，倒也切合当时的风景和气氛。合唱队倒还齐整，燕国著名歌唱家高渐离的男高音把易水的波浪搞得滔天，合唱队又推波助澜："战旗猎猎，英雄武威，大哉荆轲，秉志不回。热血生命，烈士丰碑！"歌曲的意思很明白：荆轲壮士这一去就再也活不成了，鲜血和生命都将留在秦国。荆轲壮士正沉浸在自己是神不是人的哲学沉思之中，听不出歌曲里面的意思。众人仿佛与荆轲一起面对无道之秦，义愤填膺，头发都一根根地竖起来，似乎把帽子都顶起来了。

荆轲没把秦王当作一回事，可巧秦王也没有把荆轲当作一回事。秦王善于察言观色，一眼就看出荆轲不是来行刺的。真正的刺客，无论怎样伪装，总要露一点两点马脚：目光游移，嘴唇白惨惨的，没有血色。同行的秦舞阳，是荆轲的助手，也是一个狠角色，十二岁就杀人，号称天不怕地不怕的。可是一进秦王的大殿，就哆嗦，荆轲看见要坏事，解释说："乡下人，没见过这么大的场面。"这解释合理，荆轲本人的从容镇定就是最好的旁证。

荆轲坦坦荡荡地献地图，笑意写在脸上。这样的人安全可靠，人畜无害，童叟无欺。秦王伸手接地图，荆轲抓起匕首刺过去——对准大厅的红柱子。

原来这荆轲的眼神不大好，把红柱子当成了秦王的脸。田光考察了许多内容，却忽略了荆轲的视力问题，荆轲的眼睛近视又散光，近看物体还会出现重影。荆轲发现搞错了，想拔出匕首再刺秦王，已经来不及，就算刺中柱子不深，刀子入木，也不是那么好拔的。就算拔出不太难吧，也不能保证他第二次就能刺准了。

消息传到河南辉县，甲乙丙三位武士很是嗟叹了一回："他的剑术实在太差了。说到底还是我们的错，他要学剑术就学嘛，跟他要什么四六级证书呢？我们如果允许他旁听那次研讨会，他也许不至于连黑脸秦王和红脸桐木柱子都分不清！"

乱臣列传

王羿·三箭客

天神羿射落九个太阳,史书说"万民皆喜",眼前的羿射杀太康,万民也都高兴。这太康太能瞎折腾,祸害百姓,就说他和大臣们的那些数不清的宫殿吧——还是不说了吧,一说全民泪如麻。至于他的打猎,更不能说,一说就泪如倾盆雨,太康打猎疯狂,再多的猎物也经不住他的掠夺性的打,万民们只好把自己养的马、牛、羊、鸡、犬、彘放到森林里让他射杀,还不能索赔,大臣严厉叮嘱不能让太康知道。太康死了,万民解放,野生动物和家养动物们更开心。

羿做首领,相当于做了"王",可以称他为"王羿"。王羿告诫自己:太康沉迷于打猎,结果丢了天下丧了命,这打猎太害人!羿住着大殿,吃着大餐,听着大乐,看着大舞,太康的所有享受,羿全部继承下来,心里万分感慨:"当王,就是好啊!""大王说得对,当王就是好啊!"王羿吓得从座位上直跳起来:"你是谁?你怎么知道我的心思?"大臣说:"我是蛔虫……不、不,我是您的心腹大臣寒浞,专职侍奉您的。"王羿迷惑:"有这么一个职位吗?"大臣说:"有没有这么一个职位不重要,大王舒心快乐才重要。"王羿心头一热,但他记起帝太康的教训,压下滋生起来的心头热:"我已经很快乐了,你这个职位就撤了吧。""大王英明!不过允许我为大王做最后一件事。"最后一件事,就是作为向太康打猎时代告别的仪式,组织一次打猎。

王羿打猎的队伍浩浩荡荡出发了，休养生息这么久，森林朝气蓬勃，鸟兽们似乎在开一个大型的运动会。大大小小、奇形怪状的动物们在一个大广场上欢乐地争斗，牛跟牛斗，熊跟熊斗，狐狸、黄羊结盟跟虎狼斗。那些小动物知道在重量级斗手面前自己的渺小，自觉地都退在旁边看表演，偶尔从大动物的胳肢窝底下伸出小脑袋，怯生生地叫一声好，赶紧又缩回去。

王羿的打猎队伍冲过来，马蹄响，箭雨飞，动物们来不及闪避，顾不上逃跑，纷纷中箭倒地，尸横遍野，血雨横飞，人、马、车轮都染成了红色。猎犬朝天叫："汪汪汪……"王羿朝天笑："哈哈哈……今天太高兴了，打猎太欢乐了！"回到王宫没几天，王羿把蛔虫……心腹大臣寒浞叫过来问道："什么时候再组织一次打猎？"

寒浞是羿肚子里的蛔虫，蛔虫有蛔虫的心思，蛔虫寒浞也有自己的蛔虫，它们也都懂得他的心思，寒浞对自己的心腹蛔虫说："过来，听我说……"

又一次出猎，寒浞诚心敬意地对王羿说："大王，您的弓与力，宇宙无敌，可您射箭发的力也太大了。别人的箭射中动物，拔出箭，猎物的身上只有一个小眼儿，整个猎物好好的，剥了皮，制成标本。可从您射中的动物身上拔出箭——您射中的动物它根本就拔不出箭，您的神力太大，箭穿过猎物的身体，飞到几里开外，还拖着从猎物身上挖走的一大坨肉，剩下的就没有什么了。这么厉害的弓箭应该留到最需要的时候用，再说打来的猎物也是好东西，大家等着吃它们的肉，穿它们的皮呢。"这番话说的都是实情，绝没有谄媚拍马的嫌疑，而且王羿自己也发现了这个问题。他向寒浞征求意见，寒浞说："大王只用一般的小弓箭，把这件大杀器留在家里，问题就解决了啊。"王羿一拍脑门："这么好的主意，我怎么就没想到！"

寒浞是王羿的心腹，王羿对他百分之百的放心，铁力木的大杀器从不离身，但在休息和夜晚睡觉时却由寒浞保管。寒浞在羿睡熟时练开弓，已经能开到七八分，射箭虽然不能达到十里远，五六里没问题。至于准度，反正这么说吧，说射中前心，绝对不会射中左肾或右肾。

王羿打猎归来，收获颇丰，车前车后都是带血的猎物，有的挣扎，有的喘息，多数猎物无声无息早就死了。王羿一如既往地快活，唱歌到拔高音的关键点，双手上举助发音，超高音即将喷薄而出……一道尖厉刺耳的破空声压住了王羿酝酿很久的超高音，那是利箭的呼啸。王羿落马，寒浞从五里外飞马过来查看射箭成绩：血从羿的后心汩汩地流出来。

　　寒浞住进王的宫殿，发布命令："敢组织打猎者，斩！"

　　动物们的好日子又开始了，森林里每天都在举办音乐会，各种鸟雀争奇斗艳，比羽毛，比身段，比飞翔，比歌喉。兽们大多没有好嗓子，对文绉绉的音乐会很不屑，主要是不爽，酝酿着再开一次运动会，压倒这些长舌妇。动物界的运动会也是四年一届，现在距上次的悲惨大屠杀已经四年。

　　陆续传来坏消息：有报名参赛的队伍被剿灭，不留活口。开始动物们以为一些"野兽不如"的野兽们想在运动会上取得好成绩，对竞争对手玩阴的下黑手，后来发现一些没报名参赛的动物家族也遭灭门，才知道祸患来自外边。

　　原来，寒浞宣布取缔打猎之后，为一件事深深地苦恼着：他这么精湛的射箭技艺，如果不持续练习，就要荒废掉，这多可惜，想当年一箭射中王羿的后心！寒浞的家臣也是他的干儿子浇，给他出主意："悄悄地进林，不要队伍。"寒浞说："我再也受不了啦！我要打猎！我要轰轰烈烈地打猎！谁也别拦住我！"谁也不拦着，于是，陆续有参赛队被剿灭。

　　干儿子浇把自己的心腹叫过来说："……"

　　寒浞的打猎队伍浩浩荡荡，可是，只听马蹄响，不见箭雨飞，寒浞大惑不解：情报有错误！还没来得及撤离战场，预想中的箭雨却突然飞起来了，不过，箭雨只飞向他一个人，他没来得及张开从羿手里继承的铁力木大杀器，一声喊都没来得及。

　　浇在王宫里对羿和寒浞的牌位说："我们三代三箭客，都是顶尖大英雄，现在我向两位先辈发誓：我如果不接受先辈教训，再打猎，剁手！"

　　但是，打猎的诱惑实在太大太大了，浇就像困在宫殿里的野兽，横冲直撞,力大无穷的浇把大柱子推倒了好几根,大殿摇摇欲坠。最后,他在王羿和寒浞的牌位前毅然决然地"剁"掉了自己的——长指甲:看看,我剁手啦!出发!

打猎的浇被少康的义勇军杀死在森林里,大夏失落几十年的帝位,又夺回来了。

楚君臣·群丑图

楚平王长得极难看,要多难看有多难看。太子名建,却是一表人才。太子照例该娶妃,平王便给他从秦国讨得秦国公主为太子妃,咸阳第一美人。美人舟车劳顿到了郢都,不但美色不减,增加了几分倦怠,更显得慵懒娇弱,可人怜爱。平王一见,三魂丢了两魂,七魄飞了六魄,只说了一个字"美——",就被定了格,整个人被美搅得糊涂了。平王的心腹大臣费无极原是平王胃肠里的一条蛔虫,他对平王的心思领会极深,便把准太子妃直接送进王宫,成了正式王妃。平王对太子建说:"这公主太丑了,让她到王宫当烧火丫头去,赶明儿再给你选个好的。"太子建没话说,认了。

一年后太子建偶然见了王妃,立刻气成了青蛙,哪是咸阳美人啊,分明是盖世美人。世界几百年,中国几千年才出这么一个的——原来中国人爱说这种极限式的拍马话富有传统。鼓着肚子的"青蛙"找老爹平王讨公道。老色鬼有美人相伴,幸福得连脸上的麻子都闪烁着光芒,根本不理会太子的抗议。太子建忍不住说了几句过头的话,"老不正经""色鬼""扒灰"什么的。平王嘛,处事一向公平。公平地说,他这不算扒灰,太子妃还没入洞房,还不算太子妃,一千多年后唐玄宗夺了已经跟儿子结婚八年的儿媳妇,那才叫扒灰呢。平王如果知道有这一掌故,一定义正词严地反驳儿子:"你看看人家寿王李瑁……"太子建才不管什么李瑁、玳瑁,气哼哼地要老爹还他老婆。这要求也太过分了，平王放下怀抱中的秦公主，即楚王妃，说："年龄再小，也是你的小妈，敢娶你小妈，乱伦吗你？"太子建也是早生了一千多年，他要是知道唐高宗娶了自己老爸的小老婆武则天的掌故，也会说："你看看人家太子李治……"平王不给他说李治政治的机会，一顿耳光把他扇出了王宫。太子的老师是德高望重的老臣伍奢，伍奢听了太子的一番哭诉，立刻安排他连夜逃往郑国。他判断，平王得知自己私娶儿媳妇的事情被太子知道了，一定恼羞成怒，绝不止扇一顿耳光这么简单。果然，当天晚上王宫卫队就来抓太子，前后就隔烙三张大饼的工夫。

平王贪色灭亲，算问题人物，太子建也未必就没问题，他见利忘义。太子建在郑国很受礼遇，娶妻生子，其乐融融。到晋国做客，晋国人把他发展成间谍，让他做内应灭郑，商定灭郑国以后与他二一添作五。阴谋败露，郑国杀了太子建，却留下一个孤儿，名胜。

楚令尹子西觉得公子胜可怜，坚持把他封为白公。有人劝他不能这么冲动，说公子胜狡诈好作乱，留着怕是一个祸害。子西却说："我听说公子胜诚实勇敢，不做无利可图的事，我们可以把他安置在边境，让他保卫边疆。"但是这一次，子西终究是信错了人，后来公子胜击败吴军，以献战利品为名，乘机发动叛乱，杀死了子西。

伍子胥一直被看作中国古代大英雄，因为他会复仇，而且复得很彻底。那么，就看看他怎么复仇。伍奢被陷害，大儿子伍尚跟着老爹赴死，二儿子伍员逃命，预备以后报仇雪恨。要报仇，他就得保护自己，跌跌撞撞一路奔吴国，楚国追兵紧追不舍，渔夫拼着性命把他渡过河，还做一顿大米饭炖鱼给他吃。吃饱了饭，他挥剑砍了渔夫，理由是：他能渡我，就能渡楚兵，留下他，让他知道我的行踪，不安全。可是，渔夫跟他告别的话却是"富贵无相忘"，指望他以后回来报恩呢。接着走，饿得发昏，一位好心农妇把自己送给佣工的饭舍给他，他吃光了米饭，挥剑砍死了农妇，理由还是怕她泄露秘密。因为妇女夸了他几句："一看你就不是平常人，听口音，是从荆州来的吧。"他心惊肉跳，便杀人灭口，其实这已在吴国地界，楚兵根本追不过来。

伍子胥到姑苏，吴王僚召见，立即就喜欢上他。他身高一丈，腰阔十围，两条眉毛间隔一尺，不像一座泰山，也像一尊铁塔。勇士，国家栋梁，要重用。听伍子胥痛说家史，吴王僚也血脉偾张，决定伐楚，为伍子胥报仇。

公子光却别有打算，在朝廷声色俱厉地揭露伍子胥的阴谋诡计，说伍子胥在利用吴国报私仇。伍子胥随风转舵，因为他对公子光的阴谋了如指掌，再次见吴王时，不但不提报仇的事，还猛烈批评伐楚的建议，而这建议正是他提议的。因他这苦主反对，伐楚中止。伍子胥转而献媚于公子光，还发掘了一位刺客，名专诸，推荐给公子光。正是这个专诸，在给吴王食案上鱼时，从鱼腹中抽出匕首，刺死吴王僚，这场惨剧的幕后策划者，竟是吴王僚十分欣赏的伍子胥！

伍子胥正在吴国大搞阴谋诡计，楚平王却死了。听到平王死讯，伍子胥躺倒在地大哭，仇人已死，怎么报仇？哭了一会儿，他又坐起来，不哭了，牙齿咬得嘎嘣响，发狠道："平王死了，楚国还在，我要灭楚！"出逃十七年后，伍子胥率吴军攻入郢都，挖开平王坟墓，拽出尸体，抽了三百鞭，在平王的胸腹上又踩又跳，挖平王的眼珠，万般凌辱。对尸体的侮辱，伍子胥创造了丑恶的反文明史，如果以"侮辱尸体罪"量刑，够判他三四个死刑了。后来吴王把他装在皮袋里顺江漂走，实在是便宜了他。

后代人们作历史，对楚国这一场事变多用曲笔，说平王昏乱，说费无极奸佞，都没错，但说太子建无辜，伍子胥伟丈夫，恐怕未必。其实他们半斤八两，彼此彼此，都该归入历史的丑类。

春申君·黄雀在后

春申君黄歇以辩才见长，楚顷襄王任以专职辩士。秦军对楚取压迫之势，大面积夺取楚国的土地，秦王还觉得太慢，要联合韩魏共同伐楚，秦国上下厉兵秣马，楚国岌岌可危。黄歇一个专职辩士，职责就是周游列国，寻找各种机会，实现本国利益最大化。这时游到秦国，看到这番景象，大惊，国家在危急中，辩士不出马，更待何时！

黄歇来见秦昭王，说："天下莫强于秦楚，今闻大王欲伐楚，此犹两虎相与斗。两虎相与斗而驽犬受其弊，不如善楚。"巴拉巴拉，巴拉巴拉……秦昭王捂着耳朵叫道："我实在受不了了！你要什么？拿去拿去，全都拿去！"黄歇说："我要你断绝与韩魏的同盟，与楚国结盟，多带些礼物给我们大王，楚王很爱财物的哟！"秦昭王派遣庞大的外交使团，带着同样规模的财货，来楚国订立盟约，楚国派太子到秦国为人质，两国友好同盟关系维持了很多年。

楚顷襄王病重，太子要回国继承王位，秦国却不放楚太子回去，黄歇来见应侯范雎，说："楚王恐怕起不来了，秦不如放太子回去。太子立为王，肯定会感恩应侯，无穷无尽。不回去，他就是咸阳一个小小市民，没有一点价值，楚国换一个王还不容易，别的王一定与秦国为敌。"巴拉巴拉，巴拉巴拉……范雎说："随便你胡乱搞，只是别叫我知道！"在丞相范雎的默许下，太子逃回楚国，即位为王，就是考烈王。考烈王感激黄歇的丰功伟绩，任命他为相国，封

"春申君"，赐淮北地十二县。因淮北靠齐地，为重地，请求改封于江东，都吴。姑苏以东一直到大海的广大地区都属于春申君。

考烈王即位许多年，后宫佳丽不算少，可是这些女人的肚子一直平坦，考烈王着急，春申君更着急。春申君寻找有怀孕经验的女人进宫，这些女人进宫后，似乎完全忘记了自己从前怎么怀孕的，肚子跟宫里的女人一样平坦起来。考烈王着急，春申君着急再着急。春申君着急，是因为考烈王无子，哪天呜呼了，别的王就不会任用他为丞相，荣华富贵到此结束，或许还有杀身之祸。

春申君的一个舍人李园，自己的妹妹被春申君选中，预备送给楚王，听说楚王不能生子，犹豫着送还是不送，最后因失期，改送春申君。不久有孕，李妹根据哥哥的设计方案，开始游说春申君："亲爱的歇，您当楚国的丞相二十多年，楚王一直无子，楚王百年后……"春申君何等样人，别人一开口，他就猜出演讲的全部，李妹的话跟他的谋划不谋而合，春申君打断李妹的游说词："你直接说方案。"李妹说："您这样聪明睿智，还需要我再说一遍吗？"这一对男女密室密谋，计划着悄无声息地窃夺楚国江山。

李园出面，把妹妹献给考烈王。不久，后宫就传出特大喜讯："我们伟大的楚王，种子终于发芽啦！"九月怀胎，生的居然真是男孩！楚王喜得眉梢都要挑到头顶上去了。但几乎所有人都暗地嘲笑楚王，错把螟蛉作亲生。可是暗地里楚王更嘲笑那个送他孩子的人，看孩子越长越像黄歇，考烈王的心里明白如镜，他心底里嘲笑那几个狗男女："你们等着，看看这孩子管谁叫爹！"

又五年，考烈王病重，楚国辩士的后起之秀朱英来见春申君，要跟前辈切磋一番辩技。春申君是超级无敌大论辩家，对于别人的论辩游说从来不屑一顾，别人一开头他就打断，兴趣高的时候接着他的话题往下说，与那人的意思一丝不差，搞得那个家伙很尴尬。没兴趣时就枯坐着。看朱英有前途，况且人家又声明是来请教切磋的，春申君破戒听他一回，还格外给面子，与朱英呼唤应答，使论辩更有现场感。

朱英说："世上事很难预料，对于每一个人，有不期而至的福，有不期而至的祸，又有不期而至的人。如今您处在生死无常的世上，侍奉喜怒无常的君主，又怎么会没有意外给您帮助的人呢？"春申君进入规定情境："什么叫不期而至的福？"朱英很高兴春申君能配合演讲："您任楚国宰相二十多年了，虽然名义上是宰相，实际上却是楚王。现在楚王病重，死在旦夕，您将要辅佐年幼的国君，继续代他掌握国政，这就如同伊尹、周公一样，等君王长大再把大权交给他。幼主才几岁的光景，他要亲政是多少年以后的事情了，实际不就是您统治楚国？这就是不期而至的福。"春申君接着问："那什么叫不期而至的祸？"朱英说："李园不执掌国政却干预国家事务，不管兵事却豢养刺客。刺客，除了对您，他还能针对谁呢？楚王一死，李园必定抢先入宫夺权，还要杀您灭口。这就是我说的不期而至的祸。"论题有三个，春申君虽然有点厌烦，但还是坚持问完："什么叫不期而至的人？不会是你吧？"核心论点被猜中了，朱英有点不好意思："您预先安排我在宫中做郎中，楚王死，李园必定抢先入宫，我替您杀掉李园。我，就是您那不期而至关键时刻帮助您的人。"春申君说："你不要胡思乱想了，年轻人想干一番事业，有的是门路，不要无中生有望风捕影。李园是我的舍人，他是个软皮蛋，唯唯诺诺的，只会说好好好。况且我对他那么好，他有啥理由谋害我？"朱英不甘心："那他豢养死士……"春申君说："我们的模拟演讲就到这里吧，很高兴见到您，希望有机会再次听到您的教诲。"送客。朱英担心祸患上身，就及时逃走了。

仅仅过了十七天，朱英的演讲情景真实发生了。考烈王死，李园豢养的死士埋伏在宫门里，斩杀进宫吊唁的春申君，并将春申君家灭族。李园的妹妹升格为王太后，她和春申君的儿子立为楚王，就是楚幽王。

春申君黄歇觊觎楚王之位，是一只黄雀，没想到身后还有一只更大的黄雀。

苏秦·罪人英雄

苏秦在一所"民办大学"毕业,得自己找"工作单位"。苏秦虽然学历不高,但他的境界高。他"高瞻远瞩",爬到洛阳的北邙山,手搭凉棚四处一打望,结论便有了:秦国。秦国朝气蓬勃,百业俱兴,对山东六国虎视眈眈,正是有志者施展才能的大舞台。苏秦叫家里人准备行装:一套常礼服,一件黑貂皮大衣,一些钱财,还有大学讲义一担书,带个小厮,自信满满奔了咸阳。苏秦是小康之家,小康,往上一步就成富户,往下一步就成穷人,苏家卖了土地给他置办这些行头,他许诺说等他游说秦王成功,几倍、几十倍地买地,买房,买作坊。他去游说秦王搞连横。连横,简单说就是秦国拉拢六国中的一个,对其他五国各个击破。

苏秦到了秦国,奏呈关于"连横"的文章。那文章写得真好,把苏秦自己都感动得坐立不安,可惜时运不佳,秦国刚杀了企图谋反的卫国人商鞅,对外国人十分戒备,而苏秦又是"民办大学"毕业,校长兼教师只有一个藏头不露尾的鬼谷子,学界美誉度极差,秦王根本就不想看那些明显是野路子的文章。苏秦却不灰心,一次上书不行,两次,两次不行,三次,但一直上到十次,秦王还是不看,苏秦也就没法再坚持。因为钱花完了,鞋子穿破了好几双,黑貂皮大衣磨成了光板,油亮亮的,光可照人,成了皮夹克。小童早饿跑了,只好自己挑着那担书一步步从咸阳挨回洛阳。

事业失败的男人，无一例外都渴望家庭的温暖。苏秦回洛阳寻求温暖，"乃瞻衡宇，载欣载奔"，恨不能一步跨进家门，吃上嫂子煮的一碗热面条，穿上妻子缝纫的新棉裤。可问题是，事业失败的男人偏就得不到家庭的温暖。苏秦满怀希望踏进门，父亲自搓麻绳，母亲自纺棉线，嫂子坐在灶台前打盹，老婆有一搭没一搭地抛织布梭子，只有那只四眼儿狗还认识他，摇了几下尾巴，见他并没有带来陕西特产烤羊排骨，也扫兴地躲开了。苏秦多年在秦国折腾，没有土地的苏家坐吃山空，早就跌入贫困了。

苏秦英雄末路，不由得仰天长叹："男子汉不当官不赚钱就这个下场啊——不行，我得既当官，又赚钱！"把大学讲义一把火烧掉，从旮旯里翻出一部旧书叫《太公阴符》，头悬梁锥刺股地狠狠地钻研了一年，再次出发。这回他不搞连横，他搞合纵了，就是把山东六国联合起来，组成抗秦统一战线，变被动挨打为主动出击，报复秦国对他的冷淡。苏秦的强项是著书写文章，但更强的是演讲，把齐、楚、燕、韩、赵、魏六国国君讲得分别跳了三尺多高："我再也不受秦的欺负了，打倒秦国！"共同推选楚国国王做盟主，组成六国联军，苏秦身兼六国国相职位，领六份工资，还担任联军总司令。联军封了函谷关，让秦国在关中自己折腾去，别打山东的主意。

现在苏秦既当官又有钱，决定回洛阳省亲。家人听说老三要回来，从家门口搭五彩席棚，一直搭到城门外二十里，父母带着一家大小齐刷刷地站着，组成"亲人仪仗队"，敲锣打鼓喊口号，两个老人家乐得牙也掉了好几颗。苏秦走得近了，老婆都不敢正眼瞧他，畏畏缩缩的像个小丫鬟。嫂子长跪膝行，抱住苏秦的马腿不放，说是要给他的马洗尘。为什么说给马洗尘不说小叔子呢，因为小叔子已经尊贵，不敢直接说他，要用指代词，您的脚下——足下；您的办公室——阁下；您的台阶——殿下。大嫂要给三叔接风洗尘，要说给您的马打扫一下蹄子上的尘土。苏秦问："大嫂，前倨后恭为哪般？"嫂子直率得叫人羡慕："三叔当了这么大的官，又有这么多的钱！"

函谷关封死，秦兵不敢出击，苏秦很觉寂寞，也感到自己的位置不稳：狡兔死，走狗烹，飞鸟尽，良弓藏，所以秦国这只兔子不能死，这就想起了大学同学张仪。张仪天分高，学习好，综合排名总在苏秦之前，现在却很潦倒，饭也吃不饱。苏秦便派人到张仪家敲边鼓："你的同学苏秦，知道吗，闹大发了，六国大总管呢，求求他，咋还不给你弄口饭吃？"张仪本来有点鄙视苏秦的，但现在人倒霉就得低下高贵的头。他来到函谷关，见苏秦正指手画脚对着一幅军事地图讲课，听课的是各国集团军司令。张仪的心情好复杂："苏三的学问水平，学年综合评价一向在我之下，如今驴粪蛋子发高烧了。"

老同学来了，照例要招待的。苏秦在饭前还要教训张仪几句："你也忒不争气，这般穷酸样子，不用说丢咱们老师的脸，我的军队也被你传染了晦气，吃了这顿饭，赶紧走人！"就吃饭。苏秦的桌子摆满了鱼肉，张仪面前却只有一碟煮豆芽、一碟梅干菜、一小撮盐。张仪大怒，不吃，一口气跑到咸阳。横下一条心，一定要连横，破坏苏三的合纵。张仪身无分文，如何到得咸阳？原来苏秦派人跟定他，给他钱，给他车。苏秦的用意再明白不过：只要有仗打，他苏秦就永远是六国丞相、联军总司令。苏秦这种人唯恐天下不乱的。

战国时期战争分外惨烈，动辄几万、几十万地坑与杀，"血流成渠""流血漂杵"等，史不绝书，却原来是两个读书人在怄气，再追究下去，连"怄气"也是苏秦一个人导演的。这结果叫今人垂头丧气，对"波澜壮阔"的战国时代减了尊敬。总有人说，中国的知识分子只会论道，实事一件也做不来，其实并不，苏秦、张仪两个"秀才"不但做实事，而且做大事，为了人工导演的一场"恩怨"，搅动得七个大国鸡犬都不宁，人民更不知有多惨。苏秦的本事实在太大，但野心更大，大到不知餍足，以蛇吞象，不知道应该叫他千古英雄，还是叫他万世罪人。

郭开·一人丧邦

鲁定公问孔子："一个国家仅仅因为一句话就能兴旺发达，有这回事吗？""一个国家仅仅因为一句话就灭亡，有这回事吗？"孔子说："这种观点未免过于武断了。"然后说了一番大道理。定公的问话如果换一个词，就更精彩了："一个国家仅仅因为一个人就灭亡，有这回事吗？"孔子一定毫不犹豫地告诉他："有啊，当然有！再过二百年，赵国有一个权臣郭开，就凭一己之力，把赵国送上绝路。"

战国七强，赵秦是强中之强，赵的强更早于秦，并且长期强于秦。秦国的将士战场勇猛，动力是晋级封爵。商鞅的政策，将士的功勋以斩获的人头计算，根据级别定指标，超额完成指标的重奖，达不到指标的斩首。在商鞅条例之下，秦军上下为指标完成了从人到丛林野兽的蜕变，楚大臣称秦"虎狼之国"，这是十分准确的评价。赵国将士也勇猛，他们的勇猛却涵养这深厚的武士风，他们为赵国而战斗，殉身而不恤。长平惨败，赵国家家挂丧幡，村村哭声动天，但是赵国人绝不屈服。秦军乘胜包围邯郸，横扫赵国全境，但是赵国残存的十万丁壮全部武装为赵兵，在老将廉颇的率领下，击破围邯郸的秦军，联合魏、楚，最后把秦军赶出三晋，历次战争中被秦军侵占的郡县也全部收复，垂垂将死的赵国居然起死回生。

如果赵国能保持这种态势，进一步联合韩、魏、楚，战略反攻秦国也完全可能。可是，英勇善战的赵国却在秦军的凌厉攻势下一败再败，最后国王被俘，全境为秦所有，在山东六国中第二个灭亡。因为，丧邦之人这时出现了，他不但丧了赵邦，更引发山东六国的多米诺骨牌效应，十年之内集体灰飞烟灭——他就是郭开。

赵孝成王遭遇长平之战，心力交瘁。虽然廉颇挽救了败局，国家转危为安，但是秦国虎视眈眈，终为心病，抑郁而薨。子赵偃继位，为悼襄王。悼襄王身边有宠臣，史书说到"宠臣"，总有一丝暧昧。总而言之，郭开在悼襄王的朝廷很有发言权，官职不很大，势力很不小。他私下很可能说过这样的话："在赵国，我说话比那个姓赵的管用！"

郭开几次逸言，廉颇的军权被赵王剥夺，廉颇出逃魏国。廉颇出逃，秦军得以持续攻赵，悼襄王跟郭开商量："或者，咱们把廉将军请回来？"郭开心里叫声苦，脸上却乐得像一朵绽放的花，花朵兴奋地说："好极啦，我也正琢磨请廉将军回国呢，听说廉将军也有回国效力的意愿。你看，你看，二人同心，其利断金，我和大王，啥事都能想到一块儿！"下了班却直奔唐玖家。唐玖是请廉颇的专使。郭开给唐玖黄金五十斤做出差补贴，有钱做引子，说话就方便多了："我和那个二杆子，您知道的，不共戴天，赵国有我没他，有他没我，唐先生您看着办。"唐玖说："敢不从命！"那五十斤黄金也不是郭开自掏腰包，它来自秦国发给郭开的三千斤黄金的特殊津贴，秦国允诺灭赵之后再给他黄金七千斤。唐玖成功地打消了悼襄王请廉颇回国的念头，郭开的官职也提升到丞相，权倾朝野。

这一对活宝主政，赵国综合国力江河日下，被秦国远远地抛在后头。照例有一些忧心忡忡的家伙进谏啊，规劝啊，讽刺挖苦，悼襄王说："打仗嘛，总有输有赢，着的什么急！"他有底气这样说，南方抵抗强秦，败多胜少，北方的李牧，对胡人作战却是百战百胜，加减乘除算起来，赵国对外战争的胜率还超过50%。李牧成了赵国防御的屏障，赵国人保家卫国挺身战斗的脊梁。悼襄王在位九年薨，留下遗嘱给继任的赵王迁说："丞相郭开，为国事鞠躬尽瘁，谨记：

国家有郭开，坚固如磐石！"赵王迁是个正常人，也是个好人，可也是个毫无主见的老实人，既然老爸这么说……郭开继续当丞相，从秦赵两国各领一份最高的薪俸。

从秦国发来一份斥责文书："郭开你个哈怂，你还想不想干了？"郭开当然想干，这么好的差事。接着看训令："李牧是怎么回事？"原来，邯郸被秦军包围，赵王紧急调李牧驰援首都邯郸。郭开当时极力劝阻，说李牧镇守北方边塞，不能动。赵王说："顾不了那么多，邯郸要紧！"李牧南下，迅速解除邯郸之围，秦军全面转入守势，眼看着要复制长平战后廉颇横扫秦军的历史。申斥文书最后一句是"你看着办"。文书还附带一份文件，写在羊皮纸上，是伪造的李牧写给秦王的回信，说旬日之间就举赵国降秦。

郭开拿着"李牧"的投降书来见赵王："大奸细，我们都被李牧卖了！"赵王惊愕之余有点迷惑："李牧？不会吧？"郭开说："事实俱在。卖国贼，该斩！"赵王究竟不忍："派赵葱领军，李牧，免了吧！"赵王真心不信，可他是老实人，从来不会坚持自己的意见。李牧被解职，回邯郸的途中被赵葱派人刺杀，这也是郭开计划的一部分：李牧必须死。

邯郸再度被围，郭开说："投降吧，秦王答应给你一个侯爵。"赵王迁大惊："你跟秦王联络了？廉颇？李牧？你——"原来真正的内奸长期潜伏在身边！可是不投降又能怎样？秦王把投降的赵王迁贬为庶人，流放房陵，一个月后庶人赵迁死在那里。

晦暗的故事倒有一个光明的尾巴。赵亡，郭开因功被秦王任为上卿，兴高采烈地准备到咸阳履新职，浩浩荡荡的郭家车队，"长安大道连狭斜，青牛白马七香车"，十四辆宝马……白马香车一字长蛇阵向咸阳进发。忽然，林间一声呼哨，四面八方的壮汉一拥而上："此路是我开，此树是我栽，要想过此路，留下买路财！"郭开把几十年的双薪和秦国的各项奖金全数奉献给劫匪，用来买路兼买命，劫匪说："规矩改了！"一刀毙命。

激发个人成长

多年以来，千千万万有经验的读者，都会定期查看熊猫君家的最新书目，挑选满足自己成长需求的新书。

读客图书以"激发个人成长"为使命，在以下三个方面为您精选优质图书：

1. 精神成长
熊猫君家精彩绝伦的小说文库和人文类图书，帮助你成为永远充满梦想、勇气和爱的人！

2. 知识结构成长
熊猫君家的历史类、社科类图书，帮助你了解从宇宙诞生、文明演变直至今日世界之形成的方方面面。

3. 工作技能成长
熊猫君家的经管类、家教类图书，指引你更好地工作、更有效率地生活，减少人生中的烦恼。

每一本读客图书都轻松好读，精彩绝伦，充满无穷阅读乐趣！

认准读客熊猫

读客所有图书,在书脊、腰封、封底和前后勒口都有"**读客熊猫**"标志。

两步帮你快速找到读客图书

1. 找读客熊猫

2. 找黑白格子

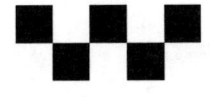